사무엘상 강해설교 2

하나님이 원하시는 제사

배굉호 지음

도서출판 영문

To Obey is Better than Sacrifice

By
Dr. Paul G.H. Bae

2008
Young Moon Publishing Co.,
Seoul, Korea

머리말

우리 하나님께서 가장 기뻐하시는 것은 그의 백성들로부터 받으시는 제사입니다. 제사는 최고의 예배였습니다. 구약시대에는 짐승을 잡아 피를 뿌리고 불에 태워 드리는 희생제사를 드렸습니다. 하나님께 바쳐지는 제물은 흠도 점도 없고 상한 것도 없는 온전한 것을 드려야 했습니다. 한 마디로 모든 정성을 다한 마음을 드려야 했습니다.

그러나 세월이 흐르자 제사장이나 제사 드리러 오는 백성들도 형식적·습관적이며, 정성도 마음도 없고, 무엇 보다 믿음이 없는 제사를 드리게 되었습니다. 제사의 생명은 마음이요 중심입니다. 입술로는 하나님을 사랑하고 섬긴다고 하면서 하나님으로부터 멀리 떨어져 있는 것은 불신앙이요, 이들이 드리는 제물은 하나님께서 받으실 수 없습니다. 그러므로 하나님께서 가장 기뻐 받으시는 제사는 바로 순종입니다. 이것은 신약시대에도 마찬가지입니다.

이스라엘의 등불이요 이스라엘 건국의 초석을 이룬 하나님의 사람 사무엘은, 하나님의 명령에 따라 사울을 이스라엘의 초대 왕으로 기름을 부어 세웠습니다. 그러나 사울은 계속 하나님의 말씀에 불순종했으므로 사무엘의 고민은 깊어만 갔습니다. 결정적인 것은 아말렉과의 전투를 앞두고 사무엘이 하나님의 말씀을 사울에게 전했지만 그가 불순종한 사건이었습니다. "만군의 여호와께서 이같이 말씀하시기를 아말렉이 이스라엘에게 행한 일 곧 애굽에서 나올 때에 길에서 대적한 일을 내가 추억하노니 지금 가서 아말렉을 쳐서 그들의 모든 소유를 남기지 말고 진멸하되 남녀와 소아와 젖 먹는 아이와 우양과 약대와 나귀를 죽이라 하셨나이다"(삼상 15:2-3) 그는 아말렉 사람의 왕 아각을 사로잡고 칼날로 그 모든 백성을 진멸했지만 아각과 그 양과 소의 가장 좋은 것, 또는 기름진 것과 어린양과 모든 좋은 것을 남기고 가치 없고 낮은 것만 진멸했습니다. 사울은 하나님의 말씀을 무시하고 자기 마음대로 해석하고 변명을 했습니다. "다만 백성이 그 마땅히 멸할 것 중에서 가장 좋은 것으로 길갈에서 당신의 하나님 여호와께 제사하려고 양과 소를 취하였나이다"(삼상 15:21) 이것은 분명 하나님의 말씀에 대한 도전이요 불신앙이었습니다.

이때 여호와의 말씀이 사무엘에게 임하여 사울에게 경고와 심판을 예언했습니다. "사무엘이 가로되 여호와께서 번제와 다른 제사를 그 목소리 순종하는 것을 좋아하심 같이 좋아하시겠나이까 순종이 제사보다 낫고 듣는 것이 수양의 기름보다 나으니 이는 거역하는 것은 사술의 죄와 같고 완고한 것은 사신 우상에게 절하는 죄와 같음이라 왕이 여호와의 말씀을 버렸으므로 여호와께서도 왕을 버려 왕이 되지 못하게 하셨나이다 사울이 사무엘에게 이르되 내가 범죄하였나이다 내가 여호와의 명령과 당신의 말씀을 어긴 것은 내가 백성을 두려워하여 그 말을 청종하였음이니이다"(삼상 15:22-24)

하나님이 받으시는 제사는 순종입니다. 오늘날에도 하나님은 순종하는 종들을 찾으시고 순종하는 그의 백성들을 기뻐하시며 그들을 사용하십니다.

　본서를 통해 하나님이 받으시는 제사의 삶을 살아 축복 받는 역사가 일어나기를 바랍니다.

　출판을 위해 수고하신 전병덕 목사님과 공혜숙 전도사님, 그리고 출판 위원장 김창길 피택 장로님과 출판 위원들께도 진심으로 감사의 인사를 드립니다.

　모든 수익금 전액은 교회 확장과 건축을 위해 바쳐지고 있습니다.

　순종이 제사보다 낫습니다. 따라서 하나님이 가장 기쁘게 받으시는 제사는 순종입니다.

주후　2008년 5월
배굉호 드림

Contents

머리말 • 3

1. 왕을 구하는 이스라엘(사무엘상 8:1-22) • 10
2. 사무엘을 찾는 사울(사무엘상 9:1-14) • 31
3. 하나님이 세우신 지도자(사무엘상 9:15-24) • 40
4. 지붕에서의 담화(사무엘상 9:25-27) • 49
5. 기름 부음 받은 사울(사무엘상 10:1-10) • 55
6. 이스라엘 왕이 갖출 자격(사무엘상 10:14-27) • 65
7. 사울과 이스라엘의 승리(사무엘상 11:1-11) • 74
8. 사울의 대관식(사무엘상 11:12-15) • 86
9. 사무엘의 고별설교1(사무엘상 12:1-18) • 97
10. 사무엘의 고별설교2(사무엘상 12:19-25) • 108
11. 사울의 첫 번째 실패(사무엘상 13:1-14) • 117
12. 요나단의 승리1(사무엘상 14:1-15) • 131
13. 요나단의 승리2(사무엘상 14:6-15) • 140
14. 요나단과 사울(사무엘상 14:16-46) • 150
15. 사울의 치적과 가족(사무엘상 14:47-52) • 158

16. 아말렉 진멸 명령(사무엘상 15:1-3) • 167

17. 겐 사람의 구원1(사무엘상 15:4-9) • 177

18. 겐 사람의 구원2(사무엘상 15:6) • 184

19. 사울의 범죄1(사무엘상 15:4-12) • 188

20. 사울의 범죄2(사무엘상 15:13-24) • 196

21. 사무엘과 사울의 자세1(사무엘상 15:11-12) • 205

22. 사무엘과 사울의 자세2(사무엘상 15:10-21) • 214

23. 하나님이 원하시는 제사–순종(사무엘상 15:17-23) • 222

24. 하나님의 사울에 대한 심판(사무엘상 15:23-31) • 231

25. 악인의 비극(사무엘상 15:32-35) • 244

26. 사무엘의 베들레헴 방문1(사무엘상 16:1-5) • 249

27. 사무엘의 베들레헴 방문2(사무엘상 16:1-5) • 258

28. 하나님이 보시는 것과 사람이 보는 것1(사무엘상 16:6-13) • 267

29. 하나님이 보시는 것과 사람이 보는 것2(사무엘상 16:6-13) • 276

30. 악신에 사로잡힌 사울(사무엘상 16:14-23) • 287

31. 성령의 사람 다윗(사무엘상 16:14-23) • 296

¹사무엘이 늙으매 그 아들들로 이스라엘 사사를 삼으니 ²장자의 이름은 요엘이요 차자의 이름은 아비야라 그들이 브엘세바에서 사사가 되니라 ³그 아들들이 그 아비의 행위를 따르지 아니하고 이를 따라서 뇌물을 취하고 판결을 굽게 하니라 ⁴이스라엘 모든 장로가 모여 라마에 있는 사무엘에게 나아가서 ⁵그에게 이르되 보소서 당신은 늙고 당신의 아들들은 당신의 행위를 따르지 아니하니 열방과 같이 우리에게 왕을 세워 우리를 다스리게 하소서 한지라 ⁶우리에게 왕을 주어 우리를 다스리게 하라 한 그것을 사무엘이 기뻐하지 아니하여 여호와께 기도하매 ⁷여호와께서 사무엘에게 이르시되 백성이 네게 한 말을 다 들으라 그들이 너를 버림이 아니요 나를 버려 자기들의 왕이 되지 못하게 함이니라 ⁸내가 그들을 애굽에서 인도하여 낸 날부터 오늘날까지 그들이 모든 행사로 나를 버리고 다른 신들을 섬김 같이 네게도 그리하는도다 ⁹그러므로 그들의 말을 듣되 너는 그들에게 엄히 경계하고 그들을 다스릴 왕의 제도를 알게 하라 ¹⁰사무엘이 왕을 구하는 백성에게 여호와의 모든 말씀을 일러 ¹¹가로되 너희를 다스릴 왕의 제도가 이러하니라 그가 너희 아들들을 취하여 그 병거와 말을 어거케 하리니 그들이 그 병거 앞에서 달릴 것이며 ¹²그가 또 너희 아들들로 천부장과 오십부장을 삼을 것이며 자기 밭을 갈게 하고 자기 추수를 하게 할 것이며 자기 병기와 병거의 제구를 만들게 할 것이며 ¹³그가 또 너희 딸들을 취하여 향료 만드는 자와 요리하는 자와 떡 굽는 자를 삼을 것이며 ¹⁴그가 또 너희 밭과 포도원과 감람원의 제일 좋은 것을 취하여 자기 신하들에게 줄 것이며 ¹⁵그가 또 너희 곡식과 포도원 소산의 십일조를 취하여 자기 관리와 신하에게 줄 것이며 ¹⁶그가 또 너희 노비와 가장 아름다운 소년과 나귀들을 취하여 자기 일을 시킬 것이며 ¹⁷너희 양떼의 십분 일을 취하리니 너희가 그 종이 될 것이라 ¹⁸그 날에 너희가 너희 택한 왕을 인하여 부르짖되 그 날에 여호와께서 너희에게 응답지 아니하시리 ¹⁹백성이 사무엘의 말 듣기를 거절하여 가로되 아니로소이다 우리도 우리 왕이 있어야 하리니 ²⁰우리도 열방과 같이 되어 우리 왕이 우리를 다스리며 우리 앞에 나가서 우리의 싸움을 싸워야 할 것이니이다 ²¹사무엘이 백성의 모든 말을 듣고 여호와께 고하매 ²²여호와께서 사무엘에게 이르시되 그들의 말을 들어 왕을 세우라 하시니 사무엘이 이스라엘 사람들에게 이르되 너희는 각기 성읍으로 돌아가라 하니라

(사무엘상 8:1-22)

01 왕을 구하는 이스라엘

이스라엘은 신정국가이기 때문에 하나님께서 직접 다스리십니다. 다른 나라들과 구별되는 것은 바로 하나님이 왕이라는 점입니다. 그런데 이스라엘 민족이 다른 나라들처럼 하나님을 대신할 다른 왕을 구했습니다.

그러면 왜 이스라엘이 왕을 구하게 되었습니까?

1. 직접적인 원인

"사무엘이 늙으매 그 아들들로 이스라엘 사사를 삼으니 장자의 이름은 요엘이요 차자의 이름은 아비야라 그들이 브엘세바에서 사사가 되니라 그 아들들이 그 아비의 행위를 따르지 아니하고 이를 따라서 뇌물을 취하고 판결을 굽게 하니라"(8:1-3)

이스라엘이 왕을 구한 직접적인 원인은 지도자의 자질 부족입니다.

"사무엘이 늙으매 그 아들들로 이스라엘 사사를 삼으니"(8:1) 사무엘의 나이가 50세, 혹은 70세라고 하는데 이 나이면 후계자를 물색하여 훈련시킬 때입니다. 그 당시 사사제도는 세습이 되지 않았습니다. 그러므로 자기 아들들을 사사로 삼았다는 것은 사무엘이 자기 아들들에게 모든 것을 다 맡긴 것이 아니라, 업무의 일부를 맡겨 보조 사사로서 사무엘을 돕도록 한 것으로 보입니다.

장자 '요엘(Joel)'의 이름은 '여호와는 하나님이시다'라는 뜻이며, 차자 '아비야(Abiah)'는 '여호와는 아버지'라는 뜻입니다. 이름이 아주 신앙적입니다. 아버지 사무엘의 깊은 신앙이 아들들의 이름 속에 드러납니다.

'브엘세바(Beersheba)'는 '일곱의 우물, 맹세의 우물'이란 뜻으로 족장시대로부터 유서 깊은 곳이었습니다(창 21:31). 또한 고대로부터 근동과 애굽의 교역에 중요한 역할을 감당한 요충지였습니다. 이스라엘 최남단 곧 라마로부터 약 80km나 떨어진 먼 곳입니다.

그래서 사무엘이 두 아들을 브엘세바에 보조 사사로 두어서 다스리게 한 이유는,

① 사무엘 자신이 늙었기 때문에 이곳까지 감당하기에는 역부족이었고

② 이곳에 사사를 둠으로써 인접국인 블레셋의 간섭을 배제시키기 위함이었습니다.

즉 사무엘은 라마에서 멀리 떨어진 이 남부지역까지 잘 다스리기 위해서 두 아들을 보조 사사로 두었다고 볼 수 있습니다. 그런데 사무엘의 아들들은 아버지의 신앙을 따르지 않았습니다.

"뇌물을 취하고 판결을 굽게 하니라"(8:3) 성경에서 이(利)의 추구(출 18:21), 뇌물 수수(출 23:8; 사 1:23; 5:23; 암 5:12), 판결의 왜곡(출 23:2,6,8; 신 16:19; 24:17; 사 5:23) 등은 특별히 지도자들에게 절대적으로 금지시킨 조항들입니다. 그러므로 사무엘의 두 아들이 행한 일을 볼 때 그들은 사사의 본분을 망각하고 아주 타락한 지도자들이었음을 알 수 있습니다.

1) 우리는 여기에서 사무엘의 자녀교육에 대한 문제를 생각해 보아야 합니다

사무엘은 어머니 한나의 눈물의 서원 기도로 태어났고 어릴 때부터 신앙교육을 잘 받았습니다. 그러나 그의 아들들은 신앙이 약했습니다. 그런데 성경에는 엘리 제사장이 자기 아들들의 신앙교육을 게을리 했다고 말씀하지만(2:29) 사무엘의 경우는 그런 언급이 없습니다. "아들들이 그 아비의 행위를 따르지 아니하고"(3:3)라는 말씀에서, 아버지 사무엘이 아들들에게 신앙교육을 위해 많은 노력을 했음에도 불구하고 그들이 따르지 않았음을 짐작할 수 있습니다. 사무엘은 나름대로 열심히 신앙의 본을 보였다는 말입니다. 그러나 아무튼 그의 아들들이 아버지의 가르침을 받지 않고 신앙생활을 바로 하지 못한 것에 대한 책임은 면할 길이 없습니다. 사무엘에게 전혀 책임이 없다고 할 수 없는 것입니다. 사무엘에게 평생 가시로 남아 있게 된 것입니다.

흔히 우리는 "아버지 만한 아들이 없다"는 말을 듣습니다. 또 "자식 농사가 제일 큰 농사다"라고 합니다. 농사는 1년, 나무는 10년이면 그 열매를 얻을 수 있습니다. 사람을 교육시키는 것은 '100년 대계'라고 합니다. 그 만큼 중요하고 시간이 많이 걸린다는 말입니다. 사무엘의 아들들은 자기 아버지로부터 받은 특권과 축복을 바로 사용하지 못한 자들입니다. 사사의 직분이 얼마나 귀하고 복된 직분입니까? 아무에게나 그 사명을 주지 않습니다.

하나님의 교회도 마찬가지입니다. 목사, 장로, 안수집사, 권사, 서리집사 등의 직분이 있습니다. 하나님으로부터 귀한 직분을 받은 것은 큰 축복이며 감사할 일입니다. 하나님을 더 가까이 하고, 더 잘 섬기며, 더 많은 헌신과 모범적인 신앙생활을 한다는 것은 축복입니다.

그런데 오늘날은 이것을 부담스럽게 여기고 신앙생활을 적당히 하려는 사람들이 많습니다. 이것은 아직 신앙이 부족하다는 증거입니다. 하나님께서 내게 직분을 주신 것은 부족하지만 주님을 위해 더 많이 봉사하며 더 잘 섬기라고 주신 것입니다. 이 직분을 대를 이어 한다면 더욱 더 큰 영광일 것입니다. 아버지의 대를 이어 목사가 되고, 장로가 되고, 안수집사가 되고, 그리고 어머니의 대를 이어 권사가 된다면 더 없이 큰 축복이 될 것입니다.

서양에는 아들이 아버지의 대를 이어 목사가 되어 한 교회에서 계속 목회를 하는 경우가 많습니다. 한 교회에서 몇 대까지 섬기는 경우도 있습니다. 아들이 장로가 되어 아버지와 함께 섬기거나, 혹은 아버지의 대를 이어 손자까지 한 교회를 섬기는 경우도 많습니다. 우리나라도 아버지의 대를 이어 한 교회에서 목사로 섬기기도 하고, 아들이 장로가 되어 아버지와 함께 교회를 섬기는 경우도 많이 있습니다. 귀한 직분을 대를 이어 하나님의 교회를 섬긴다는 것은 더할 나위 없는 축복입니다.

부모님들과 함께 교회에 나오거나, 또는 아직 혼자 나오는 청년·학생들도 있을 것입니다. 부모님들과 함께 나와도 아직 직분이 없이 신앙생활을 하는 분들도 있을 것입니다. 그러면 자녀들은 '우리 대부터 우리 집안은 직분을 받아 하나님을 잘 섬기는 가정이 되어야겠다' 는 결심과 소망을 가져야 합니다.

저의 경우에도 혼자 신앙생활을 하다가 이제는 온 가족이 예수를 믿을 뿐 아니라, 모두 하나님의 교회에서 직분을 받아 봉사하고 있습니다. 동생은 목사, 누님은 권사, 그리고 집사로 교회를 섬기고 있으니 큰 은혜를 입은 것입니다. 저희 자녀들은 축복을 안고 태어났고 축복의 약속을 가지고 살아갑니다. 이미 천국에 가신 장인 어른은 교회에서 집사, 장로를 다 거친 후에 목사가 된 분입니다. 이 분은 생전에 늘 아들들에게 "너희들은 할 수만 있으면 목사가 되라"고 하셨습니다. 그런데 아들 셋이 목사가 되고, 딸 한 분은 권사, 집사 둘, 그리고 목사 아내 한 명 나왔습니다. 대를 이어서 부모의 아름다운 신앙을 이어받아 하나님을 잘 섬기는 대열에 서는 것이 축복입니다.

미국의 전 대통령 지미 카터는 교회에서 안수집사로 열심히 봉사했습니다. 대통령 재직 중에도 주일이면 어김없이 교회에 출석하여 고등부 학생들을 가르치는 교사로 섬겼습니다. 그리고 퇴임 후에도 열심히 사명을 잘 감당하는 충성스런 일꾼입니다. 지금 그는 세계에서 가장 존경받는 인물로 활동하고 있습니다.

우리 사랑하는 청소년들은 앞으로 여러 분야에서 활동하며 살아 갈 것입니다. 그러나 반드시 기억할 것은 우리의 직업이 무엇이든 하나님의 교회의 충성스런 직분자들이 되어야 한다는 것입니다. 여러분들 중에 목사, 장로, 집사, 권사, 교사 등 여러 분야에서 하나님께 큰 영광을 돌리는 훌륭한 일꾼들이 많이 나오길 바랍니다.

그러므로 부모 된 우리는,

① 자녀들에게 본을 보여야 합니다.

자녀들은 부모를 보고 배웁니다. 가장 가까이 하는 사람이 부모이기 때문에 부모로부터 가장 큰 영향을 받게 됩니다. 말씨나 목소리도 같고, 걸음걸이, 음식을 먹는 것, 잠자는 모습이나 자세와 습관, 그리고 발가락도 닮습니다. 생활과 행동도 닮습니다. 아버지가 술을 잘 마시면 그 아들은 술을 잘 마실 수밖에 없습니다. 어릴 때부터 아주 친한 친구 한 명이 초등학교 시절부터 술을 잘 마셨습니다. 왜냐하면 그 친구의 집은 술을 만드는 양조장이었기 때문입니다. 어떤 친구는 싸움을 잘했는데 그 친구의 아버지가 싸움을 잘했습니다. 또 다른 친구는 욕을 썩 잘했는데 그의 아버지가 욕을 아주 잘했습니다.

그런데 우리의 관심은 신앙도 닮는다는 것입니다. 아버지(부모)의 신앙이 미지근하면 자녀도 아버지의 신앙을 닮습니다. 아버지(부모)의 신앙이 자유주의면 자유주의 신앙인이 되고, 아버지(부모)의 신앙이 인본주의면 인본주의 신앙인이 되고, 아버지(부모)의 신앙이 헌신적이면 헌신적인 신앙을 그대로 보고 닮는 것입니다. 부모들이 하나님께 예배드리는 일에 아주 열심이면 자녀들도 그대로 닮아 예배드리는 일에 열심을 내게 됩니다. 부모들이 기도생활을 잘 하면 자녀들도 기도의 사람으로 자랍니다. 부모들이 하나님의 교회를 잘 섬기며 순종하면 자녀들도 그대로 닮게 됩니다.

우리 모두 자녀들에게 아름다운 신앙의 본을 보여 줌으로써 우리의 자녀들이 훌륭한 신앙인으로 자라는 축복을 받는 성도가 됩시다.

② 자녀들에게 잘 가르쳐야 합니다.

도덕, 학문, 그리고 성경을 가르쳐야 합니다. 하나님을 섬기는 것과 교회 봉사를 가르쳐야 합니다. 이스라엘 백성들은 어릴 때부터 쉐마를 배웠습니다. "이스라엘아 들으라 우리 하나님 여호와는 오직 하나인 여호와시니 너는 마음을 다하고 성품을 다하고 힘을 다하여 네 하나님 여호와를 사랑하라 오늘날 내가 네게 명하는 이 말씀을 너는 마음에 새기고 네 자녀에게 부지런히 가르치며 집에 앉았을 때에든지 길에 행할 때에든지 누웠을 때에든지 일어날 때에든지 이 말씀을 강론할 것이며 너는 또 그것을 네 손목에 매어 기호를 삼으며 네 미간에 붙여 표를 삼고 또 네 집 문설주와 바깥문에 기록할지니라"(신 6:4-9)

한 분이신 여호와를 전심으로 사랑하고, 자녀들에게 부지런히 가르치라고 성경은 말씀합니다. 즉 신앙교육을 철저히 하라는 것입니다. 부모는 자녀의 신앙교육에 책임을 져야 합니다.

우리는 자녀의 신앙교육을 어떻게 하고 있습니까? 말을 잘 듣지 않고 걱정을 끼치는 자녀들이라고 자포자기하면 안됩니다. 기도로 부르짖으며 반복해서 가르쳐야 합니다.

토레이 박사는 어릴 때 문제아였습니다. 그러나 어머니는 기도하며 가르쳤습니다. 아들이 집을 뛰쳐나갔으나 어머니는 결코 포기하지 않았습니다. 그 아들에게 "너의 인생에 가장 어려운 순간이 오거든 너의 어머니가 믿는 하나님을 찾아라"고 외쳤습니다. 토레이는 방탕한 생활과 범죄에 빠져 살았습니다. 그러다가 자신을 상실하고 자포자기한 상태에서 자살을 결심하고 머리에 총부리를 겨누었습니다. 과거의 일들이 주마등처럼 지나갔습니다. 방아쇠를 당기기 직전에 어머니의 말씀이 떠올랐습니다. 그때 그는 하나님을 찾았습니다. 총을 던지고 어머니께로 달려갔습니다. 어머니는 그 아들을 위하여 엎드려 기도하고 있었습니다. 그는 변화되어 훌륭한 목사요 신학자가 되었습니다.

부모는 자녀에게 신앙을 가르쳐야 합니다. 아무리 세상적으로 출세하고 많은 돈과 명예가 있어도 하나님을 믿는 신앙에 실패하면 모든 것에 실패한 것입니다. 부모들은 이 점을 심각하게 받아들여야 합니다. 다른 말로 하면 신앙에 승리하면 모든 것에 승리한다는 말입니다.

우리는 어떤 일이 있더라도 하나님과 교회를 섬기는 신앙적인 일에 최우선을 두어야 진정한 성공자가 된다는 사실을 기억해야 합니다. 우리는 부지런히 자녀들에게 신앙을 가르쳐야 합니다.

2) 자녀들 자신의 책임입니다

사무엘은 자기 아들들에게 열심히 신앙을 가르쳤을 것입니다. 그런데 본인들이 신앙생활을 하지 않았습니다. 이것은 자신들의 책임입니다. 사무엘의 아들들은 성인이 되었고, 사사이자 제사장이면 이제 공인입니다. 그러므로 이제 신앙생활은 자신들이 책임을 져야 합니다.

아브라함의 대표적인 두 아들 이삭과 이스마엘을 봅시다. 그들은 아브라함의 가정에서 신앙교육을 받았습니다. 이삭은 아버지의 말씀에 순종하며 하나님을 잘 섬기는 믿음의 사람이 되어 메시아의 족장이 되었습니다. 반면 이스마엘은 불순종하여 믿음의 길을 따르지 않았습니다. 결과 이삭의 후손은 이스라엘의 여호와 하나님을 섬기는 유대인이 되었고, 이스마엘의 후손은 알라신을 섬기는 회교도들이 되어 지금도 그들은 서로 원수처럼 싸우고 있습니다.

이삭의 쌍둥이 아들 야곱과 에서가 있습니다. 야곱은 아버지 이삭으로부터 신앙교육을 잘 받아 순종의 사람이 되었습니다. 그는 믿음의 여인을 아내로 맞아 이스라엘의 열 두 지파를 이루는 아들들을 낳았고, 하나님께서 그의 이름도 이스라엘로 바꾸어 주셨습니다. 그는 언약의 조상이 되고 그의 후손은 언약의 자손들이 되었습니다. 반면 에서는 신앙교육을 받았으나 순종하지 않았습니다. 그는 이방 여인과 결혼하여 부모의 마음을 괴롭혔습니다. 그와 그의 자손들은 언약 밖의 사람이 되었습니다. 우리는 우리가 한 일에 대한 책임을 져야 합니다.

제가 주일학교에 다닐 때 부모가 다 믿는 집안의 친구가 있었는데 계속 불순종하는 생활을 했습니다. 주일학교에 자주 결석하면서 헌금도 마음대로 써버리고, 학교에도 종종 결석하다가 결국 교회를 멀리하게 되었습니다. 부모가 아무리 가르쳐도 듣지 않았습니다. 후에 마음에 맞는 여자와 동거를 하다가 교회는 아예 멀리 하게 되었습니다. 들은 소문에 의하면 그 여자도 떠나고 이제는 거의 폐인이 되다시피 되었다고 합니다. 가르침을 받았으나 그 가르침에 순종하지 않으면 결과는 자신이 책임을 져야 합니다.

우리가 앞으로 하나님의 심판대 앞에 설 때도 모두 개인이 책임을 져야 합니다. 하나님께서 우리에게 상을 주시거나 책망을 하실 때도 개인이 받을 것입니다. 구원도 개인이 받고 심판도 개인이 받을 것입니다. 우리 모두 하나님 앞에서 인정받는 신앙인이 됩시다.

우리 교회에서 자라는 자녀들 중에는 한 사람도 불신앙의 길을 가지 않고, 신앙교육을 받은 대로 하나님께 순종하며 교회에 봉사하는 훌륭한 직분자들이 다 되어야겠습니다. 그래서 신앙에 승리함으로써 범사에 승리하여 하나님께 인정받는 성도가 됩시다.

2. 왕을 세우기를 요구했습니다

이스라엘 백성들은 사무엘의 나이가 많아 불안한데다 그의 아들들마저 지도자로서의 자질이 부족했기 때문에 왕을 구했습니다.

"당신은 늙고 당신의 아들들은 당신의 행위를 따르지 아니하니 열방과 같이 우리에게 왕을 세워 우리를 다스리게 하소서"(8:5)

'열방'은 모압, 암몬, 에돔 등 이스라엘과 혈통적으로 연관성이 있는 주변 국가들을 가리킵니다. 이웃 나라들은 부족 연맹주의에서 벗어나 왕을 세워 군주국가 체제를 만들었으므로 자기들도 동등한 왕권 체제를 바랐던 것입니다.

1) 이스라엘이 왕을 구한 것은 사무엘의 아들들을 믿지 못했기 때문입니다

"당신은 늙고 당신의 아들들은 당신의 행위를 따르지 아니하니"(8:5)
사무엘의 아들들은 유능하다거나 신임을 주는 지도자들이 못되었습니다. 지도자가 백성들에게 신임을 주지 못할 때 백성들은 불안하고 지도자를 믿을 수 없게 됩니다. 우리 가정도 마찬가지입니다. 가장이 무능하거나 비신앙적이면 불안할 뿐 아니라 지지를 할 수 없게 됩니다.

아내와 자녀들은 신앙생활을 잘 하는데 남편은 신앙이 없어 늘 아내를 핍박하는 가정이 있었습니다. 그러자 자녀들은 아버지를 존경하거나 신뢰하지 않게 되었습니다. 모두 어머니의 편에 섰습니다. 결국 아버지가 굴복하고 교회에 나오게 되었고 후에 장로가 되었습니다. 학교에도 선생님이 유능하여 학생들에게 신뢰감을 주어야 존경을 받습니다.

교회는 더욱 그렇습니다. 주의 종들이 신실해야 합니다. 하나님 앞에서 부름 받은 종들로서 오직 주님을 바라보고 진실하게 헌신적으로 섬겨야 합니다. 그래야 하나님 앞에서 인정을 받고 결국 교인들의 신임과 사랑을 받게 됩니다. 그리고 유능해야 합니다. 가장 기본적인 것은 인격과 신앙입니다. 교역자의 인격이 신본주의가 아니라 인본주의나 인기위주가 되면 벌써 잘못된 것입니다. 사람들의 비위를 맞추거나, 적당주의로 시간만 메우거나, 세속적인 것을 좋아하다 보면 잠시 동안은 성도들로부터 인정받을 지 모르나 오래가지를 못합니다. 하나님 앞에서 진실하게 말씀대로 헌신하는 것이 제일 중요합니다. 그리고 일도 능력 있게 처리해야 합니다. 즉 유능해야 한다는 말입니다. 마음씨만 좋아서는 안됩니다. 하나님의 일을 잘 처리해야 합니다. 그래야 인정을 받을 수 있습니다. 하나님의 종들은 교회에 유익을 끼쳐야 합니다. 그렇지 않으면 하나님과 성도들 앞에서 죄송한 것입니다.

사무엘의 아들들은 백성들에게 인정을 받지 못했습니다. 그들은 도적적·영적으로 잘못되었습니다. 뇌물을 받으며 돈에 눈이 어두워 판결을 굽게 하는 비뚤어진 양심을 가졌습니다. 이 문제가 해결되지 않으면 하나님의 일을 하기가 어렵습니다. 이것은 비단 교역자들뿐만 아니라 교회의 모든 직분자들에게도 해당됩니다. 이미 사명을 받은 사람은 생사를 각오하고 충성해야 합니다. 물질 문제를 초월해야 합니다. 그리고 하나님 앞에서 정직하고 바르게 해야 합니다. 이 일을 위해서 최선의 노력을 다해야 합니다. 만일 물질 문제가 해결되지 않고, 하나님 중심이 아닌 인본주의로 굽게 하다면 물러나는 것이 더 좋습니다. 그것이 하나님의 영광과 주님의 교회를 위해서, 그리고 자신을 위해서도 유익하기 때문입니다.

사무엘의 아들들은 백성들에게 실망을 주었습니다. 아버지 사무엘이 아주 신실하게 하나님의 일을 잘 하고 있었으므로 그대로 본을 받았으면 성공할 수 있었을 텐데 그들은 불순종했습니다.

하나님의 교회도 마찬가지입니다. 지도자가 하나님 중심, 말씀 중심, 교회 중심으로 진실하게 살려고 노력하며 온 교회가 이에 순종하려고 할 때 이 일에 동참하지 않는다면, 그것은 하나님의 영광을 가리는 동시에 교회에도 손해를 끼치는 것이 됩니다. 결국 자신의 신앙에 심각한 손해를 보게 된다는 것을 알아야 합니다.

우리 모두 하나님 앞에서 주신 사명에 진실하고, 신실하게 순종하고, 최선을 다하여, 하나님과 교회 앞에서 인정을 받는 성도가 됩시다.

2) 사무엘은 왕을 세우기를 원하는 백성들의 요구를 기뻐하지 않았습니다

"우리에게 왕을 주어 우리를 다스리게 하라 한 그것을 사무엘이 기뻐하지 아니하여 여호와께 기도하매"(8:6)

'기뻐하지 아니하여' 란 말은 '눈으로 보기에 악하여' 란 의미입니다(삼하 11:25,27).

사무엘이 기뻐하지 않은 것은,

① 자기 아들들을 사사로 세우지 못하는 것에 대한 섭섭함이 아닙니다.

사무엘은 자신의 감정이나 이권에 얽매이는 신앙인이 아니었습니다. 백성들의 요구는 '이제 당신은 나이가 많으니 물러나야 한다' 는 것을 전제로 한 말입니다. 당연히 나이가 들면 퇴임해야 합니다. 그런데 대부분은 퇴임할 나이가 되어도 물러나는 것을 싫어합니다. 이것은 욕심입니다. 물러날 때는 깨끗이 물러날 줄 알아야 합니다. 이것이 안 되기 때문에 문제가 심각해지는 것입니다. 우리는 정치인이나 사회인들이 하는 것에 대해서는 언급할 필요가 없습니다. 원래 그런 사람들은 믿을 수 없기 때문입니다.

우리의 관심은 교회 내부입니다. 하나님의 교회는 오직 말씀 중심으로 해야 합니다. 말씀 중심으로 교회 법을 만들었으면 거기에 순종하고 따라야 합니다. 물러날 때가 되면 정리하고 깨끗이 물러나는 것이 당연한 이치요 상식입니다.

사무엘은 자신이 물러서는 것에 대해서 조금도 섭섭하게 생각하지 않았습니다. 그리고 아들들이 자격이 없는 것을 알기 때문에 그들을 대신하여 다른 왕을 세우자는 이스라엘의 요구에 서운한 마음이 있는 것도 아니었습니다.

　유난히 우리나라는 혈통에 지나치게 집착을 하므로 이에 따른 부작용도 많습니다. 그래서 능력이 없고 존경을 받지 못하는 인물이라도 무리하면서까지 자녀들에게 맡기려고 합니다. 이북의 김일성은 김정일에게, 회사의 회장이나 사장들도 자녀들에게 인계합니다. 차라리 유능한 사람들에게 맡기는 것이 모두가 잘 사는 길인데도 그렇게 하려고 하지 않습니다.

　사무엘은 자신과 아들들을 버리려는 백성들에게 섭섭한 생각을 갖거나 감정적인 문제 때문에 그들의 요구를 기뻐하지 않았다는 것이 아닙니다.

　② 하나님을 버리는 이스라엘의 불신앙 때문입니다.

　이스라엘을 구원하시고 인도하신 창조자 하나님, 영원한 왕이신 하나님을 버리는 그들의 완악함 때문이었습니다. 사무엘은 이스라엘 백성들의 마음을 훤히 읽었습니다. 오직 사무엘의 관심은 하나님의 영광이었습니다.

3) 백성들의 잘못

　① 하나님의 은혜를 잊은 것입니다.

　"여호와께서 사무엘에게 이르시되 백성이 네게 한 말을 다 들으라 그들이 너를 버림이 아니요 나를 버려 자기들의 왕이 되지 못하게 함이니라"(8:7)

　하나님은 모든 것을 다 알고 계셨습니다. 앞으로 인간의 왕이 얼마나 많은 고통과 폐혜를 줄 것인지를 다 알고 계셨습니다. '그들이 너를 버림이 아니요'란 백성들이 왕을 요구한 것은 사무엘의 사사직을 무시하고 배반한 것이 아니라 바로 하나님을 배반한 것이란 말입니다. 지금까지 놀라운 은혜를 베푸신 하나님을 배반하는 동시에 사람의 왕을 요구하는 것입니다. 이스라엘의 요구는 그들의 역사를 망각한 배은망덕한 자세입니다.

이스라엘은 하나님의 언약과 축복으로 만들어졌습니다. 아브라함-이삭-야곱-12지파-출애굽-가나안 정복으로 이어진 것입니다. 이 모든 것이 하나님의 도우심과 권능으로 된 것입니다. 오직 하나님의 은혜로 된 것입니다. 그런데 이스라엘은 그들의 뿌리를 잊어버렸습니다.

그리고 하나님은 그들의 모든 삶 속에 은혜를 베풀어 주셨습니다. 그들은 하나님으로부터 많은 민족 가운데서 선택받은 민족이었습니다. 애굽의 노예생활에서 구원시켜 주셨고, 40년 간의 광야생활 중에도 놀라운 은혜를 베푸셨으며, 하나님의 은혜로 가나안을 정복하여 자유를 누리며 정착할 수 있게 하셨습니다. 그동안 모든 의식주 문제를 다 해결해 주셨으며, 적국으로부터 보호하셨고, 훌륭한 지도자 사무엘도 주셨습니다. 그런데도 결국 그들이 하나님보다 왕을 더 요구한 것은 바로 우상숭배 행위입니다. 하나님보다 더 사랑하고 더 의지하는 것은 다 우상입니다.

우리는 하나님보다 더 의지하거나 더 요구하는 것이 없는지 살펴봐야 합니다. 돈, 권세, 명예, 자녀, 건강, 사람을 하나님보다 더 의지하거나 사랑하지는 않습니까? 우리 눈에 보이는 모든 것, 우리가 의지하고 믿는 모든 것은 다 사라지고 맙니다. 우리가 가장 확실하게 믿을 수 있고 의지할 수 있는 분은 우주의 왕이신 하나님뿐입니다. 오직 주님만을 의지하는 성도가 되시길 바랍니다.

② 왕을 요구한 것입니다.

이것은 이스라엘이 그들 스스로에게 얽매이는 요구입니다. 왕을 요구할 때는 왕의 제도를 만들어야 합니다. 그 네 가지 제도는,

ⓐ 젊은 남녀의 징집입니다(8:11-14). 아들들을 징병하여 왕을 위해 일해야 합니다. 왕 개인의 목적을 위해 봉사해야 합니다(8:11-12). 또한 딸들을 취하여 일을 시켜야 합니다(8:13).

ⓑ 곡물과 가축의 징세입니다(8:14,15,17).

ⓒ 종과 나귀의 징용입니다(8:16).

ⓓ 개인의 자유 상실입니다(8:17).

이처럼 왕의 제도는 개인의 자유를 상실하고 얽매이게 합니다. 가장 최상의 통치는 하나님이 왕이 되는 것입니다. 사사는 하나님을 대신하여 다스리는 종이었습니다. 이 시대는 하나님을 왕으로 삼고 복종만하면 되는 완전한 자유시대였습니다. 그러나 백성의 마음이 완악하게 되어 왕을 구함으로써 스스로 얽매이는 요구를 하고 있는 것입니다.

다윗과 같은 성군이 통치할 때는 이스라엘이 태평성대를 누렸습니다. 그러나 악한 왕들이 나타날 때는 백성들이 고통을 받으며 나라가 분열되는가 하면, 결국 이웃 나라에 포로로 끌려가게 되었습니다.

"그 날에……부르짖되……응답지 아니하시리라"(8:18) 실제 그들이 요구한 왕, 즉 훗날 나타난 폭군들에 의해 백성들은 많은 고생을 하게 되어 하나님께 부르짖었습니다. 그러나 하나님은 그들이 자신들의 세속적인 욕심과 유익만을 추구하기 위해 왕을 구했기 때문에 그들의 부르짖음에 응답하지 않으셨습니다. 결국 그들은 포로가 되어 끌려가는 환난을 당할 수밖에 없었습니다.

우리는 여기서 눈여겨 볼 부분이 있습니다. 그것은 하나님은 우리가

끝까지 순종하지 않을 때는 그대로 간과하신다는 사실입니다. 사무엘은 왕을 세우는 것이 싫었지만 백성들이 계속 요구하자 하나님은 그들의 뜻대로 허락하셨습니다. 성경은 말씀합니다. "저희가 마음에 하나님 두기를 싫어하매 하나님께서 저희를 그 상실한 마음대로 내어 버려 두사"(롬 1:28)

하나님은 하나님을 버리고 인본주의로 나가는 것을 그대로 두셨습니다. 인본주의로 나가면 결국은 자신들이 얽매일 수밖에 없습니다. 하나님의 백성인 우리는 자신의 생각과 꾀, 방법, 경험으로만 하면 실패할 수밖에 없습니다. 그러므로 우리는 무슨 일을 하든지 항상 하나님의 방법과 하나님의 뜻대로 해야 합니다. 그리고 항상 하나님의 뜻에 순종해야 합니다. 그러므로 우리는 무슨 일을 하든지 항상 하나님을 먼저 구하는 성도가 됩시다.

③ 이방을 따르려는 요구입니다.

이스라엘이 왕을 구하는 가장 중요한 이유 중 하나는 모든 열방들에게 왕의 제도가 있는 것처럼 우리도 왕이 있어야 한다는 것입니다.

"보소서 당신은 늙고 당신의 아들들은 당신의 행위를 따르지 아니하니 열방과 같이 우리에게 왕을 세워 우리를 다스리게 하소서"(8:5), "우리도 열방과 같이 되어 우리 왕이 우리를 다스리며 우리 앞에 나가서 우리의 싸움을 싸워야 할 것이니이다"(8:20) 다른 주변 국가들이 군대가 잘 조직되어 전쟁이 일어나면 왕의 지휘 아래 일사불란하게 전장으로 나가는 것을 보고 자신들도 왕을 요구하는 것입니다. 이것은 지금까지 그들을 위험에서 지켜주시고 모든 적군들을 물리쳐 주신 하나님을 잊어버린 불신앙과 죄악성을 그대로 증거하는 것입니다.

이스라엘은 하나님의 선택받은 백성입니다. 이스라엘은 선민이요,

거룩한 백성이요, 제사장 나라로서의 특권을 받은 나라입니다. 그들은 이방 나라에 본을 보여야 하고, 그 나라들을 인도해야 하고, 감화시켜야 하고, 전도해야 할 의무가 있습니다. 그런데도 오히려 그들을 따라가려고 하는 것은 동기와 출발부터 잘못된 것입니다.

우리는 예수님께서 말씀하신 대로 세상의 빛과 소금입니다. 우리는 천국의 시민권을 가진 구별된 백성들입니다. 그러므로 이방인들이 우리에게 감동을 받아 돌아와야 합니다. 그런데 오히려 이방인을 흉내 내며 따라간다는 것은 잘못된 것입니다. 교회가 세상을 따라가면 안 됩니다. 신자가 불신자를 흉내내는 것은 잘못된 것입니다. 우리는 그리스도의 향기를 발하는 사람이 되어야 합니다. 그리스도인인 우리가 세상에 속화되어 죄를 짓는 일에 동참하면 우리의 신분을 상실하는 것이 됩니다. 적극적으로 우리가 가는 곳에 변화가 일어나도록 해야 합니다. 우리의 일터, 학교, 단체, 만남에 그리스도의 향기를 발함으로써 변화를 주어야 합니다. 우리가 빛으로 나타나야 하고 소금으로 맛을 내어야 합니다. 성경은 말씀합니다. "너희는 먼저 그의 나라와 그의 의를 구하라 그리하면 이 모든 것을 너희에게 더하시리라"(마 6:33), "나의 간절한 기대와 소망을 따라 아무 일에든지 부끄럽지 아니하고 오직 전과 같이 이제도 온전히 담대하여 살든지 죽든지 내 몸에서 그리스도가 존귀히 되게 하려 하나니"(빌 1:20)

우리 모두 이방인을 따라가지 말고 세상을 변화시키는 하나님의 백성들이 되도록 주님께 기도하여 능력을 얻읍시다.

3. 하나님은 차선의 방법을 허락하셨습니다

"여호와께서 사무엘에게 이르시되 그들의 말을 들어 왕을 세우라 하시니 사무엘이 이스라엘 사람들에게 이르되 너희는 각기 성읍으로 돌아가라 하니라"(8:22)

하나님은 왕을 세울 것을 허락하셨습니다. 최선의 방법은 오직 하나님 한 분만을 왕으로 삼고 그분께 순종하며 따르는 것입니다. 그런데 이스라엘은 이 최선의 방법을 포기하고 사람의 왕을 구했습니다. 하나님은 그들의 완악함과 앞으로 그들에게 많은 시련이 있을 것을 아시면서도 허락하셨습니다. 그것은 그들이 스스로 경험하여 깨닫게 하기 위해서입니다. 얼마 가지 못해 그들은 왕을 세운 것을 후회하게 됩니다. 그리고 실패를 통해서 하나님의 뜻을 받아들이게 하기 위해서입니다. 나중에 그들은 앗수르와 바벨론에 의해 멸망하게 됩니다. 그 때 그들은 전적으로 하나님의 뜻을 따를 수밖에 없게 됩니다. 그리고 하나님은 실패한 이스라엘에게 메시아를 보내주셨습니다. 하나님은 이스라엘이 최고의 것을 버릴 때 차선의 것을 허락해 주셨습니다. 왕의 제도를 통해서 하나님을 섬기게 하신 것입니다. 즉 조직을 활용하여 하나님을 따르게 하는 것입니다. 왕이 신앙생활을 잘 하고 겸손히 하나님을 섬기면 아랫사람들은 따라하게 됩니다. 상부조직이 복종하면 하부조직은 당연히 복종하게 되어 있습니다.

이스라엘은 하나님의 교회입니다. 교회도 조직이 필요합니다. 총회, 노회, 개 교회 등의 조직이 있습니다. 이것은 최선이 아니라 차선이라고 할 수 있습니다. 모든 성도가 하나님을 왕으로 섬기고 복종하면 만사가 형통하게 됩니다. 그런데 사사시대처럼 각자가 모두 자기의 소견대로 행하며 왕 노릇을 하면 제재할 길이 없습니다. 결국 하나님을 섬기지 않고 불순종하면 질서가 없어 엉망이 되고 맙니다. 그러므로 차선책인 조직을 통해서 질서를 세워가야 합니다. 교회는 하나님의 교회입니다. 하나님이 왕이십니다. 모든 성도는 왕이신 하나님께 경배하며 순종함으로 예배드려야 합니다. 그분의 말씀에 절대 복종해야 합니다. 이 일을 개인에게 다 맡겨 버리면 자기의 소견대로 하게 되므로 혼란이 오고 불순종하는 역사가 나타나기 쉽습니다. 그래서 지도자를 세우고 조직을 세우는 것입니다. 하나님의 말씀을 바르게 가르치고 지도할 주의 종을 세워서 하나님을 바르게 섬기고 경배하도록 인도하게 했습니다. 주의 종들은 하나님의 말씀으로 그의 백성들을 교훈과 책망과 바르게 함과 의로 교육하여 온전한 하나님의 사람으로 만들어 가야 합니다. 그리고 조직을 주셨습니다. 개 교회는 당회를 중심으로 교회의 여러 가지 일들을 지도하여 다스리게 했습니다. 그리고 노회와 총회를 세워서 전 교회를 지도하게 했습니다.

모든 하나님의 교회는 하나님을 왕으로 섬기는 일을 해야 합니다. 첫 번째가 하나님께 예배를 드리는 것입니다. 그리고 하나님을 왕으로 삼지 않은 자들에게 하나님을 온전히 왕으로 섬기도록 전도하며 선교하는 것입니다. 이것을 지상명령이라 합니다(The Great Commision). 이 명령에 모든 하나님의 백성들은 순종해야 합니다. 그리고 하나님의 말씀을 가르치고 배우는 것입니다. 즉 그리스도를 닮아 가는 것입니다. 그리스도의 인격과 신앙과 사역과 섬김과 봉사를 닮아 가야 합니다. 그리고 이웃에게 그리스도의 사랑을 나누어야 합니다.

우리는 결코 우리의 소견에 좋은 대로 인본주의와 세속주의에 물들지 말아야 합니다. 오직 왕이신 하나님 한 분만을 섬기며, 그분에게만 경배하고, 그분의 말씀에 순종하며 살아가는 천국 백성이 됩시다. 아멘.

¹베냐민 지파에 기스라 이름하는 유력한 사람이 있으니 그는 아비엘의 아들이요 스롤의 손자요 베고랏의 증손이요 아비아의 현손이라 베냐민 사람이더라 ²기스가 아들이 있으니 그 이름은 사울이요 준수한 소년이라 이스라엘 자손 중에 그 보다 더 준수한 자가 없고 키는 모든 백성보다 어깨 위는 더 하더라 ³사울의 아비 기스가 암나귀들을 잃고 그 아들 사울에게 이르되 너는 한 사환을 데리고 일어나 가서 암나귀들을 찾으라 하매 ⁴그가 에브라임 산지와 살리사 땅으로 두루 다니되 찾지 못하고 사알림 땅으로 두루 다니되 없고 베냐민 사람의 땅으로 두루 다니되 찾지 못하니라 ⁵그들이 숩 땅에 이른 때에 사울이 함께 하는 사환에게 이르되 돌아가자 내 부친이 암나귀 생각은 고사하고 우리를 위하여 걱정하실까 두려워하노라 ⁶대답하되 보소서 이 성에 하나님의 사람이 있는데 존중히 여김을 받는 사람이라 그가 말한 것은 반드시 다 응하나니 그리로 가사이다 그가 혹 우리의 갈 길을 가르칠까 하나이다 ⁷사울이 그 사환에게 이르되 우리가 가면 그 사람에게 무엇을 드리겠느냐 우리 그릇에 식물이 다하였으니 하나님의 사람에게 드릴 예물이 없도다 무엇이 있느냐 ⁸사환이 사울에게 다시 대답하여 가로되 보소서 내 손에 은 한 세겔의 사분 일이 있으니 하나님의 사람에게 드려 우리 길을 가르치게 하겠나이다 ⁹(옛적 이스라엘에 사람이 하나님께 가서 물으려 하면 말하기를 선견자에게로 가자 하였으니 지금 선지자라 하는 자를 옛적에는 선견자라 일컬었더라) ¹⁰사울이 그 사환에게 이르되 네 말이 옳다 가자 하고 그들이 하나님의 사람 있는 성으로 가니라 ¹¹그들이 성을 향한 비탈길로 올라가다가 물 길러 나오는 소녀들을 만나 그들에게 묻되 선견자가 여기 있느냐 ¹²그들이 대답하여 가로되 있나이다 보소서 그가 당신보다 앞섰으니 빨리 가소서 백성이 오늘 산당에서 제사를 드리므로 그가 오늘 성에 들어오셨나이다 ¹³당신들이 성으로 들어가면 그가 먹으러 산당에 올라가기 전에 곧 만나리이다 그가 오기 전에는 백성이 먹지 아니하나니 이는 그가 제물을 축사한 후에야 청함을 받은 자가 먹음이라 그러므로 지금 올라가소서 금시로 만나리이다 하는지라 ¹⁴그들이 성읍으로 올라가서 그리로 들어갈 때에 사무엘이 마침 산당으로 올라가려고 마주 나오더라

(사무엘상 9:1-14)

02 사무엘을 찾는 사울

 이스라엘이 왕을 요구하자 하나님은 사울을 등장시키셨습니다. 우리는 9장에서 하나님께서 사울을 이스라엘의 왕으로 세우시기 위하여 특별한 섭리를 펼치고 계심을 발견할 수 있습니다. 비록 사울이 하나님의 뜻에 합당한 인물은 아니었지만, 하나님은 이 사울을 통하여 하나님의 구속 역사를 전개시키려 하심을 알 수 있습니다.
 역사의 무대에 들어선 사울은 어떤 사람입니까?

1. 사울의 인격

1) 훌륭한 가계

 "베냐민 지파에 기스라 이름하는 유력한 사람이 있으니 그는 아비엘의 아들이요 스롤의 손자요 베고랏의 증손이요 아비아의 현손이라 베냐민 사람이더라"(9:1)
 베냐민 지파는 유다와 에브라임 사이에 있는 작은 지파입니다(9:21). 그러나 이스라엘 민족을 구성하는 열 두 지파 중의 하나로 이 지파의 선조인 베냐민은 야곱의 막내인 열 둘째 아들입니다. 이 지파는 레위인의 첩을 윤간한(삿 19:22-30) 불명예스러운 사건으로 이스라엘 총회로부터 징계를 받아 지파의 상당수의 남자들이 죽임을 당했습니다. 그때 살아남은 남자는 600여 명에 지나지 않습니다. 따라서 이스라엘 중 가장 작은 지파로 전락했습니다. 그러나 베냐민은 야곱의 사랑 받는 아내 라헬의 소생으로 히브리인의 평가기준으로 볼 때에 결코 무시할 수 없는 집안이었습니다. 이 작은 지파에서 왕이 나온 것은 상당한 의미가 있습니다. 그것은 이스라엘 초대 왕의 임무는 각 지파 간 단결과 연합을 이루는 것인데, 막내 중에서 왕이 나옴으로써 서로 불필요한 상호견제나 시기와 경쟁을 막을 수 있었습니다. 또한 유다와 에브라임이라는 거대한 지파 사이에 있었기 때문에 두 지파와의 주도권 싸움을 막을 수 있는 효과도 있었습니다.

사울은 베냐민 지파에서 유력한 자 기스의 아들이었습니다. 기스의 집안은 재물도 있는 강력한 용사의 집안으로 볼 수 있습니다. 사울은 좋은 가문의 출신이었습니다.

2) 준수한 외모

"기스가 아들이 있으니 그 이름은 사울이요 준수한 소년이라 이스라엘 자손 중에 그 보다 더 준수한 자가 없고 키는 모든 백성보다 어깨 위는 더 하더라"(9:2)

'준수한 사람' 이라는 말은 '젊고 잘 생겼다(young and handsome)'는 뜻입니다. 사울의 풍채가 아주 훌륭했음을 뜻합니다. '키는 모든 백성보다 어깨 위는 더하더라' 고 했습니다. 키는 사람의 외모를 판단할 때 중요하게 여기는 부분입니다. 사울이 장대한 신체를 가졌다는 것은 강력한 통치력으로 자신들을 다스려 줄 왕의 요구 조건에 합당했습니다. 백성들은 키가 큰 사울에게 매력을 느껴 만족하게 되었습니다. 이처럼 사울은 왕의 위엄을 가진 외모와 풍채를 가졌습니다. 이것은 이스라엘이 어디까지나 외모만 중요시 여겼음을 알 수 있습니다. 중요한 것은 외모가 아니라 중심이지만 많은 사람들은 외모를 봅니다. 그러나 외모만 보면 결국 실망하게 되고 나중에 눈물을 흘리게 됩니다.

우리가 알아야 할 것은 사람들은 외모를 보지만 하나님은 중심을 보신다는 사실입니다.

3) 효자

"사울의 아비 기스가 암나귀들을 잃고 그 아들 사울에게 이르되 너는 한 사환을 데리고 일어나 가서 암나귀들을 찾으라 하매 그가 에브라임 산지와 살리사 땅으로 두루 다니되 찾지 못하고 사알림 땅으로 두루 다니되 없고 베냐민 사람의 땅으로 두루 다니되 찾지 못하니라"(9:3-4)

사울은 아버지의 암나귀를 찾아오라는 아버지의 말씀대로 사환 한 명을 대동하여 에브라임 산지와 살리사 땅으로 두루 찾아 다녔습니다. 아버지가 나귀보다 '우리를 위하여 걱정하실까' 하여 돌아가자고 말한 것을 보아 사울은 효성이 지극한 아들이었음을 알 수 있습니다(9:3-5).

효는 부모의 말씀을 잘 듣고 순종하는 것으로부터 시작합니다. 부모의 말씀에 잘 순종하지 않으면서 선물이나 용돈을 드리는 것만으로 효를 다하는 것으로 생각하는 사람들이 많습니다. 효의 근본은 순종이라는 사실을 우리는 항상 기억해야 할 것입니다.

4) 예절

"이 성에 하나님의 사람이 있는데 존중히 여김을 받는 사람이라 그가 말한 것은 반드시 다 응하나니 그리로 가사이다 그가 혹 우리의 갈 길을 가르칠까 하나이다 사울이 그 사환에게 이르되 우리가 가면 그 사람에게 무엇을 드리겠느냐 우리 그릇에 식물이 다하였으니 하나님의 사람에게 드릴 예물이 없도다 무엇이 있느냐"(9:6-7), "옛적 이스라엘에 사람이 하나님께 가서 물으려 하면 말하기를 선견자에게로 가자 하였으니"(9:9)

그 당시에는 분신물을 찾기 위해서는 하나님의 사람 선견자를 찾아가는 것이 풍속이었는데, 이때 사울이 예물을 준비했습니다. 선견자를 만나러 갈 때 예물을 드리는 것이 그 당시의 관례였기 때문입니다. 사울이 먹을 식물이 다 떨어졌다고 할 때 사환에게는 은 한 세겔의 1/4이 있었습니다(9:8). 사울은 관습을 알고 예의를 갖출 줄 아는 사람이었습니다. 그러나 하나님의 사람을 만나러 갈 때 반드시 예물을 드려야 하는 것은 아닙니다. 기도해 준다고 반드시 물질로 보답하며 인사를 해야 하는 것은 아닙니다.

요즈음 기도해 주고 대가를 요구하는 잘못된 사람들도 있습니다. 응당히 기도를 받았으니 물질을 드려야 한다는 것은 자칫 점을 본 후 복채를 바치는 것과 같은 오해를 받을 수 있습니다.

사울은 그 당시의 풍속에 따라 사무엘을 찾으러 갈 때 기본적인 예의를 갖추어 물어보겠다는 뜻에서 예물을 드렸습니다. 순수한 마음으로 예를 갖추어 하나님의 사람을 존경하는 것은 아름다운 일일 것입니다.

5) 겸손과 아량이 있는 사람

"사울이 그 사환에게 이르되 네 말이 옳다 가자 하고 그들이 하나님

의 사람 있는 성으로 가니라"(9:10)

  사환이 선견자에게 물으러 가자고 할 때 아랫사람의 의견을 존중하여 그대로 받아들였습니다. 그리고 그가 나중에 임금으로 선출되었을 때에는 행구 사이에 숨어 있었습니다. 또한 합법적으로 왕으로 추대되었을 때에 비류들의 비방을 듣고도 묵과한 아량이 있는 사람이었습니다. 사울은 인격적으로 이스라엘의 왕이 될만한 조건을 갖추었던 것으로 보입니다. 그러나 하나님의 백성인 이스라엘의 왕이 될 사람은 외적인 조건만 갖추어서는 안됩니다. 사람은 겉만 보아서는 알 수 없습니다. 중요한 것은 속사람입니다.

  하나님의 교회의 일꾼도 마찬가지입니다. 외적인 조건만 갖추었다고 되는 것이 아닙니다. 가장 중요한 것은 하나님의 마음에 합당한 사람이 되어야 합니다. 그리고 하나님을 진심으로 섬기며 따르는 신앙인이 되어야 합니다.

  우리는 외적으로 훌륭한 인격자가 되어야겠습니다. 그리고 무엇보다도 속사람이 하나님의 마음에 합당한 일꾼, 진심으로 주님을 사랑하고 순종하며 섬기는 진실한 성도가 됩시다.

2. 나귀를 찾는 일에 열심인 사울

  우리는 사울이 한 마리의 나귀를 찾아서 열심히 다닌 사실을 눈여겨 볼 필요가 있습니다. 하나님은 우리에게 잃어버린 어린양 한 마리를 열심히 찾으라고 명령하셨습니다. 성경은 말씀합니다. "하늘과 땅의 모든 권세를 내게 주셨으니 그러므로 너희는 가서 모든 족속으로 제자를 삼아 아버지와 아들과 성령의 이름으로 세례를 주고 내가 너희에게 분부한 모든 것을 가르쳐 지키게 하라 볼지어다 내가 세상 끝 날까지 너희와 항상 함께 있으리라"(마 28:81-20), "오직 성령이 너희에게 임하시면 너희가 권능을 받고 예루살렘과 온 유대와 사마리아와 땅 끝까지 이르러 내 증인이 되리라"(행 1:8)

사울은 아버지의 명령에 순종하여 나귀를 찾으러 나갔습니다. 여기서 우리 주님은 한 마리 잃은 양을 찾아 나선 목자의 모습을 우리에게 가르쳐 주고 있습니다. 우리도 어린양을 찾는 열심이 있어야겠습니다. 우리는 얼마나 어린양을 찾아다니고 있습니까? 10월 전도축제를 앞두고 우리는 주님의 어린양을 찾으러 가야 합니다. 낙심자, 전도 대상자, 말썽 피우는 자들을 찾아 나서야 합니다.

3. 사무엘을 찾으러 간 사울

"그들이 성을 향한 비탈길로 올라가다가 물 길러 나오는 소녀들을 만나 그들에게 묻되 선견자가 여기 있느냐 그들이 대답하여 가로되 있나이다 보소서 그가 당신보다 앞섰으니 빨리 가소서 백성이 오늘 산당에서 제사를 드리므로 그가 오늘 성에 들어오셨나이다 당신들이 성으로 들어가면 그가 먹으러 산당에 올라가기 전에 곧 만나리이다 그가 오기 전에는 백성이 먹지 아니하나니 이는 그가 제물을 축사한 후에야 청함을 받은 자가 먹음이라 그러므로 지금 올라가소서 금시로 만나리이다"(9:11-13)

하나님께서 인도하셨음을 알 수 있습니다. 시원한 저녁 시간에 물을 길으러 나오는 소녀들에게 물어 안내를 잘 받았습니다. 소녀들은 지금 사무엘이 와 있으며, 이제 곧 하나님께 제사를 드릴 것이란 정확한 정보를 가지고 있었습니다.

모든 것이 순조롭게 잘 진행되어 갑니다.

안내를 잘 받아야 합니다. 예전에 남아공 요하네스버그 공항에서 안내표지를 잘 보지 않고 가다가 2층으로 잘못 올라간 적이 있었습니다. 그래서 흑인들에게 물어 가르쳐 주는 대로 똑바로 갔는데 길이 막혔습니다. 다시 백인에게 물었더니 정 반대 방향으로 안내했습니다. 안내자가 좋아야 합니다.

"그들이 성읍으로 올라가서 그리로 들어갈 때에 사무엘이 마침 산당으로 올라가려고 마주 나오더라"(9:14) 하나님은 사울이 사무엘을 만나도록 인도하셨습니다. 하나님은 구속 역사를 이루시기 위해, 사울이 나귀 한 마리를 찾아 나서는 이 일을 계기로 사무엘을 만나 이스라엘의 왕정 제도를 세우는 일을 진행하게 하셨습니다.

결코 우연이란 없습니다. 사람의 눈에는 우연처럼 보이지만 모든 것은 하나님의 섭리가 개입되어 있습니다. 그러므로 우리는 영의 눈을 떠서 하나님의 뜻을 찾아야 합니다. 영의 귀를 열어서 하나님의 말씀을 들을 수 있어야 합니다.

우리는 여기에서 사무엘과 사울의 열심을 볼 수 있습니다. 사무엘은 한 곳에 머물지 않고 여러 곳을 순회하면서 사사의 사명을 수행한 신실하고 부지런한 주의 종이었습니다. 그리고 사울 역시 나귀를 찾아서 열심히 다니다가 사무엘을 만나게 된 것입니다. 하나님은 자신의 일에 열심히 충성하는 자들을 통해서 그의 역사를 이루어 가시는 분임을 알 수 있습니다. 우리도 우리에게 맡기신 일을 순종함으로 열심히 잘 섬기면 하나님은 우리가 기대하지도 않은 더 큰 은혜와 축복으로 역사하십니다.

사울이 사무엘을 찾아 나선 것은 도움을 구하러 간 것입니다.

1) 기도의 도움이 필요했습니다

우리도 기도의 도움이 필요합니다. 주의 종들의 기도가 필요하고, 성도들의 기도의 후원이 필요합니다. 기도 없이는 아무 것도 할 수 없습니다. 우리는 주님께 기도로 부르짖어야 합니다. 주님께서도 구하고 찾고 두드리라고 말씀하셨습니다. 우리는 새벽을 깨워서 기도하고, 밤을 새워서도 기도할 줄 알아야 합니다. 우리가 기도로 주님께 부르짖으면 반드시 보여 주시고 만나게 해 주실 것입니다.

2) 말씀의 인도하심이 필요했습니다

사무엘을 찾은 것은 말씀의 인도를 받기 위해서입니다. 우리는 하나님의 말씀을 배워야 합니다. 말씀 교육을 잘 받고 말씀의 인도하심을 받아야 합니다. 성경은 말씀합니다. "하나님의 말씀은 살았고 운동력이 있어 좌우에 날선 어떤 검보다도 예리하여 혼과 영과 및 관절과 골수를 찔러 쪼개기까지 하며 또 마음의 생각과 뜻을 감찰하나니"(히 4:12)

우리가 하나님의 뜻을 알기 위해서는 말씀의 인도를 받아야 합니다. 우리는 어떤 일을 결정하거나, 중요한 일을 시작하기 전에 반드시 하나님의 말씀을 살피고 말씀의 지도를 받아야 합니다.

3) 성령의 인도하심이 필요했습니다

사울 일행은 소녀들에게 길을 물었고 그들의 도움으로 사무엘을 만날 수 있었습니다. 우리도 성령의 인도하심을 받아야 합니다. 그러기 위해 하나님의 사람들은 항상 성령의 도우심을 구해야 합니다.

아브라함의 신실한 종 엘리에셀은 이삭의 아내를 구하기 위해 길을 떠나 우물 곁에 앉아, "하나님, 내가 물을 길으러 오는 소녀에게 나로 마시게 하라 하면 그 소녀가 약대도 마시게 하겠다고 하면 주인의 아들의 배필인 줄 알겠습니다." 하고 기도했습니다(창 24:12-14). 기도를 마치자 마자 리브가가 와서 약대에게도 물을 마시게 했습니다. 이것은 성령께서 인도하신 것입니다.

우리도 외형적인 것만 인정을 받으려고 하지 말고, 내적 사람을 잘 준비하여 하나님의 마음에 합당한 일꾼이 되어야겠습니다. 우리도 하나님의 도우심을 구하여 말씀의 인도와 성령의 인도하심을 받는 성도가 됩시다. 아멘.

¹⁵사울의 오기 전 날에 여호와께서 사무엘에게 알게 하여 가라사대 ¹⁶내일 이 맘 때에 내가 베냐민 땅에서 한 사람을 네게 보내리니 너는 그에게 기름을 부어 내 백성 이스라엘의 지도자를 삼으라 그가 내 백성을 블레셋 사람의 손에서 구원하리라 내 백성의 부르짖음이 내게 상달하였으므로 내가 그들을 돌아보았노라 하시더니 ¹⁷사무엘이 사울을 볼 때에 여호와께서 그에게 이르시되 보라 이는 내가 네게 말한 사람이니 이가 내 백성을 통할하리라 하시니라 ¹⁸사울이 성문 가운데 사무엘에게 나아가 가로되 선견자의 집이 어디인지 청컨대 내게 가르치소서 ¹⁹사무엘이 사울에게 대답하여 가로되 내가 선견자니라 너는 내 앞서 산당으로 올라가라 너희가 오늘날 나와 함께 먹을 것이요 아침에는 내가 너를 보내되 네 마음에 있는 것을 다 네게 말하리라 ²⁰사흘 전에 잃은 네 암나귀들을 염려하지 말라 찾았느니라 온 이스라엘의 사모하는 자가 누구냐 너와 네 아비의 온 집이 아니냐 ²¹사울이 대답하여 가로되 나는 이스라엘 지파의 가장 작은 지파 베냐민 사람이 아니오며 나의 가족은 베냐민 지파 모든 가족 중에 가장 미약하지 아니하니이까 당신이 어찌하여 내게 이같이 말씀하시나이까 ²²사무엘이 사울과 그 사환을 인도하여 객실로 들어가서 청한 자 중 수석에 앉게 하였는데 객은 삼십 명 가량이었더라 ²³사무엘이 요리인에게 이르되 내가 네게 주며 네게 두라고 말한 그 부분을 가져 오라 ²⁴요리인이 넓적다리와 그것에 붙은 것을 가져다가 사울 앞에 놓는지라 사무엘이 가로되 보라 이는 두었던 것이니 네 앞에 놓고 먹으라 내가 백성을 청할 때부터 너를 위하여 이것을 두어서 이 때를 기다리게 하였느니라 그 날에 사울이 사무엘과 함께 먹으니라

(사무엘상 9:15-24)

03 하나님이 세우신 지도자

하나님께서 세우신 지도자는 어떤 사람입니까? 사무엘은 이스라엘

의 영적 지도자입니다. 그리고 하나님은 이스라엘 백성이 왕을 요구하자 사울을 왕으로 세우기로 작정하셨습니다.

1. 하나님은 지도자를 인도하십니다

"사울의 오기 전 날에 여호와께서 사무엘에게 알게 하여 가라사대 내일 이맘 때에 내가 베냐민 땅에서 한 사람을 네게 보내리니 너는 그에게 기름을 부어 내 백성 이스라엘의 지도자를 삼으라 그가 내 백성을 블레셋 사람의 손에서 구원하리라 내 백성의 부르짖음이 내게 상달하였으므로 내가 그들을 돌아보았노라 하시더니 사무엘이 사울을 볼 때에 여호와께서 그에게 이르시되 보라 이는 내가 네게 말한 사람이니 이가 내 백성을 통할하리라 하시니라"(9:15-17)

1) 하나님께서 미리 사무엘에게 알려 주셨습니다

"사울의 오기 전 날에 여호와께서 사무엘에게 알게 하여"(9:15)

2) '내일 이맘 때에'라고 하나님은 사울이 올 시간까지 가르쳐 주셨습니다(9:16)

"내일 이맘 때에 내가 베냐민 땅에서 한 사람을 네게 보내리니 너는 그에게 기름을 부어 내 백성 이스라엘의 지도자를 삼으라 그가 내 백성을 블레셋 사람의 손에서 구원하리라 내 백성의 부르짖음이 내게 상달하였으므로 내가 그들을 돌아보았노라"(9:16)

'한 사람을 네게 보내리니'에서 우리는 하나님께서 계획하시고 인도하셨음을 알 수 있습니다. 하나님께서 모든 길을 인도하셨습니다. '내 백성 이스라엘의 지도자를 삼으라' 는 말씀은 '기름을 부어서 왕을 삼으라' 는 말입니다. '블레셋 사람의 손에서 구원하리라' 는 것이 왕을 세우는 직접적인 목적입니다. 미스바에서 대 승리를 거두었지만 그래도 여전히 블레셋은 이스라엘을 위협하는 세력이었습니다.

3) 사울을 만날 때 '이 사람'이라고 지시하셨습니다

"사무엘이 사울을 볼 때에 여호와께서 그에게 이르시되 보라 이는 내가 네게 말한 사람이니 이가 내 백성을 통할하리라 하시니라"(9:17)

너무도 정확한 지시입니다. '내 백성을 통할하리라' 는 말씀은 '닫다, 제한하다, 소집하다' 는 뜻입니다.

4) 모든 일의 과정에서 하나님의 인도하심을 받았습니다

① 나귀를 잃은 것
② 나귀를 찾으러 헤매었던 것
③ 사환의 제안으로 선견자를 만나러 간 것
④ 물을 긷는 소녀들의 도움으로 사무엘을 쉽게 만날 수 있었던 것은 다 하나님의 인도하심이었습니다.

5) 사무엘은 하나님께서 사울을 왕으로 세우실 것을 확신했습니다

"사무엘이 사울에게 대답하여 가로되 내가 선견자니라 너는 내 앞서 산당으로 올라가라 너희가 오늘날 나와 함께 먹을 것이요 아침에는 내가 너를 보내되 네 마음에 있는 것을 다 네게 말하리라"(9:19)

사울을 이스라엘의 왕으로 세우시는 하나님의 뜻을 가르쳐 주시겠다는 말입니다.

"온 이스라엘의 사모하는 자가 누구냐 너와 네 아비의 온 집이 아니냐"(9:20)

'온 이스라엘의 사모하는 자가 누구냐'를 원어대로 '누구를 위하여 이스라엘의 사모함이 있겠느냐, 누구에게 이스라엘 안의 사모할 만한 것들이 속하겠느냐'로 번역해야 할 것입니다. 첫 번째는 이스라엘의 왕으로서 사울의 높은 신분을 말하고, 두 번째는 장차 왕으로서의 사울에게 들어갈 재물을 의미합니다. 이 모든 것은 사울에게 왕권이 돌아갈 것을 강조하는 말입니다. 사무엘은 사울이 왕이 될 것을 하나님으로부터 이미 계시로 받았습니다. 하나님은 그의 백성의 지도자를 세우실 때 계획하시고 인도하십니다.

2. 지도자를 세우신 목적

"내일 이맘 때에 내가 베냐민 땅에서 한 사람을 네게 보내리니 너는 그에게 기름을 부어 내 백성 이스라엘의 지도자를 삼으라 그가 내 백성을 블레셋 사람의 손에서 구원하리라 내 백성의 부르짖음이 내게 상달하였으므로 내가 그들을 돌아보았노라 하시더니 사무엘이 사울을 볼 때에 여호와께서 그에게 이르시되 보라 이는 내가 네게 말한 사람이니 이가 내 백성을 통할하리라 하시니라"(9:16-17)

블레셋의 손에서 백성을 구원하는 것, 즉 블레셋으로부터 백성을 보호하는 것입니다(9:16). 전쟁으로부터 보호하여 안정과 평화를 주기 위해서입니다. 여기에 특별히 나오는 말이 '내 백성'이라는 말입니다.

"'내 백성' 이스라엘의 지도자, '내 백성'을 블레셋 사람의 손에서 구원할 것, '내 백성'의 부르짖음이 내게 상달하였고, '내 백성'을 통할하리라." 이 말은 왕은 하나님의 백성을 위한 봉사자임을 뜻합니다. 백성은 왕의 백성이 아니라 하나님의 백성입니다. 왕의 종도 노예도 아닙니다. 하나님의 백성입니다.

9장 18절의 "선지자의 집이 어디인지 청컨대 내게 가르치소서"에서 사무엘의 모습을 봅시다. 사울과 그의 사환은 모든 사람이 존경하는 지도자 사무엘을 알아보지 못했습니다. 이것은 사무엘이 자신의 권위를 전혀 나타내지 않았음 알 수 있습니다. 사무엘은 지도자로서 전혀 치장을 하거나 위엄을 보이지 않았습니다. 그저 평범한 서민의 차림이었습니다. 검소하고 소박하며 겸손한 모습이었습니다. 진정한 지도자의 모습은 외적인 권위와 위엄에 있는 것이 아니라 그의 인격과 삶속에 나타나야 합니다.

우리 예수님은 지도자의 모습을 보여 주셨습니다. "인자의 온 것은 섬김을 받으려 함이 아니라 도리어 섬기려 하고 자기 목숨을 많은 사람의 대속물로 주려 함이니라"(막 10:45) 모든 지도자들은 다 이런 정신을 가져야 합니다.

대통령을 하려는 사람들, 국회의원을 하려는 사람들, 도지사나 시장을 하려는 사람들, 소위 높은 자리를 얻고자 하는 사람들이라면 먼저 백성을 위한 봉사자가 되어야 합니다. 백성 위에 군림하거나 권세를 휘두르기 위해서가 아니라 섬기기 위해서입니다. 모든 백성은 하나님의 백성입니다. 그러므로 독재자들은 하나님이 심판하십니다. 특별히 하나님의 교회와 백성을 괴롭히며 억압하는 지도자는 지도자로서의 자격이 없을 뿐더러 하나님의 진노를 피할 길이 없습니다.

그러므로 교회의 모든 직분자들은 섬기는 자가 되어야 합니다. 목사, 장로, 집사, 권사를 비롯한 모든 성도는 섬기는 자입니다. 자신을 주장하고 내세우는 것이 아니라 섬김으로써 주님을 높이는 것입니다. 하나님 나라에서는 섬기는 자와 낮아지는 자가 높은 자입니다. 하나님은 이런 자를 높여주실 것입니다.

3. 겸손한 신앙의 지도자

사무엘의 말을 들은 사울의 반응을 봅시다.

"사울이 대답하여 가로되 나는 이스라엘 지파의 가장 작은 지파 베냐민 사람이 아니오며 나의 가족은 베냐민 지파 모든 가족 중에 가장 미약하지 아니하니이까 당신이 어찌하여 내게 이같이 말씀하시나이까"(9:21)

1) 이스라엘의 가장 작은 지파 베냐민 사람입니다

2) 나의 가족은 베냐민 지파 중 가장 미약한 사람입니다

사울은 자기가 이스라엘의 왕이 된다는 말을 듣고 겸손했습니다. 감히 자신은 왕이 될 자격이나 능력이 없는 자라고 사양했습니다. 세상의 지도자들은 서로 자기가 가장 자질이 뛰어나고 집권력이 있다고 주장합니다. 세상의 지도자들은 수단과 방법을 가리지 않고 자신을 선전하며, 가능한 다른 사람을 비방하고 흠집을 내어서라도 자신을 치켜세웁니다. 그러나 하나님의 백성을 위한 지도자는 자신의 무능력을 알고, 자신의 미약함과 무지함을 인정하는 자라야 합니다.

믿음의 사람 모세는 이스라엘의 지도자로 부름을 받았을 때 자신은 부족하다며 한사코 사양했습니다. 하나님은 자신의 무능을 아는 겸손한 모세를 불러서 지도자로 세우셨습니다. 기드온이 사사로 부름을 받았을 때도 '나는 가장 작은 자'라고 고백하며 여러 번 사양했습니다(삿 6:15). 사도 바울도 겸손한 사람입니다. 그는 은혜가 깊어질수록 지도자로서 그의 권위가 높아질수록 더욱 겸손해졌습니다. 사도 중에서 가장 작은 자, 성도 중에서 가장 작은 자, 죄인 중에 괴수라고 했습니다(딤전 1:15).

우리 하나님은 교만한 자를 물리치시고 겸손한 자에게 은혜를 주십니다. 우리가 자랑할 것은 오직 십자가와 예수님뿐입니다. 우리는 낮아지고, 오직 예수님과 십자가만 자랑합시다.

4. 지도자를 공경하는 태도가 필요합니다

사무엘은 사울이 아직 어리지만 하나님께서 그를 이스라엘의 왕으로 세우실 것을 안 후부터 그를 공경했습니다.

1) 객실로 안내했습니다

"사무엘이 사울과 그 사환을 인도하여 객실로 들어가서 청한 자 중 수석에 앉게 하였는데 객은 삼십 명 가량이었더라"(9:22)

객실에는 초대받은 30여 명의 유력한 사람들이 있었습니다.

2) 수석에 앉혔습니다

사무엘은 사울에게 가장 높은 예를 했습니다. 사울의 사환까지도 같이 대접했습니다.

3) 미리 준비한 최고의 요리를 대접했습니다

"사무엘이 요리인에게 이르되 내가 네게 주며 네게 두라고 말한 그 부분을 가져 오라 요리인이 넓적다리와 그것에 붙은 것을 가져다가 사울 앞에 놓는지라 사무엘이 가로되 보라 이는 두었던 것이니 네 앞에 놓고 먹으라 내가 백성을 청할 때부터 너를 위하여 이것을 두어서 이 때를 기다리게 하였느니라 그 날에 사울이 사무엘과 함께 먹으니라"(9:23-24)

넓적다리의 우편은 제사장의 몫이고 좌편은 일반 경배자의 것인데 이때 사울에게는 어느 것을 주었는지 확실하지 않습니다. 아마 그를 귀하게 대접한 것으로 보아 제사장 사무엘의 몫을 주었던 것으로 보입니다. 그리고 넓적다리에 붙은 것은 제사장 몫의 넓적다리에 붙은 기름을 말한다고 합니다. 사무엘은 사울에게 극진한 예를 다하여 대접했습니다. 즉 왕으로서 대접한 것입니다.

사무엘이 어린 사울에게 이런 예를 다한 것은 모든 권세는 하나님께로부터 나온다는 것, 즉 지도자에게 권세를 주시는 분은 하나님이심을 알았기 때문입니다. 그러므로 성경은 권세자들에게 복종하고 지도자들에게 순복하라고 가르칩니다. "내가 첫째로 권하노니 모든 사람을 위하여 간구와 기도와 도고와 감사를 하되 임금들과 높은 지위에 있는 모든 사람을 위하여 하라 이는 우리가 모든 경건과 단정한 중에 고요하고 평안한 생활을 하려 함이니라"(딤전 2:1-2), "각 사람은 위에 있는 권세들에게 굴복하라 권세는 하나님께로 나지 않음이 없나니

모든 권세는 다 하나님의 정하신 바라"(롬 13:1)

　지도자의 권위를 인정하고 권위에 복종하라는 것이 성경의 가르침입니다. 자녀들은 부모의 권위를 인정해야 합니다. 비록 부모의 학식과 교양이 자녀들보다 부족해도 부모의 권위는 하나님이 주셨기 때문입니다. 그러므로 자기 부모를 부끄럽게 여겨서는 안됩니다.

　사무엘은 사울이 자신과 비교할 바 안 되지만 그를 공경함으로 극진히 대접했습니다. 나이, 경력, 현재의 지위, 그리고 신앙의 경륜도 비교가 될 수 없습니다. 그러나 그는 사울을 극진히 대접하여 예를 표했습니다. 왜냐하면 하나님이 그를 이스라엘의 왕으로 선택하셨기 때문입니다.

　주기철 목사님과 조만식 장로님은 사제지간(師弟之間)입니다. 한 번은 조만식 장로님이 공중 예배시간에 지각을 했다고 했습니다. 그러자 주기철 목사님이 장로님에게 서서 예배를 드리게 했습니다. 장로님은 목사님의 말씀에 순종하여 예배가 끝날 때까지 서서 예배를 드렸습니다. 장로님은 자신이 잘못했다고 사과했습니다. 그 목사에 그 장로입니다. 그런가 하면 장로님은 목사님이 심방하실 때 가방을 들고 따라 다녔다고 합니다.

　우리는 하나님께서 세우신 지도자를 위해 기도하고 그를 존경해야 합니다. 지도자는 하나님께서 세우신 권위를 가지고 있기 때문입니다. 그리고 지도자는 겸손히 섬기며 최선을 다하여 봉사하는 자가 되어야 합니다. 이것이 하나님의 뜻을 이루는 것입니다. 아멘.

²⁵그들이 산당에서 내려 성에 들어가서는 사무엘이 사울과 함께 지붕에서 담화하고 ²⁶그들이 일찍이 일어날 쌔 동틀 때 즈음이라 사무엘이 지붕에서 사울을 불러 가로되 일어나라 내가 너를 보내리라 하매 사울이 일어나고 그 두 사람 사울과 사무엘이 함께 밖으로 나가서 ²⁷성읍 끝에 이르매 사무엘이 사울에게 이르되 사환으로 우리를 앞서게 하라 사환이 앞서매 또 가로되 너는 이제 잠깐 서 있으라 내가 하나님의 말씀을 네게 들리리라

(사무엘상 9:25-27)

04
지붕에서의 담화

요즈음도 국가 간의 중요한 일이 있을 때는 각 국의 정상끼리 소위 말하는 정상회담을 가집니다. 지도자들끼리 만나는 단독회담이라는 것도 있습니다.

본문에 사무엘이 사울과 지붕에서 담화를 했다는 기록이 나옵니다. 이 지붕은 사람들이 휴식을 취하거나(삼하 11:2), 담화, 또는 잠을 청하거나 창고로 사용한 곳이며, 때로는 우상숭배도 한 곳입니다. 사무엘은 사울을 데리고 지붕에 올라가서 나라 일을 의논했습니다. 지붕에서의 담화는 하나님 나라를 위한 것이었습니다.

1. 하나님의 일은 신중히 해야 함을 가르쳐 줍니다

"그들이 산당에서 내려 성에 들어가서는 사무엘이 사울과 함께 지붕에서 담화하고"(9:25)

사무엘은 일을 신중히 처리했습니다. 사울을 영접하는 것도 자연스러웠으며, 그리고 하나님의 일에 대하여 대화를 나눌 때도 신중하게 했습니다. 단 둘이서 지붕에서 밀담을 나눈 것 역시 다른 사람들이 듣지 못하도록 하려는 배려입니다. 하나님의 일을 하는 지도자는 신중하도록 노력해야 합니다.

성경에 신중하지 못하여 손해를 본 사람도 있습니다. 에서는 장자권을 소홀히 생각하여 팥죽 한 그릇에 장자권을 팔아버렸습니다. 그런가 하면 초대교회가 구제 문제로 시험에 들었을 때 헬라파 과부와 히브리파 과부 사이에 불화가 생겼는데 이때 사도들이 신중하게 일을 처리했습니다. 일곱 집사를 선정하여 일을 맡기고 그들은 기도와 말씀 전하는 일에 전무했습니다.

사무엘은 사울과 함께 앞으로 왕이 될 일을 의논했습니다. 이것은 마귀가 틈타지 못하도록 한 것입니다. 우리도 하나님의 일을 할 때는 항상 신중히 처리하도록 노력해야 합니다. 마귀는 하나님의 일을 방해하려 하고, 교회가 은혜롭게 성장하는 것을 싫어합니다. 마귀의 속성은 항상 시끄럽게 하고 문제를 만드는 것입니다. 그러므로 하나님의 교회의 중요한 일들은 신중히 처리하는 것이 지혜로운 처사입니다.

지도자들은 항상 말씀 앞에서 기도하면서 지혜롭고 신중하게 처리하도록 힘써야 합니다. 성도들도 지도자들의 신앙과 인격을 믿고 순종함으로 따라야 합니다. 그리고 교회의 중요한 일들에 대해서 샅샅이 알려고 한다거나 너무 많은 호기심을 가질 필요는 없습니다. 이것이 오히려 자신을 피곤하게 하고, 말을 만들며 문제를 일으킬 소지가 많아 신앙생활에 도움이 되지 않을 때가 종종 있습니다. 하나님의 일은 일일이 다 말할 수 없는 것들이 많습니다. 교회의 일도 덕이 안 되는 것들은 덮어두고 은혜 가운데 해결해야 할 것들이 많습니다. 그러나 일부 성도들 중에는 이런 사정을 모르고 오해함으로 인해 섭섭한 마음이 들어 작은 일로 상처를 받아 시험에 빠질 때가 종종 있습니다.

지혜로운 성도들이라면 자신의 위치를 잘 지키면서 지도자들이 하나님의 일을 지혜롭고 신중하게 처리할 수 있도록 기도로 도와야 합니다. 이것이 하나님의 나라를 이루어 가는 것입니다.

2. 사울이 영적 지도자의 지도를 받은 것은 귀한 일입니다

"그들이 일찍이 일어날 쌔 동틀 때 즈음이라 사무엘이 지붕에서 사울을 불러 가로되 일어나라 내가 너를 보내리라 하매 사울이 일어나고 그 두 사람 사울과 사무엘이 함께 밖으로 나가서"(9:26)

이 말씀을 보면 사울이 지붕 위에서 잠을 잤다는 것을 알 수 있습니다. 그리고 사울은 영적 지도자인 사무엘의 명령대로 행동했습니다. 사무엘이 사울을 부르고 그에게 "일어나라. 내가 너를 보내리라"며 모든 것을 주도하고 있습니다. 사울은 사무엘의 명령에 순종하며 따랐습니다. 사울은 장차 이스라엘의 왕이 될 사람이지만 아직 부족한 것이 많은 사람입니다. 영적인 훈련이 필요하고 아직 지도를 받아야 합니다.

지도자에게는 배우는 자세가 필요합니다. 학교는 교장 선생님만큼 성장하고, 회사는 사장만큼, 교회는 담임 목회자만큼 성장한다는 말이 있습니다. 그러므로 교회 지도자는 항상 배우기를 힘써야 합니다. 그리고 성도들도 영적 지도자로부터 배우려는 자세를 가지고 있어야 합니다.

교회의 지도자는 하나님과 은밀히 교제하는 시간이 필요합니다. 이 시간을 통하여 하나님의 음성을 들을 수 있어야 합니다. 이 시간을 통하여 하나님의 인도를 받고 하나님의 뜻을 깨달을 수 있어야 합니다. 다른 사람을 만나기에 앞서 먼저 하나님과의 밀담을 가져야 합니다. 하나님과의 밀담은 먼저 기도하면서 기다려야 합니다. 필요하면 금식기도를 하면서 주님의 음성을 기다려야 합니다. 때로는 밤을 새우는 철야기도를 통해서 하나님의 음성을 기다릴 줄 알아야 합니다.

베드로는 고넬료를 만나기 전에 욥바의 시몬 피장의 집 다락방에서 하나님과의 은밀한 교제의 시간을 통해 하나님의 명령과 인도하심을 기다렸습니다. 그때 하나님께서 환상을 보여 주셨습니다. 그리고 사람을 보내어 고넬료의 집을 방문하는 것이 하나님의 뜻인 줄 깨닫게 되었습니다. 고넬료는 로마의 백부장입니다. 그러므로 그 당시에 유대인인 베드로가 이방인 로마 백부장 고넬료에게 복음을 전하러 간다는 것은 놀라운 일이었습니다. 이런 중요한 일을 앞두고 교회의 지도자인 베드로는 하나님과 만나는 시간을 가졌습니다.

우리도 중요한 일이 있을수록 먼저 하나님과 만나는 시간을 가져야 합니다. 밤을 새워서라도 기도해야 합니다. 중요한 사업을 시작하기 전 하나님을 만나는 시간을 많이 가져야 합니다. 결혼, 군 입대, 해외로 떠나는 유학이나 이민, 취업, 중요한 선택과 결단을 앞두고 기도하는 시간을 가져야 합니다. 우리 모두는 하나님의 뜻에 순종해야 하고 하나님의 지도를 받아야 합니다.

3. 잠깐 서 있으라

"성읍 끝에 이르매 사무엘이 사울에게 이르되 사환으로 우리를 앞서게 하라 사환이 앞서매 또 가로되 너는 이제 잠깐 서 있으라 내가 하나님의 말씀을 네게 들리리라"(9:27)

'사환으로 우리를 앞서게 하라' 고 한 이유는 사울에게 비밀리에 왕으로 기름을 부어야 하기 때문입니다. 이것은 아직 사환이 알아서는 안 되는 중요한 일입니다. '너는 이제 잠깐 서 있으라 내가 하나님의 말씀을 네게 들리리라' 란 말씀은 사무엘이 사울을 왕으로 삼기 위한 하나님의 일을 본격적으로 시행하겠다는 말입니다. 곧 머리에 기름을 붓겠다는 것입니다. 사무엘은 사울을 왕으로 세우는 이 중요한 일을 앞두고 잠깐 서 있으라고 했습니다. 사울은 지금 중요한 하나님의 부르심을 받고 있습니다. 그에게 사무엘이 잠깐 서 있으라고 한 것은 시사하는 바가 아주 큽니다.

우리도 '잠깐 서 있으라' 는 하나님의 음성에 귀를 기울여야 합니다. 잠깐 서 있는 훈련이 우리에게 필요합니다.

홍해 앞에서 애굽 군대가 추격해 올 때 이스라엘 백성들이 우왕좌왕 했습니다. 그때 모세가 이스라엘에게 말했습니다. "너희는 두려워 말고 가만히 서서 여호와께서 오늘날 너희를 위하여 행하시는 구원을 보라 너희가 오늘 본 애굽 사람을 또 다시는 영원히 보지 못하리라 여호와께서 너희를 위하여 싸우시리니 너희는 가만히 있을지니라"(출 14:13-14) 기다리는 훈련이 필요합니다. 그런데 종종 우리는 기다리지 못하고 내가 앞장 설 때가 많습니다. 여기에서 실패합니다.

사울 왕은 기다리는데 실패한 사람입니다. 사무엘이 오기를 기다리지 않고 자신이 제사를 지내는 죄를 범했습니다. 그는 결국 왕의 자리를 박탈당하고 말았습니다. 반면 다윗은 위험과 고통 속에서도 끝까지 기다린 결과 왕으로 세움을 받았습니다.

가정의 일도 기다릴 줄 알아야 합니다. 기다리지 못하다 보니 가정이 깨어지게 되는 것입니다. 교회의 일도 마찬가지입니다. 하나님의 일도 기다리는 훈련이 필요합니다. 우리가 할 일에 최선을 다한 후 하나님의 뜻을 기다려야 합니다. 우리가 인내하지 못함으로 인해 실패하는 일이 너무도 많습니다. 사랑도 인내하며 기다리는 것입니다. 부모들은 자녀들을 향한 사랑과 기대를 가지고 기다립니다. 하나님의 종들도 기다릴 줄 알아야 합니다. 기도의 응답도 기다릴 줄 알고 전도의 열매도 기다릴 줄 알아야 합니다. 새가족 양육도 기다릴 줄 알고 선교도 기다릴 줄 알아야 합니다. 우리는 얼마나 인내력을 가지고 있는지 우리 자신들을 잘 살펴봅시다.

우리는 하나님의 일을 신중히 처리하는 것을 배워야 합니다. 영적 지도자를 통하여 배우는 자세를 가져야 합니다. 하나님과의 은밀한 교제의 시간을 가져야 합니다. 그리고 잠깐 서 있는 훈련이 필요합니다. 주의 뜻을 깨닫도록 기다리는 성도가 되어야 합니다. 아멘.

¹이에 사무엘이 기름병을 취하여 사울의 머리에 붓고 입 맞추어 가로되 여호와께서 네게 기름을 부으사 그 기업의 지도자를 삼지 아니하셨느냐 ²네가 오늘 나를 떠나가다가 베냐민 경계 셀사에 있는 라헬의 묘실 곁에서 두 사람을 만나리니 그들이 네게 이르기를 네가 찾으러 갔던 암나귀들을 찾은지라 네 아비가 암나귀들의 염려는 놓았으나 너희를 인하여 걱정하여 가로되 내 아들을 위하여 어찌하리요 하더라 할 것이요 ³네가 거기서 더 나아가서 다볼 상수리나무에 이르면 거기서 하나님께 뵈려고 벧엘로 올라가는 세 사람이 너와 만나리니 하나는 염소 새끼 셋을 이끌었고 하나는 떡 세 덩이를 가졌고 하나는 포도주 한 가죽부대를 가진 자라 ⁴그들이 네게 문안하고 떡 두 덩이를 주겠고 너는 그 손에서 받으리라 ⁵그 후에 네가 하나님의 산에 이르리니 그곳에는 블레셋 사람의 영문이 있느니라 네가 그리로 가서 그 성읍으로 들어갈 때에 선지자의 무리가 산당에서부터 비파와 소고와 저와 수금을 앞세우고 예언하며 내려오는 것을 만날 것이요 ⁶네게는 여호와의 신이 크게 임하리니 너도 그들과 함께 예언을 하고 변하여 새 사람이 되리라 ⁷이 징조가 네게 임하거든 너는 기회를 따라 행하라 하나님이 너와 함께 하시느니라 ⁸너는 나보다 앞서 길갈로 내려가라 내가 네게로 내려가서 번제와 화목제를 드리리니 내가 네게 가서 너의 행할 것을 가르칠 때까지 칠일을 기다리라 ⁹그가 사무엘에게서 떠나려고 몸을 돌이킬 때에 하나님이 새 마음을 주셨고 그날 그 징조도 다 응하니라 ¹⁰그들이 산에 이를 때에 선지자의 무리가 그를 영접하고 하나님의 신이 사울에게 크게 임하므로 그가 그들 중에서 예언을 하니

(사무엘상 10:1-10)

05
기름 부음 받은 사울

구약시대에는 하나님께서 그의 종을 세우실 때에 머리에 기름을 부

으셨습니다. 이것은 성령의 임재와 권위를 상징합니다. 특히 왕, 선지자, 제사장을 세울 때 머리에 기름을 부었습니다. 이 기름 부음은 하나님께서 그의 종을 세우신다는 것을 의미합니다.

사울이 사무엘 선지자를 통해서 머리에 기름 부음을 받았습니다. 사울 왕이 이스라엘의 초대 왕으로 기름 부음을 받은 것은 전적으로 하나님의 은혜로 된 것입니다. 그런데 선지자 사무엘이 머리에 기름 부음을 받은 사울에게 하나님의 뜻을 전하며 이스라엘의 왕으로 인침을 받았다고 선포하나 사울 본인은 지금 어리둥절할 뿐 실감이 나지 않습니다. 사울은 너무도 놀라운 일을 당했을 뿐 아니라 아직 하나님으로부터 직접 왕으로의 소명을 받지 못했습니다. 그래서 하나님은 사울에게 기름 부음을 받은 왕으로써의 세 가지 징표를 보여 주셨습니다.

1. 이 세 가지 징표는, 하나님은 직분자에게 은혜를 베푸신다는 것을 보여주는 사건입니다

1) 잃어버린 나귀를 찾았다는 소식을 들었습니다

"네가 오늘 나를 떠나가다가 베냐민 경계 셀사에 있는 라헬의 묘실 곁에서 두 사람을 만나리니 그들이 네게 이르기를 네가 찾으러 갔던 암나귀들을 찾은지라 네 아비가 암나귀들의 염려는 놓았으나 너희를 인하여 걱정하여 가로되 내 아들을 위하여 어찌하리요 하더라 할 것이요"(10:2)

사실 사울이 종과 함께 이곳까지 온 것은 나귀를 찾기 위해서입니다. 그런데 그 나귀를 찾았다는 소식을 듣게 되었습니다. 하나님의 종 사무엘을 만나자 모든 문제가 해결된 것입니다. 우리에게도 이 세상을 살아 갈 때 우리 마음을 억누르는 여러 가지 문제들이 많습니다. 그러나 그 어떤 문제라도 우리 주님께 가지고 나오면 주님은 우리의 모든 문제를 해결해 주십니다.

이것은 주님의 종으로 부름 받은 일꾼은 하나님께서 모든 것을 책임져 주신다는 것을 뜻합니다. 하나님의 복음과 교회를 위하여 헌신하며 봉사하는 자들에게는 하나님께서 모든 일용할 양식을 책임져 주십니다. 그러므로 예수님께서 우리에게 무엇을 먹을까 무엇을 마실까 무엇을 입을까 염려하지 말라고 하셨습니다(마 6:31). 사울이 하나님의 나라 이스라엘을 위한 봉사자로 부름을 받을 때 그의 개인과 가정의 문제를 주님께서 다 해결해 주셨습니다.

2) 떡을 받게 되었습니다

"네가 거기서 더 나아가서 다볼 상수리나무에 이르면 거기서 하나님께 뵈려고 벧엘로 올라가는 세 사람이 너와 만나리니 하나는 염소 새끼 셋을 이끌었고 하나는 떡 세 덩이를 가졌고 하나는 포도주 한 가죽부대를 가진 자라 그들이 네게 문안하고 떡 두 덩이를 주겠고 너는 그 손에서 받으리라"(9:3-4)

다볼 상수리나무에 이르렀을 때 벧엘로 예배드리러 올라가는 세 사람을 만나 떡 두 덩이를 받게 되었습니다. 이 떡을 주는 것은 상당한 의미가 있습니다.

① 사울을 존경하는 의미에서 그의 배고픔을 달래주기 위한 것이라고 볼 수 있습니다(9:7).

② 이스라엘의 모든 값진 것이 다 사울의 소유가 될 것이라는 약속

이 부분적으로 성취되었음을 뜻합니다.

③ 특히 그 떡은 하나님께 바쳐질 떡이었습니다.

그런데 벧엘의 순례자들이 하나님으로부터 기름 부음을 받은 종인 사울에게 드렸다는 것은 그를 이스라엘의 지도자로 인정한다는 행위입니다. 따라서 떡 두 덩이를 사울에게 준 것은 사울이 자기들의 왕이라는 사실을 인정해 준 사건입니다.

이 사건을 통해서 우리는 생명의 떡이신 예수 그리스도를 발견해야 합니다. 사울이 예배자들을 통해서 떡을 받은 것처럼, 우리도 이미 받은 생명의 떡이신 예수 그리스도를 전하는 사명을 감당해야 합니다.

예수 그리스도는 모든 이들의 배고픔을 해결해 주시는 생명의 떡이십니다. 광야 40년 여정에서 이스라엘 백성들은 매일 하늘에서 내려주시는 하늘의 떡을 먹고살았습니다. 오늘 이 시대를 살아가는 하나님의 백성인 우리도 우리의 영원한 생명의 떡이신 예수 그리스도 만나고, 그분의 말씀을 먹어야 하고, 주님이 주시는 은혜를 받아야 살아갈 수가 있습니다.

3) 예언을 하게 되었습니다

"그 후에 네가 하나님의 산에 이르리니 그곳에는 블레셋 사람의 영문이 있느니라 네가 그리로 가서 그 성읍으로 들어갈 때에 선지자의 무리가 산당에서부터 비파와 소고와 저와 수금을 앞세우고 예언하며 내려오는 것을 만날 것이요 네게는 여호와의 신이 크게 임하리니 너도 그들과 함께 예언을 하고 변하여 새 사람이 되리라 이 징조가 네게 임하거든 너는 기회를 따라 행하라 하나님이 너와 함께 하시느니라" (10:5-7)

'하나님의 산'은 '하나님의 기브아'란 뜻으로, 이곳은 사울의 고향 베냐민 지파의 기브아를 말합니다. 이곳 산당에서 하나님께 제사를 드리는 일이 있었음을 알 수 있습니다. 사울 일행은 이곳에서 제사를 드리고 내려오는 선지자들을 만나게 되었습니다. 그들은 악기를 앞세우고 내려오면서 예언을 했습니다. 이 예언은 하나님의 영광을 찬양하는 내용을 노래로 부른 것입니다. 선지자들의 무리가 사울을 영접했고 하나님의 신이 그에게 크게 임했을 때 사울이 선지자들과 함께 예언을 했습니다. 사울이 선지자들의 무리와 함께, 그리고 그들과 동일한 예언을 했습니다. 하나님의 종으로 부름 받은 사울에게 성령이 임한 것은 당연한 일입니다. 물론 사울에게 영원히 함께 하시지 않았지만 그가 이스라엘의 왕으로 세움을 받을 때는 분명히 그에게도 성령이 임하셨습니다.

오늘날도 하나님의 부르심을 받은 자녀들은 성령을 받아야 합니다. 성령을 받지 않고는 하나님의 자녀, 구원받은 자녀라는 확신을 할 수 없습니다. 하나님의 자녀로 부름을 받았습니까? 그러면 성령을 받았습니까? 사도 바울은 증거합니다. "너희가 믿음에 있는가 너희 자신을 시험하고 너희 자신을 확증하라 예수 그리스도께서 너희 안에 계신 줄을 너희가 스스로 알지 못하느냐 그렇지 않으면 너희가 버리운 자니라"(고후 13:5) 우리가 성령을 받았다는 분명한 말씀이 있습니다. "하나님의 영으로 말하는 자는 누구든지 예수를 저주할 자라 하지 않고 또 성령으로 아니하고는 누구든지 예수를 주시라 할 수 없느니라"(고전 12:3), "영생을 주시기로 작정된 자는 다 믿더라"(행 13:48), "영접하는 자 곧 그 이름을 믿는 자들에게는 하나님의 자녀가 되는 권세를 주셨으니"(요 1:12), "너희는 다시 무서워하는 종의 영을 받지 아니

하였고 양자의 영을 받았으므로 아바 아버지라 부르짖느니라"(롬 8:15)

우리가 하나님의 자녀인지, 구원을 받았는지를 알아보는 가장 간단한 방법은 바로 '성령께서 내 속에 계시는가? 내가 성령을 받았는가?' 입니다. 동시에 하나님 나라의 일꾼으로, 하나님의 교회의 직분자로 부름을 받은 사람이 확실한지를 알아보는 것도 바로 성령을 받았나 받지 못했나에 달려 있습니다. 사도 바울은 증거합니다. "성령이 친히 우리 영으로 더불어 우리가 하나님의 자녀인 것을 증거하시나니"(롬 8:16)

이 모든 사건들은 하나님께서 사울을 이스라엘의 왕으로 불러주셨다는 분명한 소명을 사울에게 확신시켜 주시는 것들입니다.

우리는 하나님으로부터 성령을 받은 하나님의 자녀들입니다. 우리 속에 하나님의 영이 함께 하신다는 사실을 확신하고 하나님의 부르심에 합당한 삶을 살아가는 성도가 됩시다.

2. 우리 하나님은 부르신 일꾼에게 은혜를 주십니다

하나님은 사울이 기름 부음을 받은 후 그에게 은혜를 베풀어 주셨습니다. 모든 일을 평탄하게, 하나님의 예정된 코스로 인도하셨습니다. 잃어버린 나귀를 찾았고(10:3), 떡을 주셨고(10:4), 선지자들을 만나게 하셨고(10:5), 성령을 받아 예언까지 하게 되었습니다(10:6).

우리는 여기에서 하나님의 부르심을 받은 사람들에게는 하나님께서 모든 걸음을 인도하신다는 사실을 발견할 수 있습니다. 특히 하나님께서 그에게 새 마음을 주셨습니다(10:9). 성령으로 감동된 마음입니다. 예전의 세상적이며 죄악된 것을 싫어하는 마음입니다.

하나님의 일꾼으로 부름 받은 사람들은 새 마음을 가져야 합니다. 옛날의 세속적인 사고와 세상적인 마음을 그대로 유지한 채 하나님의 일을 할 수 없습니다. 새 마음을 가지지 않고 일하는 것은 신본주의가 아니라 인본주의요, 세상주의요, 인기주의가 될 수밖에 없습니다.

그 새 마음은 예수님의 마음입니다. 예수님의 마음은 자신을 쳐서 낮추는 겸손한 마음이요, 십자가를 지는 마음이요, 섬기는 마음입니다. 성경은 말씀합니다. "너희 안에 이 마음을 품으라 곧 그리스도 예수의 마음이니 그는 근본 하나님의 본체시나 하나님과 동등 됨을 취할 것으로 여기지 아니하시고 오히려 자기를 비어 종의 형체를 가져 사람들과 같이 되었고 사람의 모양으로 나타나셨으매 자기를 낮추시고 죽기까지 복종하셨으니 곧 십자가에 죽으심이라"(빌 2:5-8) 바로 예수님의 이 마음을 가져야 하나님 나라의 일꾼이 될 수 있습니다.

우리는 이 예수님의 마음을 가졌습니까? 예수님은 하나님께서 주신 인류 구속의 역사를 위해 가장 비천한 자리에까지 내려가셨으며 생명까지 주셨습니다. 하나님의 교회의 부름 받은 일꾼들로서 얼마나 낮아져 봉사하며, 자신을 희생하며 섬기고 있습니까? 봉사는 희생하지 않고는 불가능합니다. 섬긴다는 것은 손해를 보지 않으면 안됩니다. 자기의 할 일 다 하고, 즐길 것 다 즐기고, 시간이 남으면 하는 것은 온전한 봉사라고 할 수 없습니다. 그러므로 우리가 하나님께서 주신 직분을 잘 감당하기 위해서는 새 마음을 가져야 합니다. 새 마음은 예수님의 마음이요, 성령 충만한 마음입니다.

이 새 마음은 하나님이 주십니다. 하나님께서 사울에게 직분을 주실 때 새 마음을 주셨습니다. 그렇다면 우리에게도 직분을 주실 때 이 새 마음까지 주셨다는 말씀입니다. 하나님은 의심이 많은 기드온에게 확신을 심어주셨습니다. 그리고 이 새 마음으로 사사로 나가 대승을 거두었습니다. 디베랴 새벽 바다에 나타나신 주님은 실의에 빠진 베드로에게도 주님에 대한 사랑을 확신하신 후 새 사명을 주셨습니다. 베드로는 새 마음으로 위대한 사역을 감당했습니다. 엠마오로 가는 두 제자에게도 새 마음을 주셨습니다. 그들은 예루살렘으로 돌아와서 예수님의 부활을 증거했습니다. 어린 솔로몬에게 지혜의 마음을 주셨을 때 위대한 성전을 건축하고 태평성대를 누리게 되었습니다. 모세에게 새로운 영을 주셨을 때 놀라운 열 가지 능력이 나타났고 마침내 이스라엘이 구원받게 되었습니다.

중요한 것은 우리가 주님의 말씀에 순종하면 하나님의 역사가 나타난다는 것입니다. 우리도 이 예수님의 마음, 성령으로 충만한 마음, 새 마음을 얻어 끝까지 충성할 수 있도록 기도하는 성도가 됩시다.

3. 은혜를 얻기 위해 은혜의 자리에 나가야 합니다

"그들이 산에 이를 때에 선지자의 무리가 그를 영접하고 하나님의 신이 사울에게 크게 임하므로 그가 그들 중에서 예언을 하니"(10:10)

사울이 산당에 이르러 선지자들을 만났을 때 하나님의 신이 그에게 임하셨습니다. 선지자들이 예배드리던 산당에서 성령의 감동을 받았습니다.

성령을 받고 은혜를 받은 곳이 어디입니까? 예배드리던 경건한 장소였습니다. 세상과 구별된 곳입니다. 우리가 은혜를 받을 수 있는 장소는 구별된 곳입니다. 술집에서 은혜를 받았다는 말은 없습니다. 카바레, 디스코 텍, 사교단체, 죄와 연관된 장소에서는 오히려 우리의 영혼이 파괴될 뿐입니다. 우리가 은혜를 받을 수 있는 장소는 예배드리며 기도하는 곳입니다. 하나님을 가까이 하는 사람들이 모인 곳입니다.

우리나라에 선교사들이 들어왔을 때 늘 그들을 모시며 섬긴 사람들 가운데 대부분이 유학을 가거나 신학을 공부했고, 또는 다른 학문을 연구해서 우리 한국 교회와 한국 사회에 저명인사들이 다 되었습니다. 우리는 하나님의 사람을 가까이 해야 합니다. 즉 은혜를 받을 수 있는 자리에 가야 합니다. 아무리 바빠도 은혜를 받을 수 있는 예배시간과 기도시간에 빠지면 안됩니다. 우리가 하나님께 예배드리고 기도하는 것 보다 중요한 일은 없습니다. 예배드리는 것을 부담스럽게 여기거나 마지못해 드린다면 우리는 아직도 믿음의 수준이 어리다고 볼 수밖에 없습니다. 예배시간이 기다려지고, 예배시간을 가장 우선 순위에 두면 오히려 마음이 편하고 예배가 생활화됩니다. 주일 낮 예배는 말할 필요도 없고 저녁 예배, 그리고 수요일 예배도 빠지면 안됩니다. 또한 새벽기도를 생활화하고, 새벽기도가 안 되면 밤 시간도 있고, 금요일 밤 기도 모임도 있습니다. 그때 한 주일 동안에 다 하지 못한 기도를 하면 좋을 것입니다.

우리의 신앙생활은 예배생활과 비례합니다. 부지런히 예배를 드리는 사람이 예배를 게을리 하는 사람보다 신앙생활 면에서 훨씬 낫다는 말입니다. 또 우리의 기도생활도 은혜생활과 비례합니다. 기도생활에 열심인 사람은 기도를 하지 않는 사람에 비해 더 많은 은혜를 받는다는 말입니다. 여러분은 기도생활이 충분하다고 생각하십니까? 기도는 하면 할수록 시간이 모자라고, 하면 할수록 더 필요성을 느끼게 됩니다. 은혜를 받으면 받을수록 더 사모하게 됩니다. '의에 주리고 목이 마른 자는 배가 부를 것이라' 는 말씀은 예수님을 사모하는 사람은 충분한 은혜를 받는다는 말입니다. 그러나 은혜를 받을수록 주님의 사랑이 충만할수록 주님의 은혜를 더 사모하게 된다는 의미이기도 합니다.

모 장로님의 회사에 불이 났습니다. 기자들, 경찰, 빚쟁이들이 몰려들 것을 예상하고 부인이 억지로 기도원으로 떠밀었습니다. 가다가 보니 수요일 예배시간이 되어 도중에 내려왔습니다. 그 후 건축헌금을 하는 날, "하나님, 한 번 더 망하겠습니다." 하고 가진 돈 전액을 헌금하고 집으로 돌아왔습니다. 그 다음 주일은 교회 광고 당번이 마침 장로님이었습니다. 그때 장로님은 많은 성도들 앞에서 생애 최고의 멋진 광고를 했습니다. "여러분, 지금까지는 마귀가 나에게 총 공격을 했지만 이제부터 하나님께서 나에게 어떻게 역사하시는지 보십시오." 장로님은 기도와 예배드리는 일에 힘썼습니다. 그리고 1년 만에 모든 부채를 정리하고 더 크게 성공했습니다. 이 분은 '아가페 출판사'를 경영하며 선교에 힘쓰시는 정창영 장로님입니다.

우리는 하나님의 부르심을 받은 주의 자녀들로서 하나님으로부터 귀한 직분도 받았습니다. 우리는 모두 주님의 마음으로 충성하는 성도가 됩시다. 은혜를 받기 위해 은혜의 자리에 열심히 나아갑시다. 은혜를 사모하는 마음으로 예배드리고, 기도를 생활화하여 끝까지 충성하는 믿음의 성도가 됩시다. 아멘.

¹⁴사울의 숙부가 사울과 그 사환에게 이르되 너희가 어디로 갔더냐 사울이 가로되 암나귀들을 찾다가 얻지 못하므로 사무엘에게 갔었나이다 ¹⁵사울의 숙부가 가로되 청하노니 사무엘이 너희에게 이른 말을 내게 고하라 ¹⁶사울이 그 숙부에게 말하되 그가 암나귀들을 찾았다고 우리에게 분명히 말하더이다 하고 사무엘의 말하던 나라의 일은 고하지 아니하니라 ¹⁷사무엘이 백성을 미스바로 불러 여호와 앞에 모으고 ¹⁸이스라엘 자손에게 이르되 이스라엘 하나님 여호와께서 이같이 말씀하시기를 내가 이스라엘을 애굽에서 인도하여 내고 너희를 애굽인의 손과 너희를 압제하는 모든 나라의 손에서 건져내었느니라 하셨거늘 ¹⁹너희가 너희를 모든 재난과 고통 중에서 친히 구원하여 내신 너희 하나님을 오늘날 버리고 이르기를 우리 위에 왕을 세우라 하도다 그런즉 이제 너희 지파대로 천 명씩 여호와 앞에 나아오라 하고 ²⁰사무엘이 이에 이스라엘 모든 지파를 가까이 오게 하였더니 베냐민 지파가 뽑혔고 ²¹베냐민 지파를 그 가족대로 가까이 오게 하였더니 마드리의 가족이 뽑혔고 그 중에서 기스의 아들 사울이 뽑혔으나 그를 찾아도 만나지 못한지라 ²²그러므로 그들이 또 여호와께 묻되 그 사람이 여기 왔나이까 여호와께서 대답하시되 그가 행구 사이에 숨었느니라 ²³그들이 달려가서 거기서 데려 오매 그가 백성 중에 서니 다른 사람보다 어깨 위나 더 크더라 ²⁴사무엘이 모든 백성에게 이르되 너희는 여호와의 택하신 자를 보느냐 모든 백성 중에 짝할 이가 없느니라 하니 모든 백성이 왕의 만세를 외쳐 부르니라 ²⁵사무엘이 나라의 제도를 백성에게 말하고 책에 기록하여 여호와 앞에 두고 모든 백성을 각기 집으로 보내매 ²⁶사울도 기브아 자기 집으로 갈 때에 마음이 하나님께 감동된 유력한 자들은 그와 함께 갔어도 ²⁷어떤 비류는 가로되 이 사람이 어떻게 우리를 구원하겠느냐 하고 멸시하며 예물을 드리지 아니하니라 그러나 그는 잠잠하였더라

(사무엘상 10:14-27)

06
이스라엘 왕이 갖출 자격

하나님은 이스라엘에 왕을 세우기로 작정하시고 첫 번째 왕으로 사

울을 선택하셨습니다. 하나님의 선택받은 백성인 이스라엘의 왕은 어떤 자격을 갖추어야 합니까?

이스라엘의 왕이 갖추어야 할 자격은 하나님의 자녀인 우리에게도 필요한 것들입니다. "오직 너희는 택하신 족속이요 왕 같은 제사장들이요 거룩한 나라요 그의 소유된 백성이니"(벧전 2:9) 우리는 바로 왕 같은 제사장들입니다. 따라서 하나님의 부르심을 받은 일꾼들, 직분자들, 그리고 우리 모든 성도는 이스라엘의 왕이 갖추어야 할 자격을 마음에 새겨야 할 것입니다.

1. 하나님의 비밀을 간직한 사람이어야 합니다

"사울이 그 숙부에게 말하되 그가 암나귀들을 찾았다고 우리에게 분명히 말하더이다 하고 사무엘의 말하던 나라의 일은 고하지 아니하니라"(10:16)

사울의 숙부가 사울이 암나귀를 찾으러 갔다가 사무엘 선지자를 만났다는 사실을 알고, 사무엘이 사울에게 한 말이 무엇이냐고 물었습니다(10:15). 이때 사울은 사무엘이 자기에게 했던 나라의 일은 일절 말하지 않았습니다. 사울은 침묵할 줄 아는 사람입니다.

하나님께서 주신 비밀과 은사는 함부로 말하지 않는 것이 좋습니다. 신중한 말을 구사하는 것이 중요합니다. 또 말에 대한 책임을 느낄 줄 알아야 합니다. 우리는 해야 할 말과 해서는 안 될 말을 구별할 수 있어야 합니다. 물론 거짓말을 하면 안됩니다.

그러면 우리는 무슨 말을 해야 합니까? 성경은 말씀합니다. "사람이 마땅히 우리를 그리스도의 일꾼이요 하나님의 비밀을 맡은 자로 여길 지어다"(고전 4:1) 하나님의 비밀은 복음입니다. 그러므로 우리는 복음을 말해야 합니다. 예수님의 십자가와 부활을 말해야 하고, 구원받은 것과 우리가 받은 많은 은혜들을 말해야 합니다. 이럴 때 서로 서로에게 신앙의 위로와 격려가 됩니다.

우리는 말썽을 일으키는 말을 하면 안됩니다. 은혜가 되지 않는 이야기는 피해야 합니다. 불평이나 원망, 또는 비신앙적인 이야기를 하는 곳에는 반드시 마귀가 역사하므로 우리가 자칫 마귀의 도구로 전락할 수 있기 때문입니다. 그러므로 우리는 하나님의 비밀과 주님의 은혜를 가슴속에 간직해야 합니다. 하나님의 비밀을 소유한 사람은 침묵하면서 묵묵히 주님을 바라보고 주님의 뜻을 간직해야 합니다.

우리는 하나님의 비밀을 소유한 자로서 복음과 주님의 은혜를 증거하며, 오직 주님만 바라보고, 주님의 뜻을 간직하고 살아가는 성도가 됩시다.

2. 하나님께서 선택하신 왕이어야 합니다

"사무엘이 이에 이스라엘 모든 지파를 가까이 오게 하였더니 베냐민 지파가 뽑혔고 베냐민 지파를 그 가족대로 가까이 오게 하였더니 마드리의 가족이 뽑혔고 그 중에서 기스의 아들 사울이 뽑혔으나 그를 찾아도 만나지 못한지라"(10:20-21)

왕을 제비로 뽑았습니다. 이 투표 방법은 선택권을 전적으로 하나님께 맡기는 방법입니다. 이스라엘의 왕을 뽑는데 하나님의 주권 역사가 개입되었습니다.

요나의 사건에서도 제비를 뽑았습니다. 요나가 하나님의 명령을 어기고 도망가다가 대풍을 만났을 때 배에 탄 사람들이 제비를 뽑았는데 그때 요나가 뽑혔습니다. 가롯 유다를 대신하여 사도를 선출할 때도 제비로 맛디아를 뽑았습니다.

이스라엘의 왕을 뽑을 때도 사무엘은 백성들 앞에서 공개적인 방법으로 제비를 뽑았습니다. 이것은 아주 공정한 방법입니다. 사실 사무엘은 하나님의 명령으로 먼저 사울의 머리에 기름을 부었습니다(10:1). 그러나 이제 모든 백성들 앞에서 공개적으로 사울을 뽑았습니다. 이것은 하나님의 섭리는 처음이나 나중이나 변함이 없음을 증명해 줍니다. 하나님께서 세우시는 지도자는 인위적인 방법으로 하지 않습니다. 선거운동도 없었고, 정치적인 모략이나 술수도 없었으며, 흑색선전도 없었습니다. 하나님의 교회의 일꾼은 인간적인 방법으로 선출할 수 없을 뿐더러 그렇게 되어서도 안됩니다.

우리 교회는 하나님의 일꾼을 선출하기 위해 모든 것을 하나님께 맡기고 기도함으로 하나님의 주권적인 역사가 이루어지도록 소망해야 합니다.

우리는 하나님의 특별한 은혜로 선택받은 주의 백성들입니다. 그리고 하나님의 교회를 위해서 일할 수 있는 제자들로 부름 받았고, 귀한 직분자들로 봉사할 수 있는 특권도 받았습니다. 그러므로 하나님의 주권적인 은혜로 선택받은 사실에 감사해야 합니다. 또한 일꾼으로 부름 받은 자로서 겸손히 주님의 뜻이 이루어지도록 주님을 바라보며 최선을 다하여 준비하고, 봉사하며, 결과에 겸허하게 순종하는 성도가 되어야 할 것입니다.

3. 겸손한 사람이어야 합니다

"베냐민 지파를 그 가족대로 가까이 오게 하였더니 마드리의 가족이 뽑혔고 그 중에서 기스의 아들 사울이 뽑혔으나 그를 찾아도 만나지 못한지라 그러므로 그들이 또 여호와께 묻되 그 사람이 여기 왔나이까 여호와께서 대답하시되 그가 행구 사이에 숨었느니라"(10:21-22)

사울이 제비로 뽑히자 사람들이 그를 찾았으나 만나지 못했습니다. 그래서 그들이 여호와께 물었더니 여호와께서 '그가 행구 사이에 숨었다' 고 말씀하셨습니다. 짐 사이에 숨었다는 말입니다.

"그들이 달려가서 거기서 데려 오매 그가 백성 중에 서니 다른 사람보다 어깨 위나 더 크더라 사무엘이 모든 백성에게 이르되 너희는 여호와의 택하신 자를 보느냐 모든 백성 중에 짝할 이가 없느니라 하니 모든 백성이 왕의 만세를 외쳐 부르니라"(10:23-24) 그들은 숨어 있던 사울을 찾아 함성을 질렀습니다. 여기에서 사울은 겸손한 사람임을 알 수 있습니다. 하나님은 행구 사이에 숨은 겸손한 사람을 선택하셨습니다. 사울은 스스로 능력이 없다고 생각하여 부끄러워 숨었던 것입니다. 결코 하나님의 뜻에 반항하거나 거절, 또는 사양하거나 고집을 부린 것이 아닙니다. 하나님은 교만한 자를 물리치시고 겸손한 자에게 은혜를 베푸십니다.

모세도 하나님께서 내 백성을 애굽의 압제에서 구원하라고 부르셨을 때 자만하지 않았습니다. 오히려 "나는 본래 말에 능치 못한 자라 주께서 주의 종에게 명하신 후에도 그러하니 나는 입이 뻣뻣하고 혀가 둔한 자니이다"(출 4:10)라며 자신을 낮추었습니다. 기드온 역시

"네 힘을 의지하고 가서 이스라엘을 미디안의 손에서 구원하라"(삿 6:14)고 할 때 여호와의 사자 앞에서 "나의 집은 므낫세 중에 극히 약하고 나는 내 아비 집에서 제일 작은 자니이다"(삿 6:15)라며 자신을 낮추었습니다. 이에 반하여 여호와의 사자는 "큰 용사여 여호와께서 너와 함께 계시도다"(삿 6:12)라며 격려해 주었습니다.

오늘날의 비극은 자신을 과신한 나머지 지나치게 욕심을 내어 자리를 차지하려는데 있습니다. 그러나 하나님은 언제나 겸손한 자를 사용하셨습니다. 교만한 자를 겸손하게 만들어 사용하셨습니다. 어거스틴은 기독교 최고의 덕이 무엇인가에 대한 질문을 받고, '첫째는 겸손, 둘째도 겸손, 그리고 셋째도 겸손'이라고 대답했습니다. 최고의 겸손의 극치는 '예수 그리스도'이십니다. 성육신하시고 십자가에 죽으심으로 낮아질 대로 낮아지셨습니다.

사람은 많이 배우고 아는 것이 많을수록 낮아집니다. 그리고 교회에서는 말씀을 많이 알고 많이 배울수록 자신의 무능함을 깨닫게 됩니다. 은혜를 많이 받을수록 자신을 복종시키며 낮추게 됩니다.

우리는 주님의 십자가를 바라보고 주님께 쓰임을 받는 겸손한 종으로 살아갑시다.

4. 말씀을 따라 섬기는 자라야 합니다

"사무엘이 나라의 제도를 백성에게 말하고 책에 기록하여 여호와 앞에 두고 모든 백성을 각기 집으로 보내매 사울도 기브아 자기 집으로 갈 때에 마음이 하나님께 감동된 유력한 자들은 그와 함께 갔어도"

(10:25-26)

사무엘이 백성들에게 나라의 제도를 말했습니다. 즉 신정국가의 왕이 지켜야 할 제도를 설명해 주고 책에 기록하여 여호와 앞에 두었습니다. 이것은 백성을 교육시킴과 동시에 왕이 그것을 명심하여 지키도록 하는데 그 목적이 있습니다.

사울이 왕이 되면 이방 나라의 왕들과는 달리 하나님 나라의 왕으로서 하나님의 주권을 인정하고 하나님의 뜻을 따라 다스려야 합니다. '여호와 앞에 두었다' 고 한 것은 여호와의 권위 앞에서 엄숙히 보관되었다는 말입니다. 이스라엘 왕은 백성을 다스리되 하나님의 법도대로 겸손하게 다스려야 합니다. 하나님의 백성이니 하나님의 말씀에 따라 다스리고 섬기라는 것입니다. 이스라엘의 왕은 다른 이방 나라의 왕들처럼 자기 마음대로 하면 안됩니다. 하나님의 말씀에 따라 섬기는 자가 되어야 합니다. 왕은 다스림으로 섬겨야 합니다. 인도자는 지도함으로 섬기고(serve by leading), 섬김으로 지도(lead by serving)하는 사람입니다.

우리는 오직 하나님의 말씀을 중심으로 섬기는 봉사자, 오직 말씀을 따라 가르치며 순종하는 성도가 됩시다.

5. 하나님의 인정을 받기 원하는 사람이어야 합니다

사울이 왕으로 선출되자 마음이 하나님께 감동된 유력한 자들은 그를 따랐습니다.

"사울도 기브아 자기 집으로 갈 때에 마음이 하나님께 감동된 유력

한 자들은 그와 함께 갔어도"(10:26)

'유력한 자들'은 사울을 호위하며 받들어 모시는 용감한 용사들을 말합니다. 그들은 사울을 도와 이스라엘을 블레셋으로부터 구하기 위해 민병대를 조직하여 사울의 주위로 몰려들었다고 주장하는 주석가도 있습니다(Klein).

반면 사울을 반대하는 무리들도 나타났습니다. "어떤 비류는 가로되 이 사람이 어떻게 우리를 구원하겠느냐 하고 멸시하며 예물을 드리지 아니하니라 그러나 그는 잠잠하였더라"(10:27) 지지파가 있는 반면 반대자도 나타나기 마련입니다. 지지파와 반대자들은 인류 역사에 항상 공존하는 세력들입니다. 여기에 '비류들'이란 '무익한, 아무 쓸데가 없는, 무가치한 사람들(worthless fellows, RSV), 소모자(trouble maker, NIV)'란 뜻입니다. 이 사람들은 하나님의 뜻을 거스려 새로 선택된 왕을 거역하며 나라의 평화를 깨뜨리는 자들을 말합니다. 그들은 사울을 멸시하며 예물도 드리지 않았습니다. 예물은 존경심과 충성을 표현하기 위해 높은 사람들에게 바치는 공물이나 선물입니다. 비류들은 사울 왕의 권위를 무시했습니다. 사울을 왕으로 인정하지 않는다는 노골적인 무시와 멸시 행위입니다.

성경은 이 때의 사울의 반응을 "그러나 그는 잠잠하였더라"(10:27)고 기록하고 있습니다. 문자적으로 '귀먹은 사람처럼 되다'란 뜻입니다. 그러면 사울이 왜 잠잠했습니까? 그것은 당시 사울은 왕으로서 자신의 기반을 든든히 닦지 못했기 때문입니다. 만약 반대자들에 대해 제재를 가했을 경우, 아직 기반이 약한 그가 그들이 속한 지파들로부터 엄청난 반발을 초래할 것을 두려워했기 때문으로 봅니다. 그러나 우리가 눈여겨 볼 중요한 점은 사울은 신중하고 자제력을 가진 사람이라는 것입니다. 그는 하나님의 일에 있어서 사람보다 하나님의 인정에 만족하는 사람이었습니다. 일부 인간들의 반대를 문제삼지 않았습니다. 이스라엘 왕의 관심은 '하나님 앞에서 인정받는가? 하나님 앞에서 떳떳한가? 하나님 앞에서 바른가? 하나님 앞에서 섬기는가?' 에 두어야 했습니다.

하나님의 종들은 항상 '나는 부족하다' 는 자세를 가져야 합니다. 그러므로 날마다 자신을 훈련시켜 나가야 합니다. 믿음과 소망과 사랑을 가지고 나가야 합니다. 하나님께서 부족한 자신을 세워 주셨음을 알고 하나님의 인정을 받는데 초점을 맞추어야 합니다. 사람의 인기, 칭찬, 인정보다 하나님 앞에서 인정받아야 합니다. 하나님의 평점을 잘 받아야 한다는 말입니다. 사람들의 여론이나 인기에만 집중하면 오늘날의 우리나라와 똑같은 꼴이 되고 맙니다. 사람의 인정도 물론 중요합니다. 그러나 초점을 사람에게 인정받는 데 두게 되면 일을 그르치기 쉽습니다. 그러므로 하나님의 교회의 일꾼은 오직 하나님 앞에서 인정받는 사람이 되도록 힘써야 합니다. 하나님의 인정을 받으면 그것이 최고의 성공이며, 사람의 인정은 저절로 따라 오게 됩니다.

우리는 하나님 나라의 선택받은 백성들이요, 왕 같은 제사장들입니다. 그러므로 우리는 항상 하나님의 비밀을 간직한 자로서 주의 은혜를 말하는 삶을 살아야 합니다. 그리고 하나님이 주권적으로 선택하시고 세워주셨음을 기억하여 항상 겸손하게 자신을 낮추며, 오직 말씀을 따라 섬김으로써 하나님의 인정을 받는 성도가 됩시다. 아멘.

¹암몬 사람 나하스가 올라와서 길르앗 야베스를 대하여 진 치매 야베스 모든 사람이 나하스에게 이르되 우리와 언약하자 그리하면 우리가 너를 섬기리라 ²암몬 사람 나하스가 그들에게 이르되 내가 너희 오른 눈을 다 빼어야 너희와 언약하리라 내가 온 이스라엘을 이같이 모욕하리라 ³야베스 장로들이 이르되 우리에게 이레 유예를 주어 우리로 이스라엘 온 지경에 사자를 보내게 하라 우리를 구원할 자가 없으면 네게 나아가리라 하니라 ⁴이에 사자가 사울의 기브아에 이르러 이 말을 백성에게 고하매 모든 백성이 소리를 높여 울더니 ⁵마침 사울이 밭에서 소를 몰고 오다가 가로되 백성이 무슨 일로 우느냐 그들이 야베스 사람의 말로 고하니라 ⁶사울이 이 말을 들을 때에 하나님의 신에게 크게 감동되매 그 노가 크게 일어나서 ⁷한 겨리 소를 취하여 각을 뜨고 사자의 손으로 그것을 이스라엘 모든 지경에 두루 보내어 가로되 누구든지 나와서 사울과 사무엘을 좇지 아니하면 그 소들도 이와 같이 하리라 하였더니 여호와의 두려움이 백성에게 임하매 그들이 한 사람같이 나온지라 ⁸사울이 베섹에서 그들을 계수하니 이스라엘 자손이 삼십 만이요 유다 사람이 삼 만이더라 ⁹무리가 온 사자들에게 이르되 너희는 길르앗 야베스 사람에게 이같이 이르기를 내일 해가 더울 때에 너희가 구원을 얻으리라 하라 사자들이 돌아가서 야베스 사람들에게 고하매 그들이 기뻐하니라 ¹⁰야베스 사람들이 이에 가로되 우리가 내일 너희에게 나아가리니 너희 소견에 좋을 대로 우리에게 다 행하라 하니라 ¹¹이튿날에 사울이 백성을 삼 대에 나누고 새벽에 적진 중에 들어가서 날이 더울 때까지 암몬 사람을 치매 남은 자가 다 흩어져서 둘도 함께 한 자가 없었더라

(사무엘상 11:1-11)

사울과 이스라엘의 승리

이스라엘 민족은 왕을 세워 줄 것을 요구했고 그 소원은 이루어졌습

니다. 베냐민 지파의 사울을 제비 뽑아 왕으로 선출했습니다. 그러나 이스라엘 백성들은 이 때까지 사사 체제에 길들어져 있었습니다. 지금까지 사무엘의 지도력을 따르던 이스라엘 백성들이 갑자기 등장한 사울 왕을 따르기도 뭔가 어색한 분위기입니다. 그 중에는 "이 사람이 어떻게 우리를 구원하겠느냐"며 멸시하는 사람들도 있었습니다. 이 때가 이스라엘의 과도기였습니다.

이런 와중에 100년 전에 입다에게 패배한 것을 복수하려고 암몬 족속이 이스라엘의 길르앗 야베스를 침략해 왔습니다. 이때 사울은 하나님의 도우심으로 33만 명의 군사를 소집하여 승리를 거두게 되었습니다. 이 승리로 인하여 그는 정식으로 이스라엘의 왕으로 인정받는 계기가 되었습니다.

1. 약한 자는 침략을 당합니다

"암몬 사람 나하스가 올라와서 길르앗 야베스를 대하여 진 치매 야베스 모든 사람이 나하스에게 이르되 우리와 언약하자 그리하면 우리가 너를 섬기리라"(11:1)

암몬 지파는 아브라함의 조카 롯과 그의 딸과의 부정한 관계로 태어난 후예들입니다. 소돔과 고모라 성이 하나님의 진노하심으로 유황불로 멸망을 당할 때 롯과 그의 가족이 산으로 피하게 되었습니다. 그때 롯의 아내는 하나님의 말씀에 불순종하여 뒤를 돌아보아 소금기둥이 되었고, 롯과 두 딸은 동굴 사이에 피하여 목숨을 구하게 되었습니다. 그때 그의 두 딸이 아버지의 자손을 잇기 위해서 아버지를 술에 취하게 한 뒤 차례로 동침해서 낳은 후손이 바로 모압과 암몬 자손들입니다(창 19:30-38).

이 족속들은 요단강 동쪽, 곧 사해 북동쪽을 차지하고 얍복강 언덕의 랍바를 자신들의 수도로 삼았습니다(신 3:11). 그리고 암몬 족속은 이스라엘이 가나안 땅으로 들어가기 전에 이미 잘 조직된 왕국의 형태를 소유하고 있었습니다. 이들은 이스라엘이 가나안에 정착한 후에 계속 이스라엘을 괴롭히며 침략을 일삼아 오다가 다윗 왕에게 정복당하고 말았습니다.

암몬 사람 나하스가 가장 약한 길르앗 야베스를 침공하러 올라왔습니다. '길르앗 야베스'는 '길르앗의 마른 땅'이란 뜻이 있습니다. 갈릴리 호수 남쪽으로 30km 떨어진 요단강의 동쪽 지점으로, 가나안 땅 분배 시 므낫세 반 지파에 분배되었던 영토입니다(수 17:5-6).

길르앗 야베스 지파는 문제가 있는 족속입니다. 이스라엘 백성들이 젖과 꿀이 흐르는 가나안 땅을 점령할 때 이미 르우벤, 갓, 그리고 므낫세 반 지파들과 함께 요단강을 건너지 않고 요단강 동쪽에 자리를 차지하여 머물렀던 족속입니다. 그 이유는 넓은 목초지와 비옥한 농토, 그리고 유향과 약초가 무성한 지역이었기 때문입니다. 이들은 반신반의하며 눈앞에 나타난 부귀영화를 위해 이스라엘 민족의 지상 목표인 가나안 땅을 향한 대행진에서 이탈한 족속들입니다. 그 후 베냐민 지파가 이스라엘 총회의 징계를 받을 때 참여하지 않고 방관하다가, 그 대가로 베냐민의 남은 장정들을 위해 이곳 처녀들을 제공해야만 했던 족속이기도 합니다.

야베스 족속은 영적으로 볼 때 어중간한 위치에서 배회하는 사람과 같습니다. 이런 사람들은 야베스처럼 상대방에게 업신여김을 당하기 마련입니다. 암몬 족속은 약하고 어중간한 위치에 있는 야베스 족속을 향해 침략해 왔습니다. 힘이 약한 자는 공격을 당하기 마련입니다. 암몬 족속이 침략해 오자 야베스 사람은 화해를 구걸합니다. "우리와 언약하자 그러하면 우리가 너희를 섬기리라"(11:1) 원어대로 하면 '우리를 위하여 언약하자'는 말입니다. 야베스 사람들은 대항도 한 번 해 보지 않고 항복할 생각부터 했습니다. '우리가 너희를 섬기리라'는 말은 종이 되겠다는 말입니다. 종이 되면 조공도 바쳐야 하고 그들을 위해 노력 봉사도 해야 합니다. 그것을 잘 알면서도 야베스 사람들은 종의 길을 선택했습니다.

그러나 암몬 사람들은 교만했습니다. "내가 너희 오른 눈을 다 빼어야 너희와 언약하리라"(11:2) 유대인 역사가 요셉프스는(Josephus)는, 그 당시 용사들의 왼쪽 눈은 방패로 시야가 가리워 있었으므로 실제로 전방을 볼 수 있는 눈은 오른 쪽 눈뿐이었다고 합니다. 따라서 오른쪽 눈만 없애면 전투능력을 상실하게 된다는 말입니다. 그러나 '이스라엘을 이같이 모욕하리라'는 말로 보아 야베스 사람들에게 극도의 수치심을 일깨워 주기 위한 것으로 봐야 합니다.

우리는 이 사실을 볼 때 힘이 없으면 당한다는 것을 알 수 있습니다. 암몬 족속들이 쳐들어 온 것은 야베스가 약하기 때문입니다.

스포츠에서도 약한 부분을 집중적으로 공격해야 합니다. 권투에서 상대 선수가 턱이 약하면 턱을 집중하여 공격합니다. 배구에서도 약한 선수를 향해서 공격하고, 축구도 약한 지역을 파고듭니다. 마귀도 약한 자를 공격합니다. 성도들의 약한 부분을 집중적으로 공격합니다. 물질에 약한 사람은 물질로, 자녀에게 약한 사람은 자녀로, 친구에게 약한 사람은 친구로, 취미나 오락에 약한 사람은 취미나 오락으로 공격합니다. 그러므로 우리는 정신을 차려야 합니다. 침략이나 업신여김을 당하지 않도록 무장해야 합니다. 한 마디로 강한 성도가 되어야 합니다. 힘이 없으면 마귀의 종이 됩니다. 한 번 싸워보지도 못하고 마귀에게 굴복하게 됩니다.

우리는 강한 성도가 되어야 합니다. 그러기 위해 야베스 사람들처럼 약속의 땅 가나안 바깥에 머물지 말고 안에 들어와야 합니다. 어중간한 자리에 있지 말고 은혜의 깊숙한 자리로 들어와야 합니다. 하나님의 말씀의 깊숙한 곳으로 들어와 날마다 매 순간마다 주님과 만나는 생활을 해야 합니다.

찬송가 408장입니다.

> "왜 너 인생은 언제나 거기서 저 큰 바다 물결보고
> 찰싹거리는 작은 파도보고 맘이 조려서 못 가네
> 언덕을 넘어서 창파에 배 띄워
> 내 주 예수 은혜의 바다로 네 맘껏 저어가라"

우리 모두 은혜의 깊숙한 바다로 들어가 매일 주님과 가까이 합시다. 그래서 강한 믿음의 사람이 되어 사탄의 역사를 물리치는 성도가 됩시다.

2. 어려움을 당했을 때 어떻게 해야 합니까

"야베스 장로들이 이르되 우리에게 이레 유예를 주어 우리로 이스라엘 온 지경에 사자를 보내게 하라 우리를 구원할 자가 없으면 네게

나아가리라"(11:3)

 얼마나 비참한 일입니까? 야베스는 이스라엘에 도움을 청했다가 거절당하면 그들의 조건을 다 들어주고 눈을 빼서라도 항복하겠다는 말입니다. 자포자기 상태를 나타내는 말입니다.

 그런데 암몬의 나하스가 이것을 허락했습니다. 그 이유는 자신감이 있었기 때문입니다.

 ① 지원병이 오지 않을 것으로 생각했을 수도 있습니다.

 ② 이스라엘 전체가 달려들어도 충분히 이길 수 있다는 생각이었습니다.

 ③ 이번 기회에 전 이스라엘을 점령하겠다는 오만한 욕심도 있었습니다.

 그러나 야베스 사람들에게는 여전히 소망이 있었습니다. 그것은 이스라엘에 도움을 청하러 사자를 보냈기 때문입니다. "이에 사자가 사울의 기브아에 이르러 이 말을 백성에게 고하매 모든 백성이 소리를 높여 울더니"(11:4) 길르앗 야베스족의 여러 사자들 중 한 명이 사울이 있는 기브아로 보냄을 받았습니다. 소식을 들은 모든 백성들이 소리를 높여 울었습니다. 그것은 동족을 도울 힘이 없었기 때문입니다. 그리고 암몬 족속들은 길르앗 야베스를 친 후에 자기네 땅으로도 쳐들어 올 것이라는 두려움 때문이었습니다. 이때 사울이 밭에서 일을 마치고 집으로 돌아오다가 이 광경을 보았습니다. "마침 사울이 밭에서 소를 몰고 오다가 가로되 백성이 무슨 일로 우느냐 그들이 야베스 사람의 말로 고하니라"(11:5)

 어떤 사람은 사울이 이스라엘 왕으로 세워졌는데 왜 농사를 지어야 하는지 의문을 제기합니다. 그것은 사울이 왕으로 선출되었지만 아직 중앙정부의 형태를 갖추지 못했기 때문입니다. 그래서 사무엘 선지자의 충고대로 자신이 이스라엘의 왕으로 본격적인 활동을 할 때를 기다리면서 예전의 생활을 하고 있는 것입니다(10:7).

우리는 여기에서 어려움을 당한 야베스 사람들이 이 사태를 어떻게 처리했는가를 주의해 보아야 합니다. 야베스 사람들은 자신들의 연약함을 알고 도움을 구했습니다. 체면, 위신, 자존심이 문제가 될 수 없었습니다. 모든 것을 무시하고 도움을 구했습니다. 그것이 살 길이었기 때문입니다. 우리도 어려움을 당하면 즉시 주님께 도움을 청해야 합니다. 우리 힘으로는 할 수 없으므로 전능하신 주님의 도움을 받기 위해 주님께 부르짖어야 합니다. 우리에게 어려운 문제가 있으면 주님께 부르짖어야 합니다. 새벽에도 밤에도 부르짖어야 합니다. 우리 교회는 항상 기도의 문이 열려 있습니다. 주님 앞에 나와서 기도하십시오.

우리 교회는 지금까지 새벽기도를 통해 많은 응답의 역사들이 나타났습니다. 주님께 열심히 도움을 청하여 응답 받는 우리 모두가 되기를 바랍니다.

3. 승리의 비결이 있습니다

승리의 비결은 지도자의 권위와 백성들의 복종으로 단합되었기 때문입니다.

1) 지도자의 권위

① 사울이 성령의 감동을 받았습니다.

"사울이 이 말을 들을 때에 하나님의 신에게 크게 감동되매 그 노가 크게 일어나서"(11:6)

'하나님의 신이게 크게 감동되매' 라는 말은 하나님의 신이 강력하게 임하셨다는 말입니다. 이제 성령에 사로잡혀 하나님의 사람으로서 하나님의 일을 할 수 있는 능력의 사람이 되었다는 말입니다. '노가 크게 일어나서' 에서 '노(怒)' 는 인간적이거나 사사로운 분노가 아닌 하나님의 뜻과 일치되는 거룩한 의분(義憤)을 가리킵니다(출 4:14; 민 11:1; 신 6:15).

지도자는 하나님의 영광을 위한 거룩한 분노, 의로운 분노를 가져야 합니다. 지도자는 성령에 충만하여 뜨거운 사명감을 가지고 앞장서야 합니다. 하나님의 일을 하는 데 지도자들이 끌려가면 안됩니다. 지도자는 거룩한 소원을 가지고 앞장서서 믿음으로 나가야 합니다. 이렇게 할 때 영적 전쟁에서 승리할 수 있습니다.

② 단호한 의지가 있어야 합니다.

"한 겨리 소를 취하여 각을 뜨고 사자의 손으로 그것을 이스라엘 모든 지경에 두루 보내어 가로되 누구든지 나와서 사울과 사무엘을 좇지 아니하면 그 소들도 이와 같이 하리라 하였더니 여호와의 두려움이 백성에게 임하매 그들이 한 사람같이 나온지라"(11:7)

'각을 뜨고……두루 보내어' 는 군대의 소집에 응하지 않으면 죽임을 당한 소처럼 비참한 운명을 맞이할 것이라는 위협적인 메시지였습니다. 그리고 '사울과 사무엘을 좇지 아니하면' 이라고 사울이 선지자 사무엘의 권위를 빌려서 말한 이유가 있습니다.

ⓐ 자신이 여호와의 선지자에 의하여 기름 부음을 받은 합법적인 왕이라는 것과

　　ⓑ 암몬을 물리치기 위하여 군대를 소집하는 것은 하나님의 권위로 한다는 것과

　　ⓒ 사무엘도 자신과 함께 전투에 참여한다는 것을 보여 주기 위해서입니다.

이때 '여호와의 두려움이 백성에게 임하매 그들이 한 사람같이 나온지라'는 여호와께서 이스라엘 백성들의 마음을 주관하시어 사울의 말에 모두 순종하며 나오게 하셨다는 말입니다.

사울은 사명감이 투철했습니다. 지도자는 적당주의가 되어서는 안됩니다. 하나님의 교회의 일도 성전(聖戰), 즉 거룩한 전쟁이므로 될 대로 되라, 적당하게, 눈치를 보면서 하면 안됩니다. 단호한 결단과 의지가 있어야 합니다.

③ 승리를 확신했습니다.

"무리가 온 사자들에게 이르되 너희는 길르앗 야베스 사람에게 이같이 이르기를 내일 해가 더울 때에 너희가 구원을 얻으리라 하라 사자들이 돌아가서 야베스 사람들에게 고하매 그들이 기뻐하니라"(11:9)

길르앗 야베스 사람들의 간절한 소원이 다 이루어졌음과 사울이 하나님의 도우심으로 반드시 그들을 구해 줄 것이라는 확신을 나타내는 말입니다.

"야베스 사람들이 이에 가로되 우리가 내일 너희에게 나아가리니 너희 소견에 좋을 대로 우리에게 다 행하라 하니라"(1:10) 야베스 사람들이 암몬 왕 나하스에게 내일 항복할 것이라는 뜻을 말함으로써, 경계심을 풀도록 하여 이스라엘이 공격할 때 큰 효과를 거둘 수 있도록

한 것으로 볼 수 있습니다.

나폴레온 힐(Nepoleon Hill)은 성공의 여섯가지 법칙을 '자기 확신, 상상력, 창의력, 열심, 자기 연단, 집중력'이라고 말했습니다. 하나님께서 우리를 구원하실 것이라는 믿음의 확신을 가질 때 승리할 수 있습니다.

④ 군대를 잘 정비하고 좋은 작전을 펼쳤습니다.

"이튿날에 사울이 백성을 삼 대에 나누고 새벽에 적진 중에 들어가서 날이 더울 때까지 암몬 사람을 치매 남은 자가 다 흩어져서 둘도 함께 한 자가 없었더라"(11:11)

백성을 3대로 나누었는데, 이것은 적들을 여러 방향에서 공격하기 위한 전술이었습니다. 새벽에 적진으로 들어갔습니다. 새벽은 오전 3시에서 6시로, 이것은 기습공격을 가했다는 것입니다. 방심하여 잠 자는 적군들에게 새벽에 공격한 것입니다.

승리의 비결은 지도자 사울이 성령으로 충만했으며, 단호한 의지와 지도자의 권위를 소유했기 때문입니다.

지도자들은 하나님의 뜻을 믿고 앞장서서 나가야 합니다. 하나님의 영광을 위해 전력 투구해야 합니다. 성령의 인도하심을 따라 솔선수범 하여 나갈 때 승리할 수 있습니다.

2) 백성들의 순종입니다

승리의 비결은 백성들의 순종이었습니다.

"사울이 베섹에서 그들을 계수하니 이스라엘 자손이 삼십 만이요 유다 사람이 삼 만이더라"(11:8)

사울의 메시지를 듣고 모두 33만 명이 모였습니다. 지도자를 중심으로 단결하여 하나가 된 것이 승리의 비결입니다. 또한 그들은 목숨을 두려워하지 않고 끝까지 싸웠습니다.

"이튿날에 사울이 백성을 삼 대에 나누고 새벽에 적진 중에 들어가서 날이 더울 때까지 암몬 사람을 치매 남은 자가 다 흩어져서 둘도 함께 한 자가 없었더라"(11:11) 새벽부터 날이 더울 때까지, 모두 흩어져 도망갈 때까지 끝까지 싸웠습니다.

나라의 위기 때에는 지도자를 중심으로 모두 한 마음으로 뭉쳐야 합니다. 국론이 분열되면 위험합니다. 물론 지도자는 헌신적으로 백성들에게 모범을 보여야 하고 모든 백성들은 전적으로 협력해야 합니다.

1941년 12월 8일, 일본군들이 하와이 진주만을 습격했습니다. 공격 개시 10여 분만에 시가지는 수라장이 되고 말았습니다. 병원마다 사상자들로 가득했습니다. 약 2시간 동안 계속된 일본군의 기습 공격에 선박 26척과 항공기 347대가 부서졌고, 2,800명의 인명 손실이 있었습니다. 위용을 자랑하던 애리조나 호는 15분간 퍼부은 1,700파운드의 화약 세례로 인해 폭파되었습니다. 1,176명의 해군이 수몰되었습니다. 여기에 자극을 받은 미국인들이 단결했습니다. 그 결과 전쟁에 대한 국론이 통일되었고, '우리는 위기에 강하다'는 투지로 단결하여 승리를 얻었습니다.

윈스턴 처칠(Wiston Chruchill)은 절망적인 전쟁 상황에서도 백성들에게 '피와 땀과 눈물'을 호소한 결과 모든 영국 국민들이 단합하여 승리하게 되었습니다.

하나님의 교회도 마찬가지입니다. 지도자의 헌신과 성도들의 순종이 하나가 될 때 승리할 수 있습니다. 우리는 믿음에 강한 자가 됩시다. 우리가 어려움을 당하면 즉각 하나님의 도우심을 구해야 합니다.

지도자들은 헌신적으로 모범을 보임으로써 영적 권위를 가지고, 성도들은 말씀에 순종하여 하나로 연합할 때 승리할 수 있습니다.

우리 모두 영적 전투에서 승리하는 하나님의 백성들이 다 되도록, 날마다 순간마다 주님과 동행하는 경건생활을 통하여 성령의 인도하심을 받는 성도가 됩시다. 아멘.

> ¹²백성이 사무엘에게 이르되 사울이 어찌 우리를 다스리겠느냐 한 자가 누구니이까 그들을 끌어내소서 우리가 죽이겠나이다 ¹³사울이 가로되 이 날에는 사람을 죽이지 못하리니 여호와께서 오늘날 이스라엘 중에 구원을 베푸셨음이니라 ¹⁴사무엘이 백성에게 이르되 오라 우리가 길갈로 가서 나라를 새롭게 하자 ¹⁵모든 백성이 길갈로 가서 거기서 여호와 앞에 사울로 왕을 삼고 거기서 여호와 앞에 화목제를 드리고 사울과 이스라엘 모든 사람이 거기서 크게 기뻐하니라
>
> (사무엘상 11:12-15)

08
사울의 대관식

사울이 하나님의 도우심으로 길르앗 야베스를 쳐들어 온 암몬 군사를 대파하고 구원을 이루자 모든 백성들이 이스라엘 왕으로서의 사울의 권위를 인정하게 됩니다. 그리고 사울이 드디어 정식으로 이스라엘 왕으로 오르는 대관식을 가지게 됩니다. 하나님의 백성인 이스라엘의 초대 왕으로 취임하게 된 것입니다. 개인과 가정에 무한한 영광이요 축복일 뿐만 아니라 이스라엘 전체의 복입니다. 좋은 지도자를 둔다는 것은 백성들의 축복입니다. 지도자를 잘 만나는 것은 하나님의 큰 은혜입니다. 그런 의미에서 이스라엘 백성들이 처음으로 맞는 왕의 대관식은 사울 자신에게도 큰 영광이요 축복이지만 이스라엘 전

체의 기쁨이 아닐 수 없습니다. 궁극적으로는 하나님께 영광을 돌리는 일입니다.

1. 먼저 이스라엘의 초대 왕으로 세움을 받는 성숙한 모습의 사울을 볼 수 있습니다

"백성이 사무엘에게 이르되 사울이 어찌 우리를 다스리겠느냐 한 자가 누구니이까 그들을 끌어내소서 우리가 죽이겠나이다"(1:12)

제비뽑기 방법으로 사울이 왕으로 선출되자, 어떤 무리는 그가 이스라엘에서 가장 작은 베냐민 지파의 농사꾼 출신임을 알고 업신여겼습니다. 또한 사울에게 불만을 품고 노골적으로 불복종과 거역의 뜻을 나타내기도 했습니다. 이에 대해서 추종자들이 숙청을 하자는 것입니다.

역사적으로 새 정권이 들어서면 집권 세력은 반대자들을 숙청하는 것이 관례가 되다시피 되었습니다. 공산주의자들은 무자비하게 보복하며 살상을 일삼았습니다. 모양과 방법이 다를 뿐, 어느 나라든 권세를 잡으면 반대자들과 이전 세력들을 쫓아내고 없애는 일이 반복되고 있습니다. 앞으로도 계속될 것입니다.

그런데 사울은 적들에 대해 관대함을 보이고 있습니다. "이 날에는 사람을 죽이지 못하리니 여호와께서 오늘날 이스라엘 중에 구원을 베푸셨음이니라"(11:13) 사울은 이스라엘에게 승리를 주신 것은 하나님이었음을 인정하고 있습니다. 그는 전쟁에서 승리한 것이 자신의 능력이 아니라 전능하신 하나님의 능력으로 승리한 사실을 누구보다도 잘 알고 있었습니다. 그는 이 사실을 겸손히 인정하면서 이 구원의 날,

기쁜 날에 사람을 죽여서는 안 된다고 말했습니다. 자기를 비방하고 업신여기며 불복종한 비류들이지만 그들에게 용서를 베풀고 있습니다. 사울은 이스라엘의 초대 왕으로 등극하면서 지도자로서의 성숙한 모습을 보여 주고 있습니다.

지도자는 관대함을 베풀 줄 알아야 합니다. 이스라엘의 가장 위대한 왕인 다윗도 관대한 사람이었습니다. 그가 최고의 권력을 누릴 때 아들 압살롬이 반역을 일으켜 급히 피난갈 때, 베냐민 지파의 시므이가 나와서 저주와 욕을 하면서 돌을 던졌습니다. 옆에 있던 맹장들이 "왕이여 명령만 하소서. 단 칼에 저놈의 목을 베겠나이다"라고 할 때도 다윗은 그를 용서했습니다. 하나님께서 저를 통하여 자신을 욕하게 하셨다고 말했습니다. 얼마나 마음이 넓은 사람입니까? 그때 다윗에게 힘이 없었던 것이 아닙니다. 비록 도피하는 처지였지만 엄연히 이스라엘의 왕으로서 막강한 군사력이 있었습니다. 그런데 일개 서민인 시므이가 왕에게 정면으로 도전한 것입니다. 감히 혼자서 저주와 욕을 하며 돌을 던지는 시므이의 간이 보통 큰 것이 아닙니다. 겁도 없이 함부로 말하고 행동하는 사람들은 비록 나중에 죽을지언정 지금 하고 싶은 대로 다 하는 사람들입니다. 우리는 이런 사람을 조심해야 합니다. 왜냐하면 옆에 있으면 다치기 마련이고 그런 사람들의 삶은 결코 평탄하지 못하기 때문입니다. 이것은 다윗의 말대로 하나님께서 시키시지 않았다면 할 수 없는 일입니다.

그런데 여기서 가장 중요한 것은 신하들과 백성들 앞에서 모욕을 당할 대로 당한 다윗의 반응입니다. 너무도 침착하게 조롱과 저주를 다 들은 후 성난 군사들에게 그냥 두라며 관용을 베푼 것입니다. 우리는 여기서 성군 다윗의 겸손과 믿음을 볼 수 있습니다. 결국 나중에 다윗이 반란을 다 물리치고 돌아올 때 시므이가 찾아 와서 살려달라고 애걸복걸합니다. 그런데 다윗은 그를 용서하고 관대하게 대했습니다. 그러나 결국은 하나님께서 그를 심판하셨습니다. 하나님의 종인 다윗을 멸시하고 욕하며 저주했던 그가 그의 아들 솔로몬 왕 때도 그의 간사함이 드러나 결국 비참한 최후를 맞게 된 것입니다.

여기서 우리는 이스라엘의 초대 왕 사울이 자기를 대적하고 멸시하는 자들을 죽이지 않고 관대하게 대했다는 점에 주목해야 합니다. 관대함은 예수님의 성품입니다. 예수님은 죄인들의 친구가 되셨습니다. 십자가에 달려 고통스러운 순간에도 자신을 욕하는 강도를 용서하시고, 그에게 구원의 은혜를 베풀어 주셨습니다. 그리고 십자가 위에서 자신을 저주하고 욕하는 원수들을 향하여 "아버지여, 저희를 사하여 주옵소서"라고 용서의 기도를 하셨습니다.

우리는 왕 같은 제사장들입니다. 우리도 형제에게 관대함을 베풀 줄 알아야 합니다. 이 관대한 성품이 있어야 선교도 하고 복음도 전할 수 있습니다. 우리도 우리를 무시하며 경멸하는 사람들까지도 용서와 관대함을 베풀 수 있도록, 기도하고 애쓰고 힘써 예수님의 성품을 닮아가는 성도가 됩시다.

2. 왕의 대관식

"사무엘이 백성에게 이르되 오라 우리가 길갈로 가서 나라를 새롭게 하자"(11:14)

사무엘 선지자는 이제 왕을 세우는 대관식을 치르기로 결심했습니다. 그래서 길갈로 올라가서 나라를 새롭게 하자고 한 것입니다.

1) 왜 길갈로 갔습니까

길갈은 암몬과 전투가 벌어진 길르앗 야베스에서 직선 거리로 약 60km 떨어진 곳으로(수 4:19), 이곳은 이스라엘 민족에게는 역사적인 장소입니다. 이스라엘 민족이 요단강을 건널 때, 여호와께서 강물을 멈추게 하시고 제사장들이 여호와의 언약궤를 메고 강 한 가운데 멈추어 서 있게 하셨습니다. 그리고 여호수아에게 요단강 한 가운데서 열 두 돌을 취하여 길갈에 세우고 이스라엘 자손에게 기념이 되게 하셨습니다. 여호와께서 후일에 너희 자손들이 '이 돌이 무슨 뜻이냐?' 하고 물으면, '여호와 하나님께서 홍해를 마른 땅 같이 건너게 하신 것처럼 이 요단강도 마른 땅 같이 건너게 하셨다. 여호와 하나님을 영원토록 전능하신 하나님으로 섬겨야 한다' 고 가르치라고 하셨습니다. 이런 뜻 깊은 사연이 있는 곳이 바로 길갈입니다. 그리고 길갈은 사무엘이 순회하며 이스라엘을 다스리던 성지(聖地) 중의 하나였습니다(7:16). 그래서 온 이스라엘 백성들이 함께 모일 수 있는 장소로 이 길갈을 선택한 것입니다.

전능하신 하나님께서 기적으로 큰 구원의 은혜를 베푸신 현장인 길갈에 모여서 이스라엘의 초대 왕을 세우려고 하는 것입니다. 이것은 왕을 세우는 일은 하나님께서 축복하시고 도와주셔야 한다는 믿음이 있었기 때문입니다. 요단강을 멈추신 기적의 현장에서, 과거에도 도우신 하나님께서 이제도 도와주시길 바라는 믿음으로 모인 것입니다.

우리는 항상 주님의 도우심을 구하는 믿음의 자세로 일을 시작해야 합니다. 우리 자신의 힘으로는 불가능합니다. 우리가 선교사를 파송하고 복음을 전하는 일은 전적으로 하나님의 은혜와 도우심으로만 가능합니다. 하나님의 능하신 손을 의지하지 않고는 할 수 없는 일입니다. 선교에 힘쓰는 우리는 지금 요단강 물을 멈추게 하셔서 이스라엘 백성들을 건너게 하시고, 그 기적의 현장에서 열 두 돌을 취하여 길갈에 기념비를 세우게 하시고, 그 자손들에게 이 소식을 전하라고 하신 선교적 명령의 장소를 기억해야 합니다.

선교는 요단강을 건너는 놀라운 구원과 기적을 이루신 그 하나님의 능력을 믿고 전파하는 것입니다. 지금도 과거와 똑같이 역사하시며, 전능하신 손으로 주의 백성들을 구원하시고 도우시는 그 주님을 증거하는 선교의 사명을 잘 감당하는 성도가 됩시다.

2) 나라를 새롭게 했습니다

이미 나라는 새롭게 시작되고 있습니다.

① 사울이 하나님의 선지자 사무엘에 의하여 기름 부음을 받았습니다(10:1).
② 사무엘에 의해 기름 부음을 받은 일이 정당하다는 징표로 하나님의 신이 그에게 임재하셨습니다(10:10).
③ 백성의 대표자들에 의해 공개석상에서 왕으로 인정되었습니다 (10:19-24).
④ 하나님의 도우심으로 적군을 물리쳐 백성들에게 왕으로 인정을 받았습니다.

그래서 사무엘 선지자는 이제 왕의 대관식을 치러 나라를 새롭게 하자고 외친 것입니다. 이제 새로운 왕정제도가 시작되는 시점에서 새롭게 출발하자는 것입니다. 새로운 각오와 결심을 갖는 것은 중요합니다. 이제 새 왕을 모셨으니 새 나라를 이루어 나가야 합니다. 승리와 기쁨을 지속하고 영광을 재현해야 합니다.

사람들에게는 새로운 출발과 각오가 중요합니다. 우리의 신앙생활에도 새로운 각오가 필요하고, 우리의 가정과 교회도 새로운 결심이 필요합니다. 옛 것, 더러운 것, 연약하고 나쁜 것, 버릴 것은 다 버려야 합니다. 우리는 항상 새로운 삶을 살아야 합니다. 우리 하나님은 우리가 항상 새롭게 변화되는 것을 원하십니다. 새로운 결심과 다짐을 하기를 원하십니다. 우리도 우리의 신앙생활을 새롭게 점검해야 합니다. 우리의 영적 지경이 어떠한가를 점검해 보아야 합니다. 기도의 지경, 봉사의 지경, 헌신의 지경, 말씀의 지경, 전도의 지경, 인격의 지경, 감사의 지경, 선교의 지경을 점검해 보아야 합니다. 만족할 만한 수준이 아니라면 새롭게 해야 할 것입니다. 만약 전혀 새롭게 해야 할 필요성조차 느끼지 못한다면 이것은 위험한 상태에 도달한 것입니다. 새롭게 해야 한다면 무엇부터 새롭게 해야 할지를 결정해야 합니다. 새롭게 할 때 하나님의 역사가 나타납니다.

3) 모든 백성이 뜻을 합하여 왕을 세웠습니다

"모든 백성이 길갈로 가서 거기서 여호와 앞에 사울로 왕을 삼고 거기서 여호와 앞에 화목제를 드리고 사울과 이스라엘 모든 사람이 거기서 크게 기뻐하니라"(11:15)

사울의 나이 40세가 되던(13:1) BC 1,050년에, 전쟁을 승리로 이끈 사울을 모든 백성 앞에서 공식적으로 왕으로 세우는 대관식을 가졌습니다. 이때 모든 백성들은 기쁨으로 뜻을 하나로 모았습니다. 하나님의 뜻이 이루어지는 것을 보고 기뻐 감사하며 왕의 대관식을 거행한 것입니다.

그리하여 그들은 여호와 앞에 화목제를 드렸습니다. 이 화목제는 제물의 한 부분은 제단에 올려 하나님께 바쳐지고, 그 나머지는 제물을 바친 백성들이 공동으로 나누어 먹는 감사와 기쁨, 그리고 화목과 친교의 제사였습니다(레 3:1-5). 따라서 왕의 대관식에 드려진 화목제는 전쟁에서의 승리를 주시고 왕의 등극을 허락하신 하나님께 감사하는 제사인 동시에, 백성들 상호 간에 기쁨을 나누는 축제의 제사였습니다. 모든 이스라엘 백성들은 하나님의 은혜에 감사하며 주님의 뜻이 이루어지는 기쁨으로 화목제를 드렸던 것입니다. 그리고 사울과 이스라엘 모든 백성들이 거기서 크게 기뻐했습니다. 사울과 온 이스라엘은 하나님께서 전쟁에서 승리하게 하시고, 길갈에 와서 새로운 왕을 뽑게 하신 하나님께 감사의 제사를 드리며 모두 함께 기뻐하며 즐거워했습니다. 이것은 하나님의 뜻을 그대로 인정하고 순종하는 행위입니다.

우리는 하나님의 뜻이 이루어지는 것을 보고 기뻐할 줄 알아야 합니다. 그리고 하나님의 뜻에 전적으로 순종해야 합니다. 하나님께서 기뻐하시는 것은 이스라엘이 새롭게 출발하는 것, 즉 하나님의 나라가 확장되는 것입니다. 우리가 하나님의 복음을 전파하는 일은 하나님께서 기뻐하시는 뜻을 이루어 드리는 것입니다. 세계 선교의 비전을 가지고 이 일에 순종하는 것은 하나님의 나라를 확장하는 것입니다. 이것은 하나님의 뜻입니다. 우리는 하나님께서 기뻐하시는 주님의 나라 확장에 기쁨으로 순종하며 따라야 합니다.

3. 우리는 사울의 대관식을 보면서 아름다운 사역은 계속 되어야 한다는 사실을 기억해야 합니다

사울이 이스라엘의 왕으로 등극할 때는 겸손하게 하나님의 뜻에 순종했습니다. 처음에는 백성들의 열광적인 환호 속에 영광스럽게 출발했습니다. 그런데 그의 나중은 너무도 비참하게 되고 말았습니다. 시작은 화려한 대관식으로 출발했으나 마지막은 파멸과 수치로 끝났습니다. 시작도 좋아야 하지만 마무리가 더 좋아야 합니다.

성경에 나오는 많은 인물들이 반면 교사가 되고 있습니다. 벨사살은 화려하게 시작했지만 그가 교만할 때 하룻밤 사이에 쿠데타로 멸망당했습니다. 애굽의 바로 왕과 솔로몬 왕이 그러했습니다. 반면 다윗 왕은 어렵고 힘들게 시작했지만 결국은 가장 존경받는 성군으로 기록되었습니다. 사무엘 선지자와 예수님의 제자들이 그러했습니다.

우리는 최후의 승리자가 되어야 합니다. 세상에서 모든 부귀영화를 누리는 것 보다 장차 우리 주님 앞에서 있게 될 영광의 대관식에서 주님이 주시는 영광을 누려야 합니다. 우리의 시작은 미미할지라도 나중이 창대케 되는 축복을 받는 것이 더 중요합니다. 사울은 화려한 대관식으로 출발했지만 교만하여 하나님의 말씀에 불순종함으로 그의 마지막은 길보아 산에서 비참한 최후를 맞이하고 말았습니다.

우리는 선한 일, 주님의 아름다운 선교 사역에 동참했으니 이제 이 일을 끝까지 잘 감당해야 합니다. 사도 바울은 이렇게 고백했습니다. "내가 선한 싸움 다 싸우고 나의 달려갈 길을 마치고 믿음을 지켰으니 이제 후로는 나를 위하여 의의 면류관이 예비되었으므로 주 곧 의로우신 재판장이 그 날에 내게 주실 것이니 내게만 아니라 주의 나타나

심을 사모하는 모든 자에게니라"(딤후 4:7-8)

　우리도 주님처럼 관대하고 너그럽고 여유 있는 성품을 가집시다. 항상 새롭게 하는 각오와 결심으로 날마다 성령의 충만함을 받아 영에 속한 자가 됩시다. 오직 주님만 바라보고 오직 말씀으로 살아 아름다운 사역을 끝까지 잘 감당하여, 우주의 대 심판 때에 주님 앞에서 승리의 면류관을 쓰는 영광의 대관식에 참여하는 성도가 됩시다. 아멘.

¹사무엘이 온 이스라엘에게 이르되 보라 너희가 내게 한 말을 내가 다 듣고 너희 위에 왕을 세웠더니 ²이제 왕이 너희 앞에 출입하느니라 보라 나는 늙어 머리가 희었고 내 아들들도 너희와 함께 있느니라 내가 어려서부터 오늘날까지 너희 앞에 출입하였거니와 ³내가 여기 있나니 여호와 앞과 그 기름 부음을 받은 자 앞에서 내게 대하여 증거하라 내가 뉘 소를 취하였느냐 뉘 나귀를 취하였느냐 누구를 속였느냐 누구를 압제하였느냐 내 눈을 흐리게 하는 뇌물을 뉘 손에서 취하였느냐 그리하였으면 내가 그것을 너희에게 갚으리라 ⁴그들이 가로되 당신이 우리를 속이지 아니하였고 압제하지 아니하였고 뉘 손에서 아무 것도 취한 것이 없나이다 ⁵사무엘이 백성에게 이르되 너희가 내 손에서 아무 것도 찾아낸 것이 없음을 여호와께서 너희에게 대하여 증거하시며 그 기름 부음을 받은 자도 오늘날 증거하느니라 그들이 가로되 그가 증거하시나이다 ⁶사무엘이 백성에게 이르되 모세와 아론을 세우시며 너희 열조를 애굽 땅에서 인도하여 내신 이는 여호와시니 ⁷그런즉 가만히 섰으라 여호와께서 너희와 너희 열조에게 행하신 모든 의로운 일에 대하여 내가 여호와 앞에서 너희와 담론하리라 ⁸야곱이 애굽에 들어간 후 너희 열조가 여호와께 부르짖으매 여호와께서 모세와 아론을 보내사 그 두 사람으로 너희 열조를 애굽에서 인도하여 내어 이곳에 거하게 하셨으나 ⁹그들이 그 하나님 여호와를 잊은지라 여호와께서 그들을 하솔 군장 시스라의 손과 블레셋 사람의 손과 모압 왕의 손에 붙이셨더니 그들이 치매 ¹⁰백성이 여호와께 부르짖어 가로되 우리가 여호와를 버리고 바알들과 아스다롯을 섬김으로 범죄하였나이다 그러하오나 이제 우리를 원수들의 손에서 건져내소서 그리하시면 우리가 주를 섬기겠나이다 하매 ¹¹여호와께서 여룹바알과 베단과 입다와 나 사무엘을 보내사 너희를 너희 사방 원수의 손에서 건져내사 너희로 안전히 거하게 하셨거늘 ¹²너희가 암몬 자손의 왕 나하스의 너희를 치러 옴을 보고 너희 하나님 여호와께서는 너희의 왕이 되실지라도 너희가 내게 이르기를 아니라 우리를 다스릴 왕이 있어야 하겠다 하였도다 ¹³이제 너희의 구한 왕 너희의 택한 왕을 보라 여호와께서 너희 위에 왕을 세우셨느니라 ¹⁴너희가 만일 여호와를 경외하여 그를 섬기며 그 목소리를 듣고 여호와의 명령을 거역하지 아니하며 또 너희와 너희를 다스리는 왕이 너희 하나님 여호와를 좇으면 좋으니라마는 ¹⁵너희가 만일 여호와의 목소리를 듣지 아니하고 여호와의 명령을 거역하면 여호와의 손이 너희의 열조를 치신 것 같이 너희를 치실 것이라 ¹⁶너희는 이제 가만히 서서 여호와께서 너희 목전에 행하시는 이 큰 일을 보라 ¹⁷오늘은 밀 베는 때가 아니냐 내가 여호와께 아뢰리니 여호와께

서 우레와 비를 보내사 너희가 왕을 구한 일 곧 여호와의 목전에 범한 죄악이 큼을 너희로 밝히 알게 하시리라 ¹⁸이에 사무엘이 여호와께 아뢰매 여호와께서 그 날에 우레와 비를 보내시니 모든 백성이 여호와와 사무엘을 크게 두려워하니라

(사무엘상 12:1-18)

09
사무엘의 고별설교 1

믿음의 사람 사무엘의 고별설교는 아주 감동적이며 은혜가 충만한 것이었습니다. 이스라엘 건국의 영웅이자 위대한 사사요 제사장이었던 사무엘에게도 드디어 은퇴할 시간이 찾아 온 것입니다. 그가 사사로 취임하던 때가 엊그제 같은 데 벌써 공직에서 물러날 때가 된 것입니다. 그는 유명한 미스바의 국민 총회에서 취임설교를 할 때 새 시대를 예고하는 사자후를 발했으며, 이스라엘을 위기에서 구원하고 하나님의 말씀으로 양육하며 가르쳤습니다. 그런 그가 이제 길갈에 운집한 백성들의 총회에서 사울을 국왕으로 추대함과 동시에 자신의 퇴임 성명을 발표하게 되었습니다. 그의 고별설교에서는 하나님을 향한 뜨거운 신앙과 나라를 사랑하는 애국심을 느낄 수 있습니다.

1. 퇴임 사유

"사무엘이 온 이스라엘에게 이르되 보라 너희가 내게 한 말을 내가 다 듣고 너희 위에 왕을 세웠더니 이제 왕이 너희 앞에 출입하느니라 보라 나는 늙어 머리가 희었고 내 아들들도 너희와 함께 있느니라 내가 어려서부터 오늘날까지 너희 앞에 출입하였거니와"(12:1-2)

1) 왕을 세웠기 때문입니다

"너희가 내게 한 말을 내가 다 듣고 너희 위에 왕을 세웠더니"(12:1)
사무엘은 하나님의 대리자로서 백성들의 요구대로 새로운 왕을 세웠습니다. 그러나 사실 사무엘은 이스라엘이 왕을 요구하는 것을 기뻐하지 않았습니다. 하나님도 이스라엘의 요구가 싫었지만 허락하셨습니다. 그 이유는 그들이 요구하여 세움을 받은 왕을 인하여 많은 고통을 당하게 될 것이며(8:11-18), 그 때에 그들은 이스라엘의 왕은 오직 하나님 한 분밖에 없음을 깨닫게 하시려는 의도가 있으셨기 때문입니다.

"이제 왕이 너희 앞에 출입하느니라"(2:12)
그러나 이제 왕이 세워졌습니다. 이 말은 공적으로 왕의 직무를 수행한다는 말입니다. 이제 사무엘은 물러나야 할 명분이 분명히 생겼습니다. 자기의 사명이 끝나고 새로운 지도자가 나타나 일을 맡았으면 물러나는 것이 상식이요 당연한 이치입니다.

그런데 이것을 잘 못해서 문제가 발생하는 것을 우리는 많이 보아왔습니다. 정년이 되면 물러나는 것이 마땅한 도리이자 법입니다. 그런데 욕심을 내어 그 자리를 연연하다 보면 패가망신하게 되는 것입니다.

사무엘은 새로운 왕이 등장하자 모든 공직에서 깨끗이 물러났습니다. 나라를 다스리는 모든 권한과 책임을 왕에게 넘겨주었습니다.

2) 나이 많아 노쇠했으므로 물러난 것입니다

"나는 늙어 머리가 희었고 내 아들들도 너희와 함께 있느니라 내가 어려서부터 오늘날까지 너희 앞에 출입하였거니와"(12:2)

'희었고'란 말은 '석회를 뿌리다'에서 파생된 말입니다. 즉 나이를 많이 먹었다는 뜻입니다. 실로의 회막에서 밤중에 하나님의 소명을 받던 어린 사무엘의 머리가 백발 노인이 된 것입니다.

우리는 사무엘의 어머니 한나가 아들을 얻기 위하여 눈물로 기도하던 장면과, 기도가 응답되어 아들을 낳자 이름을 사무엘(하나님이 내 기도를 들어주셨다)이라 지었던 것과, 그리고 하나님께 서원한대로 나실인으로 바쳤던 것을 기억합니다. 그 사무엘이 이제 노인이 되어서 퇴임하게 되었습니다.

우리는 세월의 빠름을 알 수 있습니다. 세월이 빠르다고 느끼는 분들은 어느 정도 나이를 드신 분들이나, 좀 빨리 지나가기를 원한다면 그 사람은 아직 어린 사람입니다. 세월의 흐름은 아무도 막을 수 없습니다. 영웅호걸도 늙으면 병들어 죽는 법입니다. 우리는 등장할 때가 있으면 퇴장할 때가 있고, 취임사를 하면 퇴임사도 할 것이라는 사실을 항상 기억해야 합니다.

지혜로운 사람은 물러날 때를 내다보고 최선을 다하는 사람입니다. 그렇다면 우리가 일할 수 있는 기간은 정해져 있습니다. 그렇게 많은 세월이 아닙니다. 그러므로 우리는 시간을 잘 활용해야 합니다. 여기서 인생의 연약성을 우리는 알 수 있습니다. 사무엘은 자기가 물러나야 할 때에 물러났습니다. 이것은 지혜로운 일이요 하나님의 은혜입니다. 아름답게 퇴임하는 것은 축복입니다. 그것은 장수와 건강의 축복이며 직무 완수의 축복입니다. 정년 퇴임을 하지 못하는 경우도 많이 있기 때문입니다. 도중에 세상을 떠날 수도 있고, 사건 사고로 해임되거나 질병으로 그만 둘 수도 있습니다.

우리 인생은 연약한 존재입니다. 그런데 사무엘은 하나님의 크신 은혜로 훌륭하게 일을 잘 마무리하고 퇴임을 하게 되었으니 얼마나 큰 축복입니까?

2. 고별설교의 내용

마지막 고별설교는 아주 중요합니다. 맥아더 장군은 "노병은 죽지 않고 사라져 갈 뿐이다"라는 유명한 연설을 했습니다. 이때 미국의회는 기립 박수를 보냈습니다.

사무엘의 고별설교는,

1) 자신의 청렴결백을 증거했습니다

"내가 여기 있나니 여호와 앞과 그 기름 부음을 받은 자 앞에서 내게 대하여 증거하라 내가 뉘 소를 취하였느냐 뉘 나귀를 취하였느냐 누구를 속였느냐 누구를 압제하였느냐 내 눈을 흐리게 하는 뇌물을 뉘 손에서 취하였느냐 그리하였으면 내가 그것을 너희에게 갚으리라 그들이 가로되 당신이 우리를 속이지 아니하였고 압제하지 아니하였고 뉘 손에서 아무 것도 취한 것이 없나이다 사무엘이 백성에게 이르되 너희가 내 손에서 아무 것도 찾아낸 것이 없음을 여호와께서 너희에게 대하여 증거하시며 그 기름 부음을 받은 자도 오늘날 증거하느니라 그들이 가로되 그가 증거하시나이다"(12:3-5)

지도자로서 그는 자신의 순결함을 증거했습니다. 정직하고 공명정대했음을 증거한 것입니다. 정치 지도자들이 범하기 쉬운 4대 요소가 있습니다. 그것은 백성을 속이는 것, 압제(독재), 뇌물, 불의한 재판입니다. 이런 내용은 요즈음 정치판에서도 계속 의심을 받고 있는 요소들입니다. 권좌에 오르면 사람이 변하기 쉽다고 합니다. 부정부패를 하기 쉽습니다. 퇴임 후의 보복을 생각하여 가능한 자신이 오래 앉아 있으려고 한다거나 심복들을 심어 어떻게든 권세를 누리려고 모든 술수를 동원합니다. 이것은 우리가 익히 보고 들어 아는 정치판의 논리입니다.

그러나 하나님의 사람 사무엘은 결백했습니다. 순결하고 깨끗했습니다. 부정축재도 하지 않았고, 뇌물도 받지 않았고, 표적 수사도 하지 않았고, 불의한 재판도 하지 않았습니다. 오직 그는 하나님 앞에서 행하며 백성들의 봉사자로서의 길을 깨끗하게 걸어갔습니다. 믿음의 사도 바울도 고백했습니다. "내가 아무의 은이나 금이나 의복을 탐하지 아니하였고 너희 아는 바에 이 손으로 나와 내 동행들의 쓰는 것을 당하여 범사에 너희에게 모본을 보였노니 곧 이같이 수고하여 약한 사람들을 돕고 또 주 예수의 친히 말씀하신 바 주는 것이 받는 것보다 복이 있다 하심을 기억하여야 할지니라"(행 20:30-35)

사무엘은 자신의 청렴결백에 대해 증인들을 밝혔습니다. 그 증인들은,

① 백성들입니다.

"사무엘이 백성에게 이르되 너희가 내 손에서 아무 것도 찾아낸 것이 없음을 여호와께서 너희에게 대하여 증거하시며 그 기름 부음을 받은 자도 오늘날 증거하느니라 그들이 가로되 그가 증거하시나이다" (12:5)

모든 백성들이 다 알았습니다. 백성들은 가장 확실한 증인입니다. 민심은 천심이라는 말이 있습니다. 그런데 아무런 잘못도 없는 사무엘을 대신하여 왕을 요구한 것 자체가 잘못된 것임을 그들 스스로가 인정하고 말았습니다.

② 기름 부은 자, 즉 왕이 증인입니다.

"내가 여기 있나니 여호와 앞과 그 기름 부음을 받은 자 앞에서 내게 대하여 증거하라 내가 뉘 소를 취하였느냐 뉘 나귀를 취하였느냐 누구를 속였느냐 누구를 압제하였느냐 내 눈을 흐리게 하는 뇌물을 뉘 손에서 취하였느냐 그리하였으면 내가 그것을 너희에게 갚으리라" (12:3)

사울 왕이 그의 결백을 증거했습니다. 사울은 누구보다도 사무엘을 존경하고 두려워했습니다.

③ 여호와 하나님이 증인이십니다.

"사무엘이 백성에게 이르되 너희가 내 손에서 아무 것도 찾아낸 것이 없음을 여호와께서 너희에게 대하여 증거하시며 그 기름 부음을 받은 자도 오늘날 증거하느니라 그들이 가로되 그가 증거하시나이다" (12:5)

하나님께서 사무엘의 결백을 증거하셨는데 그 어떤 증인을 더 요구할 수 있겠습니까? 우리 하나님은 신실한 종 다윗을 향하여 '나의 마음에 합한 자'라고 증거하셨습니다. "잘 하였도다 착하고 충성된 종아 네가 작은 일에 충성하였으매 내가 많은 것으로 네게 맡기리니 네 주인의 즐거움에 참예할지어다"(마 25:21) 주님이 우리의 증인이 되어 주십니다. 사도 바울은 증거합니다. "내가 선한 싸움을 싸우고 나의 달려갈 길을 마치고 믿음을 지켰으니 이제 후로는 나를 위하여 의의 면류관이 예비되었으므로 주 곧 의로우신 재판장이 그 날에 내게 주실 것이니 내게만 아니라 주의 나타나심을 사모하는 모든 자에게니라"(딤후 4:7-8) 하나님이 아시면 됩니다. 하나님이 인정하시면 다른 어떤 증인도 필요로 하지 않습니다. 사무엘은 깨끗했습니다. 하나님 앞에서 백성을 위한 봉사자로서 최선을 다했습니다.

우리에게도 고별사를 할 때가 올 것입니다. 그때 사무엘처럼 백성들과 주의 종들 앞에서 우리의 청렴결백을 증거합시다. 그리고 하나님께서 '착하고 충성된 종' 임을 증거해 주시도록 부끄럼 없는 깨끗한 삶을 사는 성도가 됩시다.

2) 그 내용은 하나님께서 간섭하신 역사였습니다

① 구원의 하나님을 말하고 있습니다.

"애굽인과 바로가 그 마음을 강퍅케 한 것 같이 어찌하여 너희가 너희 마음을 강퍅케 하겠느냐 그가 그들 중에서 기이하게 행한 후에 그들이 백성을 가게 하므로 백성이 떠나지 아니하였느냐"(12:6)

하나님은 이스라엘을 애굽에서뿐만 아니라 모든 위기 때마다 구원해 주셨습니다. 하솔 군장 시스라에게서, 그리고 블레셋 사람들과 모압 왕에게서 구원해 주셨습니다(12:9). 사무엘은 하나님께서 이스라엘을 인도하시고 구원해 주셨음을 알았습니다. 우리는 과거에 역사해 주신 하나님께 감사해야 합니다.

② 지도자를 세워서 역사하시는 하나님이십니다.

"사무엘이 백성에게 이르되 모세와 아론을 세우시며 너희 열조를 애굽 땅에서 인도하여 내신 이는 여호와시니…… 야곱이 애굽에 들어간 후 너희 열조가 여호와께 부르짖으매 여호와께서 모세와 아론을 보내사 그 두 사람으로 너희 열조를 애굽에서 인도하여 내어 이곳에 거하게 하셨으나"(12:6,8)

모세는 정치적인 지도자이고 아론은 종교적인 지도자입니다. 이스라엘에는 정치를 하는 지도자와 예배를 가르치며 봉사하는 지도자가 있었습니다. 하나님은 자신의 뜻을 이루시기 위해 지도자를 세우십니다. 시대마다 필요한 지도자를 통하여 역사하셨습니다. 좋은 지도자를 두는 것은 축복입니다.

교회 안에도 목사, 장로, 집사, 권사 등의 지도자들이 있습니다. 하나님은 이 일꾼들을 통해 일하시기를 원하십니다. 그러므로 모든 직분자들은 세워 주신 은혜를 기억하고 신실하게 봉사해야 합니다. 일꾼은 열심히, 기쁨으로, 감사함으로 충성해야 합니다. 그리고 인색하거나 인간적인 방법으로 하면 안됩니다. 항상 하나님의 뜻대로, 하나님의 영광과 교회의 유익을 위해서 해야 합니다. 주님을 위한 일과 교회를 위한 봉사에 시간과 몸과 물질을 바치는데 너무 계산적이거나, 따지거나, 인색하면 벌써 봉사의 자세가 변질된 것입니다. 너무 바쁘다거나 시간이 없어서, 또는 피곤해서 못하겠다는 변명이나 핑계를 얼마나 더 해야겠습니까? 우리의 모든 것의 주인이신 주님께 우리의 모든 것을 다 드려도 부족하다는 것과, 주님의 뜻대로 행하지 않으면 내가 가진 성공과 내가 얻은 모든 것이 결코 내 것이 아님을 항상 기억해야 합니다.

같은 왕이지만 아합은 자기 뜻대로 행하며 불순종한 결과 저주와 심판을 받아 패가망신을 했지만, 다윗은 오직 말씀 안에서 하나님의 뜻대로 직분을 잘 감당함으로써 자신은 물론 자손 대대로 하나님의 축복을 받았습니다.

③ 백성들의 범죄를 지적했습니다.

"그들이 그 하나님 여호와를 잊은지라 여호와께서 그들을 하솔 군장 시스라의 손과 블레셋 사람의 손과 모압 왕의 손에 붙이셨더니 그들이 치매 백성이 여호와께 부르짖어 가로되 우리가 여호와를 버리고 바알들과 아스다롯을 섬기므로 범죄하였나이다 그러하오나 이제 우리를 원수들의 손에서 건져내소서 그리하시면 우리가 주를 섬기겠나이다"(12:9-10)

이스라엘 백성들은 바알과 아스다롯을 섬기는 죄를 범했습니다. 하나님의 은혜를 잊었기 때문입니다. 이때 하나님은 적군을 보내어 치게 하셨습니다. 이스라엘은 급할 때는 하나님을 찾고 평안할 때는 잊어버렸습니다.

④ 그러나 회개할 때 은혜를 주셨습니다.

"우리가 여호와를 버리고 바알들과 아스다롯을 섬김으로 범죄하였나이다 그러하오나 이제 우리를 원수들의 손에서 건져내소서 그리하시면 우리가 주를 섬기겠나이다 하매 여호와께서 여룹바알과 베단과 입다와 나 사무엘을 보내사 너희를 너희 사방 원수의 손에서 건져내사 너희로 안전히 거하게 하셨거늘"(12:10-11)

하나님은 이스라엘이 자신들의 죄를 고백할 때 은혜를 베풀어 주셨습니다. 그리고 여룹바알, 베단, 입다, 사무엘 등 사사를 보내어 주시어 이스라엘 백성들을 적군의 침략에서 구해 주셨습니다.

⑤ 궁극적으로 왕을 구한 잘못을 깨우쳐 주셨습니다.

"너희가 암몬 자손의 왕 나하스의 너희를 치러 옴을 보고 너희 하나님 여호와께서는 너희의 왕이 되실지라도 너희가 내게 이르기를 아니라 우리를 다스릴 왕이 있어야 하겠다 하였도다 이제 너희의 구한 왕, 너희의 택한 왕을 보라 여호와께서 너희 위에 왕을 세우셨느니라 너희가 만일 여호와를 경외하여 그를 섬기며 그 목소리를 듣고 여호와의 명령을 거역하지 아니하며 또 너희와 너희를 다스리는 왕이 너희 하나님 여호와를 좇으면 좋으니라마는 너희가 만일 여호와의 목소리를 듣지 아니하고 여호와의 명령을 거역하면 여호와의 손이 너희의 열조를 치신 것 같이 너희를 치실 것이라 너희는 이제 가만히 서서 여호와께서 너희 목전에 행하시는 이 큰 일을 보라"(12:12-16)

이것은 오직 여호와 하나님께 순종하라는 것입니다. 이스라엘이 왕을 구했고, 그 왕과 이스라엘이 하나님께 불순종하면 더 큰 심판이 임할 것임을 깨우쳐 주고 있습니다. 이스라엘 백성과 왕에게 축복과 징계의 기준을 가르쳐 주고 있습니다. 마음을 다하여 하나님께 헌신했는가? 하나님의 명령에 순종했는가? 하나님이 인도하시는 대로 행할 만반의 준비를 갖추었는가? 그리고 백성들이 왕을 구한 잘못을 증거하셨습니다. "오늘은 밀 베는 때가 아니냐 내가 여호와께 아뢰리니 여호와께서 우레와 비를 보내사 너희가 왕을 구한 일 곧 여호와의 목전에 범한 죄악이 큼을 너희로 밝히 알게 하시리라 이에 사무엘이 여호와께 아뢰매 여호와께서 그 날에 우레와 비를 보내시니 모든 백성이 여호와와 사무엘을 크게 두려워하니라"(12:17-18)

그 증표로 여호와께서 우레와 비를 내리셨습니다. 우레는 하나님의 진노로 인식되어 왔습니다.

사무엘의 마지막 고별사의 절정은 하나님께서 우레와 비를 내리신 것입니다. 이것은 하나님께서 사무엘과 함께 하심을 증거하신 사건입니다. 모든 백성이 보는 앞에서 너무도 확실하게 보여 주셨습니다. 하나님은 사무엘의 모든 고별사 내용을 그대로 인정하신 것입니다. 하나님께서 인정하신 그의 고별사는 너무도 영광스럽고 축복된 것이었습니다.

우리도 사무엘과 같은 고별사를 할 수 있어야겠습니다. 그는 물러설 때를 바로 알았습니다. 모든 일을 다 마치고 건강하게 성공된 퇴임을 했습니다. 그리고 그는 청렴결백한 삶을 살았습니다. 오직 하나님의 뜻을 좇아 행했으며, 하나님의 종으로 백성을 위한 봉사자로 살았습니다. 그때 모든 백성들과 새로운 왕과 하나님께서 증인이 되어 주셨습니다.

우리도 사무엘과 같은 충성스러운 봉사자들이 되어 영광스러운 고별사를 함으로써 하나님의 인정과 축복을 받는 성도가 됩시다. 아멘.

¹⁹모든 백성이 사무엘에게 이르되 당신의 종들을 위하여 당신의 하나님 여호와께 기도하여 우리로 죽지 않게 하소서 우리가 우리의 모든 죄에 왕을 구하는 악을 더하였나이다 ²⁰사무엘이 백성에게 이르되 두려워 말라 너희가 과연 이 모든 악을 행하였으나 여호와를 좇는데서 돌이키지 말고 오직 너희 마음을 다하여 여호와를 섬기라 ²¹돌이켜 유익하게도 못하며 구원하지도 못하는 헛된 것을 좇지 말라 그들은 헛되니라 ²²여호와께서는 너희로 자기 백성 삼으신 것을 기뻐하신 고로 그 크신 이름을 인하여 자기 백성을 버리지 아니하실 것이요 ²³나는 너희를 위하여 기도하기를 쉬는 죄를 여호와 앞에 결단코 범치 아니하고 선하고 의로운 도로 너희를 가르칠 것인즉 ²⁴너희는 여호와께서 너희를 위하여 행하신 그 큰 일을 생각하여 오직 그를 경외하며 너희 마음을 다하여 진실히 섬기라 ²⁵만일 너희가 여전히 악을 행하면 너희와 너희 왕이 다 멸망하리라

(사무엘상 12:19-25)

10
사무엘의 고별설교 2

하나님의 사람 사무엘의 고별설교는 아주 신앙적이며 감동적인 것이었습니다. 퇴임 사유는 이스라엘에 새 왕 사울을 세웠고 그 자신이 노쇠했기 때문입니다. 그의 고별설교의 내용은 자신의 청렴결백한 봉사와 하나님께서 이스라엘을 향해 간섭하신 역사를 증거했습니다. 이스라엘을 구원하시고 지도자를 세워서 역사하신 하나님을 증거했습니다. 그리고 백성들의 범죄를 지적하고 회개할 때에 은혜를 베푸셨

음을 증거했습니다.

3) 그리고 장래에 대한 권고와 소망을 말했습니다

이스라엘 백성들이 자기들의 왕을 구한 죄를 회개하면서 사무엘에게 기도하여 죽지 않게 해달라고 부탁하고 있습니다(12:9). 사무엘이 기도하자 우레와 비가 하늘에서 쏟아졌습니다. 그러자 사무엘의 고별설교를 듣고 그들이 왕을 구한 것이 잘못되었음을 깨달은 이스라엘 백성들이 두려워 떨며 자신들의 죄악을 고백합니다.

① 사무엘이 그들에게 권고합니다.

"사무엘이 백성에게 이르되 두려워 말라"(12:20)

사무엘이 두려워 말라고 백성들을 위로합니다. 비록 범죄했으나 다시 살 길이 있습니다. 우리 하나님은 감당할 길을 주십니다. 우리가 감당할 수 있는 시험만 주시며, 또한 피할 길도 주십니다(고전 10:13). 시험 중에서도 은혜를 베푸시는 주님이십니다.

이스라엘 백성들이 홍해에 도착했을 때 하나님은 그들이 감당할 시험을 주셨습니다. 그것은 하나님은 피할 길을 미리 예비해 두셨기 때문입니다.

② 오직 여호와 하나님만을 경외하며 섬기라고 합니다.

"여호와를 좇는데서 돌이키지 말고 오직 너희 마음을 다하여 여호와를 섬기라"(12:20)

이것이 살 길입니다. "이스라엘아 들으라 우리 하나님 여호와는 오직 하나인 여호와시니 너는 마음을 다하고 성품을 다하고 힘을 다하여 네 하나님 여호와를 사랑하라"(신 6:4-5) 여기에 모든 해결이 있습니다. 문제는 우리가 하나님을 전심으로 섬기지 못하고, 믿음으로 살지 못하고, 말씀대로 순종하지 못하는데 있습니다.

문제는 신앙적으로 살지 못하는데 있습니다. 우리는 "신앙적으로 하지 않아도 모든 것이 다 잘 되더라. 신앙적으로 하니 잘 되지도 않고, 어렵고 고생만 되더라"는 생각을 철저히 경계해야 합니다. 지금은 혼란이 오는 것 같고, 믿음으로 하는 것이 어리석고 미련하고 손해보는 것 같아도 결국은 하나님께서 다 말씀의 원리대로 하신다는 것이 성경의 가르침입니다. 결국 믿음으로 한 사람은 축복을 받고 불신앙으로 한 사람은 실패하고 만다는 것이 하나님의 공의요, 성경의 원리입니다.

우리가 지금은 손해를 보고 어려움을 당하는 것 같아도 영원히 승리하는 믿음의 길, 즉 하나님만을 경외하고 하나님의 말씀대로만 순종하는 성도가 됩시다.

③ 헛된 것을 좇지 말라고 합니다.

"돌이켜 유익하게도 못하며 구원하지도 못하는 헛된 것을 좇지 말라 그들은 헛되니라"(12:21)

'헛된 것'은 소용없는 우상(useless idols)을 말합니다. 그것들은 유익하게도 못하며 구원하지도 못하는 것입니다. '유익하게도'는 경제적으로 이득을 가져다 주지 못하는 것을 말하며, '구원하지도'란 정치적·영적으로 환난에서 벗어나게 해 주지 못하는 것을 말합니다. 헛된 것이나 생명력도 없이 허공을 치는 것을 좇지 말라는 말입니다. '돌이켜'란 말은 '떠나다, 제거하다, 옮기다'란 의미로, 적극적·전인격적·의지적으로 우상에서 떠나 헛된 것에서 옮기라는 말입니다.

오늘날 이 헛된 것을 좇아 사는 사람들이 너무나 많습니다. 우리는 여기서 떠나야 합니다. 여호와 하나님만이 생명이요, 구원이요, 구원의 뿌리이십니다. 하나님보다 더 의지하는 것은 다 우상입니다. 그것은 다 헛된 것입니다. 경제적으로나 영적으로 전혀 유익이 없습니다.

4) 위로와 소망의 메시지를 주었습니다

① 하나님은 자기 백성을 버리지 않으십니다.

"여호와께서는 너희로 자기 백성 삼으신 것을 기뻐하신 고로 그 크신 이름을 인하여 자기 백성을 버리지 아니하실 것이요"(12:22)

그 이유는 기쁘신 뜻대로 자기 백성으로 삼으셨기 때문입니다. 이스라엘을 선택하신 것은 하나님의 주권적인 의지로 된 것입니다. 그러므로 그의 백성을 버리지 않으실 것입니다. 비록 이스라엘이 범죄함으로 하나님의 심판을 받아 멸망당해 포로로 끌려가더라도 완전히 멸망한 것이 아니라, 결국은 남은 자를 통하여 하나님의 구원역사는 이루어 가신다는 말씀입니다. 택한 백성은 결코 버리지 않으시고 반드시 구원하십니다.

하나님은 이스라엘을 '내 백성'이라고 하셨습니다. 우리의 소유주는 하나님이십니다. 우리 주님은 선택받은 백성을 '내 양'이라고 하셨습니다. "도적이 오는 것은 도적질하고 죽이고 멸망시키려는 것 뿐이요 내가 온 것은 양으로 생명을 얻게 하고 더 풍성히 얻게 하려는 것이라"(요 10:10), "도적이 오는 것은 도적질하고 죽이고 멸망시키려는 것 뿐이요 내가 온 것은 양으로 생명을 얻게 하고 더 풍성히 얻게 하려는 것이라 나는 선한 목자라 선한 목자는 양들을 위하여 목숨을 버리거니와 삯군은 목자도 아니요 양도 제 양이 아니라 이리가 오는 것을 보면 양을 버리고 달아나나니 이리가 양을 늑탈하고 또 헤치느니라"(요 10:10-12), "내가 저희에게 영생을 주노니 영원히 멸망치 아니할 터이요 또 저희를 내 손에서 빼앗을 자가 없느니라 저희를 주신 내 아버지는 만유보다 크시매 아무도 아버지 손에서 빼앗을 수 없느니라"(요 10:28-29)

애굽에 열 가지 재앙을 내려 구원해 주셨고, 광야에서는 만나와 메추라기, 구름기둥과 불기둥, 반석에서는 생수가 나게 하심으로 인도하셨습니다. 광야 40년 간 신발과 옷이 해어지지 않도록 인도하셨으며, 가나안 정복을 완수케 하셨습니다.

② 기도하기를 쉬는 죄를 범하지 않겠다고 했습니다.

"나는 너희를 위하여 기도하기를 쉬는 죄를 여호와 앞에 결단코 범치 아니하고 선하고 의로운 도로 너희를 가르칠 것인즉"(12:23)

이 말은 백성의 선지자로서 중보기도를 쉬는 것은 죄라는 말입니다. 중보기도를 게을리 하는 것도 역시 죄입니다. 사무엘은 백성들을 위해 자신이 계속 기도할 것을 약속했습니다. 사무엘은 기도의 사람이었습니다. 사무엘은 어머니 한나가 서원기도로 낳은 아들로 어릴 때부터 하나님의 전에서 기도하며 자랐습니다. 성장해서도 미스바의 기도를 비롯하여 백성들과 하나님의 영광을 위해 기도하는 삶을 살았습니다.

이스라엘에는 사무엘이라는 기도의 후원자가 있었습니다. 기도의 후원자가 있다는 것은 얼마나 든든하고 큰 축복인지 모릅니다. 가장 좋은 기도의 후원자로는 부모가 있습니다. 군 입대를 한 아들을 위해, 유학이나 멀리 출타한 자녀를 위해 부모가 기도해야 합니다. 아내, 또는 남편이 있습니다. 항해나 출장 중인 남편을 위해 기도해야 합니다. 기도의 후원자를 두는 것은 큰 축복입니다.

선교사를 위해서도 공·사석에서 기도해야 합니다. 그들은 우리의 기도를 필요로 하기 때문입니다. 우리가 그들의 기도 후원자가 되어야 합니다.

③ 하나님의 선하고 의로운 도로 가르칠 것입니다.

"선하고 의로운 도로 너희를 가르칠 것인즉"(12:23)

하나님의 율법은 선하고 의로운 것입니다. '도(דרך, 테레크)'는 '행실, 도리' 라는 뜻입니다. 사무엘은 이스라엘을 하나님의 말씀을 통하여 영적·도덕적으로 올바른 길로 인도하겠다는 말입니다. 즉 신앙교육을 계속하겠다는 말입니다. 비록 사무엘이 공직에서 물러나도 이스라엘을 위한 중보기도와 하나님의 말씀으로 믿음 안에서 살도록 하는 일은 계속 하겠다는 말입니다. 이스라엘의 새 왕 사울은 왕으로 취임했으나 영적 지도자가 아니므로 그도 사무엘의 지도를 받아야 합니다. 그러므로 사무엘은 사사의 직을 물러나 정치에서는 떠나지만 신앙교육은 계속 하겠다는 의지를 보여 주고 있습니다.

영적 지도는 아주 중요합니다. 정치인도 권세가도 영적 지도를 받아야 합니다. 하나님의 말씀으로 가르침을 받아야 합니다. 지도자는 자신이 먼저 하나님의 신령한 은혜를 받아 진리를 깨달아야 합니다. 그러기 위해 늘 기도와 묵상을 하고, 연구하는 것을 생활화해야 합니다. 그리고 말씀을 신실하게 바르게 가르쳐야 합니다. 그때 성도들은 '아멘' 하고 받아 들여야 합니다. 이때 복이 됩니다.

④ 마지막 부탁

"너희는 여호와께서 너희를 위하여 행하신 그 큰 일을 생각하여 오직 그를 경외하며 너희의 마음을 다하여 진실히 섬기라"(12:24)

하나님을 경외하라고 부탁했습니다. 이유는,

ⓐ 하나님이 행하신 큰 일이 있기 때문입니다. 하나님의 구원역사와

지금까지 베푸신 큰 은혜가 있기 때문입니다. 우리도 큰 은혜를 받은 자들입니다. 구원의 은혜와 지금까지 우리에게 베푸신 은혜가 얼마나 많습니까? 지금도 시시 때때로 우리에게 은혜를 베푸십니다. 이것을 잊으면 안됩니다.

ⓑ 오직 그를 경외함으로 진실하게 섬겨야 합니다. 우리가 하나님을 섬기는 태도는 오직 경외하며 진실함입니다. 그분은 큰 은혜를 베푸신 하나님이시기 때문입니다. 하나님 외에 다른 우상을 섬기면 안됩니다. 세상의 왕이나 권세자들을 의지하거나 섬겨도 안됩니다. 이것은 패역이요 하나님을 무시하는 행위입니다. 그러므로 우리는 한눈을 팔지 말고 오직 주님을 의지해야 합니다. 오직 여호와의 얼굴을 바라보아야 합니다. 하나님을 진실히 섬겨야 합니다. 진실히 섬기는 것은 말씀대로 섬기는 것입니다. 말씀에 인색하면 안됩니다. 말씀에 100% 순종해야 합니다.

이스라엘 백성들은 요단강을 건널 때 100% 하나님의 말씀에 순종하여 강이 갈라지는 기적을 체험했습니다. 또한 여리고 성을 무너뜨릴 때도 하나님의 말씀에 100% 순종하여 하루에 한 바퀴씩 돌다가 마지막 일곱째 날에는 일곱 바퀴를 돌고 크게 소리를 질렀습니다. 하나님이 말씀하신 그대로 순종할 때 여리고 성이 무너졌고 승리를 맛보았습니다. 그러나 아이 성 전투에서는 불순종함으로 패배를 경험해야만 했습니다. 하나님의 말씀에 불순종하여 아간이 물건을 훔쳐 감추어 두는 범죄 때문에 패배한 것입니다.

ⓒ 악을 행하면 망하기 때문입니다.

"만일 너희가 여전히 악을 행하면 너희와 너희 왕이 다 멸망하리라" (12:25)

왕을 구한 것 자체가 죄악입니다. 하나님의 통치를 무시한 패역입니다. '앞으로도 왕을 구하는 것처럼 여호와를 경외하지 않고 헛된 우상을 좇으면 그것은 다 악이다. 그 결과는 너희와 너희 왕 모두가 다 멸망하게 될 것이다. 왕이 너희를 구해 줄 자가 아니다. 오직 하나님만이 너희를 보호하시고 적들로부터 구원해 주실 것이다. 그러므로 오직 여호와의 말씀에 순종하느냐 불순종하느냐에 달렸다'고 경고합니다. 이스라엘은 오직 하나님을 전적으로 의지해야 함을 가르치고 있습니다. 그렇지 않으면 멸망하고 맙니다.

한 농부가 있었습니다. 늙어 병으로 죽게 되었을 때 그의 소원은 오직 하나뿐, 아들들이 땀방울의 가치를 깨닫는 훌륭한 농부가 되는 것이었습니다. 임종시간이 다가오자 아들들을 한 자리에 불러놓고 말했습니다. "지금까지 아무에게도 얘기하지 않은 비밀이 있다. 일생을 땅과 더불어 살아 온 나는 몇 년 전에 바다에서 값진 보물을 발견했단다. 그 보물을 너희들에게 물려주려고 포도원에 묻어 두었으니 내가 죽거든 그 보물을 꼭 찾아라." 얼마 후 아버지는 세상을 떠났고, 아들들은 아버지의 유언대로 포도밭의 여기저기를 파헤치며 보물찾기에 여념이 없었습니다. 그러나 아무리 찾아도 숨겨진 보물은 나타나지 않았습니다. 내심 실망했으나 이미 시작된 포도원 농사가 너무 바빠서 일에만 열중했습니다. 추수 때가 되었는데 전에 없던 대풍작이었습니다. 주렁주렁 매달린 포도송이를 따던 아들들은 그때야 아버지가 남긴 유언의 의미를 깨닫게 되었습니다. 노력해서 얻은 열매가 참된 보물이라는 것을….

사무엘의 고별설교는 한 마디로 여호와 하나님을 경외하고 섬기며 그의 명령에 순종할 것을 당부하는 내용입니다. 우리는 하나님의 말쓴대로 살면서 주님을 경배하고, 예배드리기를 힘쓰며, 지상명령인 선교에 힘을 다해 순종해야 합니다. 그때 반드시 하나님께서 예비하신 값비싼 보물을 축복으로 소유하게 될 것입니다. 아멘.

¹사울이 왕이 될 때에 사십 세라 그가 이스라엘을 다스린지 이 년에 ²이스라엘 사람 삼천을 택하여 그 중에서 이천은 자기와 함께 믹마스와 벧엘산에 있게 하고 일천은 요나단과 함께 베냐민 기브아에 있게 하고 남은 백성은 각기 장막으로 보내니라 ³요나단이 게바에 있는 블레셋 사람의 수비대를 치매 블레셋 사람이 이를 들은지라 사울이 온 땅에 나팔을 불어 이르되 히브리 사람들은 들으라 하니 ⁴온 이스라엘이 사울의 블레셋 사람의 수비대를 친 것과 이스라엘이 블레셋 사람의 가증히 여김이 되었다 함을 듣고 길갈로 모여 사울을 좇으니라 ⁵블레셋 사람이 이스라엘과 싸우려 하여 모였는데 병거가 삼만이요 마병이 육천이요 백성은 해변의 모래 같이 많더라 그들이 올라와서 벧아웬 동편 믹마스에 진 치매 ⁶이스라엘 사람들이 위급함을 보고 절박하여 굴과 수풀과 바위틈과 은밀한 곳과 웅덩이에 숨으며 ⁷어떤 히브리 사람들은 요단을 건너 갓과 길르앗 땅으로 가되 사울은 아직 길갈에 있고 그를 좇은 모든 백성은 떨더라 ⁸사울이 사무엘의 정한 기한대로 이레를 기다리되 사무엘이 길갈로 오지 아니하매 백성이 사울에게서 흩어지는지라 ⁹사울이 가로되 번제와 화목제물을 이리로 가져 오라 하여 번제를 드렸더니 ¹⁰번제 드리기를 필하자 사무엘이 온지라 사울이 나가 맞으며 문안하매 ¹¹사무엘이 가로되 왕의 행한 것이 무엇이뇨 사울이 가로되 백성은 나에게서 흩어지고 당신은 정한 날 안에 오지 아니하고 블레셋 사람은 믹마스에 모였음을 내가 보았으므로 ¹²이에 내가 이르기를 블레셋 사람은 나를 치러 길갈로 내려오겠거늘 내가 여호와께 은혜를 간구치 못하였다 하고 부득이 하여 번제를 드렸나이다 ¹³사무엘이 사울에게 이르되 왕이 망령되이 행하였도다 왕이 왕의 하나님 여호와께서 왕에게 명하신 명령을 지키지 아니하였도다 그리하였더면 여호와께서 이스라엘 위에 왕의 나라를 영영히 세우셨을 것이어늘 ¹⁴지금은 왕의 나라가 길지 못할 것이라 여호와께서 왕에게 명하신 바를 왕이 지키지 아니하였으므로 여호와께서 그 마음에 맞는 사람을 구하여 그 백성의 지도자를 삼으셨느니라 하고

(사무엘상 13:1-14)

11
사울의 첫 번째 실패

이스라엘의 초대 왕으로 재위한 사울은 출발부터 백성들의 불신앙

으로 시작되었습니다. 하나님 대신 세상의 왕을 요구하며 하나님의 권위를 무시하는 잘못된 시작이었습니다. 결국 왕으로 취임했지만 얼마 가지 못해 문제가 발생하게 됩니다. 사울의 불신앙으로 인한 첫 번째 실패입니다.

1. 사울의 불신앙적 행위의 배경

"사울이 왕이 될 때에 사십 세라 그가 이스라엘을 다스린 지 이 년에 이스라엘 사람 삼천을 택하여 그 중에서 이천은 자기와 함께 믹마스와 벧엘산에 있게 하고 일천은 요나단과 함께 베냐민 기브아에 있게 하고 남은 백성은 각기 장막으로 보내니라 요나단이 게바에 있는 블레셋 사람의 수비대를 치매 블레셋 사람이 이를 들은지라 사울이 온 땅에 나팔을 불어 이르되 히브리 사람들은 들으라 하니 온 이스라엘이 사울의 블레셋 사람의 수비대를 친 것과 이스라엘이 블레셋 사람의 가증히 여김이 되었다 함을 듣고 길갈로 모여 사울을 좇으니라 블레셋 사람이 이스라엘과 싸우려 하여 모였는데 병거가 삼만이요 마병이 육천이요 백성은 해변의 모래 같이 많더라 그들이 올라와서 벧아웬 동편 믹마스에 진 치매 이스라엘 사람들이 위급함을 보고 절박하여 굴과 수풀과 바위틈과 은밀한 곳과 웅덩이에 숨으며 어떤 히브리 사람들은 요단을 건너 갓과 길르앗 땅으로 가되 사울은 아직 길갈에 있고 그를 좇은 모든 백성은 떨더라 사울이 사무엘의 정한 기한대로 이레를 기다리되 사무엘이 길갈로 오지 아니하매 백성이 사울에게서 흩어지는지라"(13:1-8)

사울이 이스라엘을 다스린 지 2년이 된 이 때는 이스라엘이 아직 완전한 조직 체계를 갖추지 못했음을 알 수 있습니다(13:1). 그러나 이 때에도 약 3천 명 가량의 상비군이 조직되었습니다. 요나단의 수비대가 이스라엘 영토 깊숙이 있는 블레셋의 수비대를 쳤습니다(13:3). 이것은 블레셋이 사사건건 이스라엘을 간섭하고 억압했다는 증거입니다. 그래서 요나단의 군대가 블레셋을 공격하여 거의 전멸시켰는데 이 소식을 블레셋이 들었습니다. 블레셋을 습격한 소식이 보고되었다는 말입니다. 사울은 온 땅에 나팔을 불어 군대를 소집했습니다. 이 나팔 소리는 전쟁에서의 승리를 선포하며 군대를 재 소집하기 위한 것입니다. 결국 두 나라 사이에 전쟁이 일어났습니다.

　이스라엘이 블레셋 사람의 가증히 여김이 되었습니다(13:4). 즉 이스라엘이 블레셋 수비대를 친 것은 블레셋을 향한 전면전을 선포하는 항거로 보아 블레셋의 증오의 대상이 되었다는 말입니다. 그래서 서로 군대를 소집했습니다. 그런데 이스라엘은 겁을 먹고 숨기 시작했고(13:6), 모든 백성은 떨었습니다(13:7). 블레셋 군대의 위용을 본 이스라엘 군대가 두려움에 떨기 시작한 것입니다. 사무엘이 오지 않자 백성들은 흩어지기 시작했습니다(13:8). 여기서 '정한 기한'이란 말은 히브리어 원어 성경에는 없으며, 번역자가 '칠십인 역'과 '갈대아 역'의 영향을 받아 삽입한 것입니다. 사무엘이 약속된 시간에 오지 않았다고 했지만 사무엘이 온다고 한 이레의 날이 아직 다 지난 것이 아닙니다. 그러므로 사무엘이 약속을 어긴 것이 아니라, 사울 자신이 스스로 판단하여 제사를 지낸 시점보다 늦게 왔다는 말입니다. 사무엘이 늦게 오자 두려움에 사로잡혀 백성들이 흩어지기 시작했습니다. 이 형편을 본 사울이 초조해지자 불신앙으로 월권을 하기에 이르렀습니다.

2. 사울의 불신앙적 월권 행위

사울의 불신앙적인 월권 행위는 무엇입니까?

1) 자신의 주도로 번제를 드린 것입니다

"사울이 가로되 번제와 화목 제물을 이리로 가져 오라 하여 번제를 드렸더니"(13:9)

이 '번제(עלה, 올라)'와 '화목제(שלם, 셀렘)' 앞에 각각 정관사(the, ה, 하)가 붙어 있습니다. 이것은 그 제사, 즉 사무엘이 드리도록 되어 있는 제사를 말합니다. 그런데 사울이 제사를 드렸다는 것은 사울 자신이 스스로 제사장 역할을 했다는 것이 아닙니다. 이때 제사는 엘리의 증손자 아히멜렉에 의해서 시행된 것으로 봅니다(21:1; 2:9-10).

사실 사울이 제사를 드렸다는 그 자체로는 아무런 하자가 없습니다. 다만 문제되는 것은, 그 제사는 성격상 사무엘에 의해 드려져야만 하는데 사무엘 외에 다른 사람이 대충 드렸다는데 문제의 심각성이 있습니다. 결국 사울의 행위는 여호와의 선지자의 권위를 경솔히 취급한 것인 동시에 하나님의 뜻을 저버린 망령된 일이었습니다. 여기서 번제는 하나님께 대하여 헌신을 다짐하는 제사인 동시에, 자신들의 거룩성을 유지하기 위하여 드리는 제사입니다(7:9-10). 그리고 화목 제물은 백성들이 하나님과의 화목과 친교를 도모하기 위하여 드리는 제사 제물입니다.

따라서 지금 이스라엘이 블레셋과의 전쟁을 앞두고 하나님께 드리는 제사는 거룩한 성전(聖戰)입니다. 이것은 아주 중요한 의미를 가집니다. 그렇다면 이 거룩한 성전(聖戰)을 앞두고 드리는 중요한 제사는 선지자 사무엘에 의하여 드려지는 것이 마땅합니다. 그런데 사울은 이 중요성을 무시하고 그 철칙을 깨뜨린 것입니다.

2) 사울의 잘못은 인본주의 사고 때문에 왔습니다

"이에 내가 이르기를 블레셋 사람은 나를 치러 길갈로 내려오겠거늘 내가 여호와께 은혜를 간구치 못하였다 하고 부득이 하여 번제를 드렸나이다"(13:12)

'부득이 하여 번제를 드렸나이다'(I felt compelled to offer the burnt offering.) 이것은 믿음이 없는 행위입니다. 7일을 기다렸으나 사무엘은 오지 않고(13:8), 전쟁 상황은 급박하게 돌아가고(13:11), 백성들은 도망가자(13:11), 사울이 보기에 너무 다급해서 죄악을 범하고 말았다는 것입니다. 자신의 생각이나 입장에서 볼 때 어떻게 할 수가 없어서 부득이 하여 번제를 드렸다는 것입니다. 문제는 신앙의 눈으로 보지 않고 불신앙의 눈으로 보았다는 것입니다. 하나님 중심의 신본주의가 아니라 사람 중심의 인본주의였습니다. 우리가 범죄나 실수를 할 때는 신본주의가 아닌 인본주의가 앞설 때입니다.

아나니아와 삽비라가 재산을 팔아서 반은 집에 감추고 나머지 반을 교회에 바쳤습니다. 재산의 반을 바친 것은 아주 귀한 일이지만 다 바쳤다고 거짓말을 한 것이 문제입니다. 왜냐하면 사람들의 칭찬과 명예를 얻기 위해 인본주의 생각에서 성령을 속였기 때문입니다. 결국 신본주의가 아닌 인본주의의 결과였습니다.

부자 청년이 심히 근심하여 돌아갔습니다. 그것은 영원한 생명보다는 지금 자기가 가지고 있는 이 세상의 부귀영화와 물질이 더 소중하고 아까웠기 때문입니다. 즉 하나님 중심으로 생각하지 않고 사람 중심으로 생각했다는 것입니다.

　우리는 이 청년을 욕할 수 있겠습니까? 우리 신앙의 현 주소는 어떠한가 생각해 보아야 합니다. 우리는 '영생을 택할 것인가? 아니면 현실의 부귀와 물질을 택할 것인가?' 즉 '하나님 중심의 신본주의냐, 아니면 나 중심의 인본주의냐?'를 잘 생각해 보아야 합니다.

　사울은 자기 입장에서만 본 인본주의 생각에 사로 잡혀 범죄하고 말았습니다. 우리는 인본주의를 경계해야 합니다. 신앙생활과 교회 봉사, 우리의 가정생활, 부부 사이, 성도와의 교제에서도 인본주의를 경계해야 합니다.

　우리는 어떠한 어려움이 오더라도 오직 하나님 중심인 신본주의로 살아가는 성도가 됩시다.

3) 사울의 월권 행위는 교만에서 왔습니다

　자신의 왕권으로 제사장권을 무시하고 제사장직에 도전한 것입니다. 사무엘이 오지 않자 자신의 주도로 제사를 드려도 된다는 제사장직에 대한 무시와 업신여김은 바로 교만입니다. 직책을 남용하여 하나님의 명령을 무시하고 불순종한 행위는 그의 교만에서 나온 것입니다. 교만과 불신앙은 항상 상관관계가 있습니다.

　이런 사건이 웃시야 왕 때에도 있었습니다. 웃시야 왕이 교만하여 제사장이 드려야 할 제사를 지낸 것은 제사장직을 무시한 행위입니다. 결국 하나님의 명령을 무시하고 하나님께 도전한 것이 됩니다. 이것은 '내가 왕인데 제사장이 드리는 제사쯤이야 내가 못 드리겠는가?' 하는 교만에서 나온 것입니다. 그 결과 그는 하나님의 진노로 문둥병이 발하여 죽을 때까지 별궁에서 유배생활을 해야만 했습니다.

어느 교회의 똑똑한 장로님 한 분이 그 교회 전도사의 설교가 마음에 들지 않아 어느 날 설교를 자청했습니다. 그런데 예배시간이 지나도록 장로님이 나타나지 않았습니다. 사연을 알고 보니 '설교쯤이야' 하고 큰 소리를 쳤지만 시간이 갈수록 설교준비가 더욱 힘들었고, 예배시간은 다가오는데 그만 둘 수도 더 진행할 수도 없어 결국 도망갔다고 합니다.

우리는 누구나 은혜를 사모하지만 그 방법이 잘못되면 안됩니다. 영적 질서를 지키고 말씀대로 행해야 바른 은혜를 받을 수 있습니다. 하나님께 드리는 제사는 제사장이 드려야 은혜가 됩니다. 이것이 하나님의 법입니다.

기독교 윤리는 중요합니다. 먼저 목적이 선하고 방법과 결과도 선해야 합니다. 사울이 제사를 드린 자체는 선하다고 볼 수 있을지 모르나 그 방법은 잘못되었습니다. 왕권으로 제사장직을 무시한 교만 때문에 실패한 것입니다. 권력을 가진 자, 지식이 있는 자, 돈을 가진 자들은 교만하기 쉽습니다. 이때 대부분 범죄하게 되므로 조심해야 합니다.

우리는 하나님은 교만한 자를 대적하시고 겸손한 자에게 은혜를 주신다는 것을 기억하고, 항상 전능하신 하나님 앞에 겸손히 살아 약속하신 주님의 은혜를 받는 성도가 됩시다.

4) 사울의 월권 행위는 끝까지 기다리지 못한데서 왔습니다

"번제 드리기를 필하자 사무엘이 온지라 사울이 나가 맞으며 문안하매"(13:10)

사무엘은 해지기 전에 도착했습니다. 그러므로 사울은 사무엘이 올 때까지 기다렸어야 함에도 불구하고, 기다리지 못하고 성급하게 제사를 드리고 말았습니다. 사울이 제사를 드리고 나자 사무엘이 도착했습니다. 약속 시간의 끝에 사무엘이 도착한 것입니다. 사무엘은 약속을 지켰습니다. 잘못은 끝까지 기다리지 못한 사울에게 있습니다. 조금만 더 기다렸으면 되는데 그는 마지막까지 기다리지 못해 범죄하고 말았습니다.

우리의 신앙생활에도 기다리지 못함으로 실수하는 경우가 많습니다. 그러므로 우리는 하나님의 약속은 반드시 이루어진다는 것을 믿고 끝까지 기다려야 합니다.

어느 남편이 40년 동안 낚시에만 매달리자 부인이 기다리지 못하고 가출을 했습니다. 그 후 그 강태공이 임금의 부름을 받아 재상이 되자 부인은 후회했습니다. 기다렸으면 재상의 부인이 될 수 있었습니다.

일제시대에 신사참배 반대로 감옥에 갇힌 성도들 중에는 갖은 고문과 어려움을 참고 견디다가 해방을 불과 며칠 앞두고 굴복한 사람들이 있었습니다. 얼마나 원통한 일입니까? 조금만 더 참았으면 될텐데 그들은 끝까지 기다리지 못했기 때문에 실패한 것입니다.

로마제국 시대에 신앙의 절개를 지키며 순교의 제물로 사형 당하던 10명의 사람들이 있었습니다. 그들은 얼음 구덩이 속에서 죽임을 당하는 형벌을 받았습니다. 그러나 그들은 끝까지 믿음을 포기하지 않겠다는 각오를 했고, 사형 집행관이었던 파수병들은 모닥불을 피워놓고 지켜보았습니다. 그때 얼음 구덩이 속에서 순교의 제물로 죽어가는 사람들의 머리에 면류관을 씌워주려고 하늘에서 천사들이 내려왔습니다. 그 순간 죽어가던 사람들 중 한 명은 도저히 견딜 수가 없어서 예수 믿는 것을 포기하겠다고 소리쳤습니다. 그러자 열 명 중 아홉 명의 머리에는 면류관을 씌웠고, 한 천사는 면류관을 들고 하늘로 올라

갈 수밖에 없었습니다. 이 광경을 바라보던 한 파수병이 뛰어가서 '저 사람 대신 내가 순교하겠다'고 소리치며 예수 그리스도를 구주로 고백했습니다. 그러자 군인들은 그 사람을 얼음 구덩이에 던졌습니다. 하늘로 올라가던 한 천사가 다시 내려와 그 사람의 머리 위에 면류관을 씌어주었습니다. 조금만 더 참았더라면 최후의 승리자가 되어 면류관을 얻었을 것입니다. 그러나 그는 끝까지 참지 못하여 실패하고 말았습니다. 최후의 승리자는 끝까지 참는 사람입니다.

1. 낮에나 밤에나 눈물 머금고 내 주님 오시기만 고대합니다
   가실 때 다시 오마 하신 예수님 오 주여 언제나 오시렵니까
2. 고적하고 쓸쓸한 빈 들판에서 희미한 등불만 밝히어 놓고
   오실 줄만 고대하고 기다리오니 오 주여 언제나 오시렵니까
3. 먼 하늘 이상한 구름만 떠도 행여나 내 주님 오시는가 해
   머리 들고 멀리멀리 바라보는 맘 오 주여 언제나 오시렵니까
4. 내 주님 자비한 손을 붙잡고 면류관을 벗어들고 찬송 부르면
   주님 계신 그곳에 가고 싶어요 오 주여 언제나 오시렵니까
5. 신부 되는 교회가 흰옷을 입고 기름 준비 다 해놓고 기다리오니
   도적 같이 오시마고 하신 예수님 오 주여 언제나 오시렵니까
6. 천년을 하루 같이 기다린 주님 내 영혼 당하는 것 볼 수 없어서
   이 시간도 기다리고 계신 내 주님 오 주여 이 시간에 오시옵소서

3. 사울의 잘못은 끝까지 회개하지 않은 것입니다

사울은 자기의 잘못에 대하여 솔직히 회개했어야 했습니다. 그런데

사울은 오히려 변명만 하고 있습니다. 변명하는 것은 옳지 않습니다. 백성들은 다 흩어지고, 당신은 오지 않고, 적은 믹마스에 모여 전쟁 준비를 해 놓았고, 그래서 부득이 하여 제사를 드렸다고 변명했습니다. 마치 사무엘이 일찍 오지 않았다고 책임 추궁이라도 하는 듯 했습니다. 이것은 잘못된 태도입니다. 차라리 자기의 잘못을 솔직히 인정하고 회개하는 것이 옳았습니다. 십자가의 길, 구원의 길은 고백하고 회개하며 자복하는 것입니다. 미스바 제단에서 회개하고 자복할 때 대승리를 얻었습니다. 베드로가 자신의 잘못을 고백할 때 다시 사도직을 회복했습니다.

사울과 다윗의 차이점은 무엇입니까? 그들은 모두 하나님 앞에서 죄를 지었다는 공통점을 가지고 있습니다. 그러나 사울은 변명하며 회개하지 않은 반면, 다윗은 나단 선지자가 자신의 잘못을 지적할 때 하나님 앞에서 철저히 회개했다는 점입니다. 그 결과 회개하지 않은 사울은 하나님 앞에서 버림을 받았지만 회개한 다윗은 더욱 귀하게 쓰임받았습니다.

우리는 사울처럼 잘못하고 실패했을 때 변명하지 말고, 곧장 회개하여 하나님의 용서와 쓰임을 받는 성도가 됩시다.

4. 범죄한 사울에 대한 사무엘의 정죄

"사무엘이 사울에게 이르되 왕이 망령되이 행하였도다 왕이 왕의 하나님 여호와께서 왕에게 명하신 명령을 지키지 아니하였도다 그리하였더면 여호와께서 이스라엘 위에 왕의 나라를 영영히 세우셨을 것이어늘 지금은 왕의 나라가 길지 못할 것이라 여호와께서 왕에게 명하신 바를 왕이 지키지 아니하였으므로 여호와께서 그 마음에 맞는 사람을 구하여 그 백성의 지도자를 삼으셨느니라"(13:13-14)

1) 망령되이 행하였습니다

'망령되이(סכל, 사칼)'는 '어리석다, 악하다'란 뜻으로 사울이 매우 어리석고도 사악한 죄를 지었음을 의미합니다. 하나님의 영광과 주권을 침범했다는 뜻입니다. 하나님께서 제사장에게 주신 그 권한을 침범했으니 크게 잘못한 것입니다. '왕의 나라가 길지 못할 것이라'는 말은 사울의 왕권이 당대로 끝날 것이라는 말입니다. 그 이유는 왕이 하나님의 명령을 지키지 않았기 때문입니다. 그러므로 우리는 어떠한 경우라도 하나님의 명령을 최고의 권위로 인정하고 순종해야 합니다. 웃사도 망령되이 하나님의 언약궤에 손을 대어 죽임을 당했습니다.

마틴 루터(Martin Luther)와 웜스(Worms)는 국회의 종교개혁 신앙을 포기하라는 위협 앞에서도 이렇게 외쳤습니다. "나는 그리할 수 없다. 포기 할 수 없다. 오, 주여. 나를 도우소서. 내가 여기 섰나이다."

2) 하나님의 마음에 맞는 자를 구하여 백성의 지도자로 삼을 것입니다

"지금은 왕의 나라가 길지 못할 것이라 여호와께서 왕에게 명하신 바를 왕이 지키지 아니하였으므로 여호와께서 그 마음에 맞는 사람을 구하여 그 백성의 지도자를 삼으셨느니라"(13:14)

'마음에 맞는 사람'은 사울처럼 사람들의 요구에 의해서가 아니라 하나님의 뜻 가운데서 합당한 사람을 세울 것을 의미합니다. 여기의 새로운 지도자는 다윗을 말합니다. 그는 하나님의 마음에 합당한 사람이었습니다. 하나님께서 사울을 이스라엘의 초대 왕으로 세우셨지만 불순종과 교만으로 인하여 왕권을 빼앗기고 맙니다. 이것은 왕으로서 하나님 나라를 위한 거룩한 봉사직을 빼앗긴 것입니다. 이스라엘을 위한 왕의 직분은 아무에게나 주어지는 것이 아닙니다. 왕권은 하나님의 영광과 그의 백성을 위해서 봉사하라고 주어지는 것입니다. 얼마나 영광스러운 직분입니까? 그러나 그는 불순종함으로 그의 영광스런 봉사직은 중단되고 하나님의 마음에 합한 다윗에게로 넘어가고 말았습니다. 하나님 앞에서 받은 직분을 소홀히 여긴 사울은 왕직이 당대로 끝났지만, 하나님을 사랑하고 순종한 다윗은 자손 대대로 하나님의 축복을 받아 왕통을 이어갔습니다.

우리가 하나님과 그의 교회와 백성을 위한 봉사의 직분을 맡은 것이 얼마나 영광스럽고 아름다운지 모릅니다. 우리는 우리에게 주어진 직분에 감사할 줄 알아야 합니다. 하나님이 세우신 교회의 직분은 세상의 것과 다릅니다. 세상에서는 열심히 일하면 명예와 인정도 따르게 되고 그에 합당한 수입도 있습니다. 그러나 하나님의 교회를 위한 봉사는 희생하는 것입니다. 교회의 모든 직분자는 봉사자들입니다. 시간을 내어 봉사하고, 수고하고, 물질도 투자합니다. 그런데 이 섬김에 기쁨이 있습니다. 그것은 나를 위하여 십자가를 지시고 피 흘리신 주님의 사랑에 감격해서 하기 때문입니다. 죄인을 구원해 주신 것도 감사한데, 부족하고 허물 많은 우리에게 귀한 직분을 주셔서 주님을 섬기며 교회를 위해 봉사할 수 있는 기회를 주셨으니 감사한 것입니다. 그래서 일하면서 감사하고 수고하면서 감격해 하는 것입니다. 이 십자가의 기쁨과 봉사가 없으면 불평과 짜증과 원망이 나오게 됩니다.

교회를 위해서 봉사할 때 불평과 짜증이 나면 우리 자신이 주님의 사랑과 은혜에서 멀어졌음을 깨달아야 합니다. 이것이 계속 된다면 아직 직분자로서의 자격과 주님의 영광스러운 봉사직을 감당할 준비가 부족한 것으로 생각해야 합니다. 그리고 겸손히 주님 앞에 엎드려 성령께서 도와주시기를 기도해야 합니다. 우리 교회는 이러한 기쁨과 감사함으로 섬기는 봉사자들이 많아야겠고, 우리 자신들이 이 영광스럽고 아름다운 봉사의 직분을 맡는 성도가 되기를 소망합시다.

　사울의 첫 번째 실패를 통해 우리는 어떤 상황에서도 하나님의 말씀을 지켜야 한다는 것을 배웠습니다. 인본주의로 하지말고 신본주의로 하고, 교만하지 말고 겸손히 하고, 끝까지 인내하며 말씀을 지키고, 변명하지 말고 곧장 회개합시다. 그래서 하나님 앞에서 영광스런 봉사자의 직분을 받아 귀하게 쓰임 받는 성도가 됩시다. 아멘.

¹하루는 사울의 아들 요나단이 자기 병기를 든 소년에게 이르되 우리가 건너편 블레셋 사람의 부대에게로 건너가자 하고 그 아비에게는 고하지 아니하였더라 ²사울이 기브아 변경 미그론에 있는 석류나무 아래 머물렀고 함께 한 백성은 육백 명 가량이며 ³아히야는 에봇을 입고 거기 있었으니 그는 이가봇의 형제 아히둡의 아들이요 비느하스의 손자요 실로에서 여호와의 제사장이 되었던 엘리의 증손이었더라 백성은 요나단의 간 줄을 알지 못하니라 ⁴요나단이 블레셋 사람의 부대에게로 건너가려 하는 어귀 사이 이편에도 험한 바위가 있고 저편에도 험한 바위가 있는데 하나의 이름은 보세스요 하나의 이름은 세네라 ⁵한 바위는 북에서 믹마스 앞에 일어섰고 하나는 남에서 게바 앞에 일어섰더라 ⁶요나단이 자기 병기 든 소년에게 이르되 우리가 이 할례 없는 자들의 부대에게로 건너가자 여호와께서 우리를 위하여 일하실까 하노라 여호와의 구원은 사람의 많고 적음에 달리지 아니하였느니라 ⁷병기 든 자가 그에게 이르되 당신의 마음에 있는 대로 다 행하여 앞서 가소서 내가 당신과 마음을 같이 하여 따르리이다 ⁸요나단이 가로되 보라 우리가 그 사람들에게로 건너가서 그들에게 보이리니 ⁹그들이 만일 이같이 우리에게 이르기를 우리가 너희에게로 가기를 기다리라 하면 우리는 우리 곳에 가만히 서서 그들에게 올라가지 말 것이요 ¹⁰그들이 만일 이같이 말하기를 우리에게로 올라 오라 하면 우리가 올라 갈 것은 여호와께서 그들을 우리 손에 붙이셨음이니 이것이 우리에게 표징이 되리라 하고 ¹¹둘이 다 블레셋 사람의 부대에게 보이매 블레셋 사람이 가로되 보라 히브리 사람이 그 숨었던 구멍에서 나온다 하고 ¹²그 부대 사람들이 요나단과 그 병기 든 자를 대하여 가로되 우리에게로 올라 오라 너희에게 한 일을 보이리라 한지라 요나단이 자기 병기 든 자에게 이르되 나를 따라 올라 오라 여호와께서 그들을 이스라엘의 손에 붙이셨느니라 하고 ¹³요나단이 손발로 붙잡고 올라갔고 그 병기 든 자도 따랐더라 블레셋 사람들이 요나단 앞에서 엎드러지매 병기 든 자가 따라가며 죽였으니 ¹⁴요나단과 그 병기 든 자가 반일경 지단 안에서 처음으로 도륙한 자가 이십인 가량이라 ¹⁵들에 있는 진과 모든 백성 중에 떨림이 일어났고 부대와 노략꾼들도 떨었으며 땅도 진동하였으니 이는 큰 떨림이었더라

(사무엘상 14:1-15)

12
요나단의 승리 1

사울의 아들 요나단은 용감하고 믿음도 좋았습니다. 아버지 사울은 전황이 불리해지자 인간적인 생각으로 사무엘이 도착하기도 전에 제사를 드림으로 제사장의 직무를 범하는 죄를 지었으며, 적군에 대한 아무런 대응책도 없었습니다. 반면 요나단은 아주 적극적으로 하나님을 믿는 믿음으로 행했습니다. 요나단은 부하 한 명을 데리고 블레셋을 향하여 진군하여 승리를 거두었습니다. 이스라엘은 위기에 빠져 있고, 왕 사울은 무기력한 상태에서 아무 것도 못하고 있을 때 요나단이 나라를 구한 것입니다.

1. 요나단의 승리는 하나님을 온전히 믿는 믿음의 승리였습니다

"하루는 사울의 아들 요나단이 자기 병기를 든 소년에게 이르되 우리가 건너편 블레셋 사람의 부대에게로 건너가자 하고 그 아비에게는 고하지 아니하였더라"(14:1)

'병기를 든 소년(the young man that bare one's armour)'은 단순히 비서직 이상의 역할을 한 중요한 신분임을 알 수 있습니다. 요나단이 아버지에게 고하지 않고 병기를 든 소년만 데리고 갔습니다. 그것은 만약 소심한 성격의 아버지 사울이 알면 블레셋을 공격하지 못하도록 했을 것이 분명하고, 기습작전의 성공을 위해 비밀 유지가 필요했기 때문입니다. 특공대 작전에서 가장 중요한 것이 비밀 유지입니다. 사실 사울에게는 600명 정도의 군사 밖에 없습니다(14:2). 블레셋 대군에 비하면 보잘것없는 군대입니다.

사울의 옆에는 제사장 아히야(여호와의 형제)가 에봇을 입고 있었습니다(14:13). 에봇은 대제사장이 대 속죄일에 지성소에 들어갈 때(레 16:4)와 하나님께 특별한 뜻을 물을 때 착용한 특수한 예의적인 의복이었습니다(출 28:6-14). 그러므로 에봇을 입고 있었다는 것은 아히야가 대제사장의 역할을 하면서 사울의 곁에서 우림과 둠밈을 가지고 하나님의 뜻을 물으려 했던 것으로 봅니다. 그러나 하나님은 그에게 응답하지 않으셨습니다. 이것은 아무리 형식을 갖추어도 믿음이 없는 사람에게는 응답하지 않고, 그의 예배도 받지 않으신다는 것을 알 수 있습니다.

제사장과 에봇이 옆에 있어 제사도 드릴 수 있었고 하나님의 뜻을 물을 수 있는 우림과 둠밈도 있었습니다. 그러나 사울에게는 가장 중요한 믿음이 없었습니다. 여기에는 하나님이 응답하시지 않습니다. 우리 하나님께서 가장 소중하게 보시는 것은 바로 믿음입니다. 믿음으로 우리가 구원을 받았고 믿음으로 은혜도 받았습니다. 하나님은 우리의 행위를 보고 구원하신 것이 아닙니다. 우리의 어떤 공로나 선행도 없습니다. 다만 날 위해 십자가를 지시고 피 흘리신 예수 그리스도를 믿음으로 죄 용서함을 받아 하나님의 자녀가 되었고, 믿음으로 기도할 때 응답을 받습니다. 우리 주님이 가장 소중히 여기시는 것은 믿음입니다. 믿음으로 예배드리고, 기도하고, 전도하고, 헌금하고, 봉사하고, 구제하고, 사랑해야 합니다.

요나단 앞에 큰 바위가 가로막고 있었습니다(14:4). 이 바위의 이름이 '보세스'와 '세네'입니다. '보세스(בוצץ)'는 '빛나다, 미끄럽다', '세네(סנה)'는 '아카시아, 가시덤불'이라는 뜻입니다. 이것을 보면 블레셋 군대가 주둔하고 있는 곳이 가파르고 뾰족한 바위와 절벽으로 형성된 험준한 산악지대임을 알 수 있습니다.

1) 요나단은 믿음의 결단을 했습니다

요나단은 산세가 험하다 해서 물러서지 않았습니다.

"요나단이 자기 병기 든 소년에게 이르되 우리가 이 할례 없는 자들의 부대에게로 건너가자 여호와께서 우리를 위하여 일하실까 하노라 여호와의 구원은 사람의 많고 적음에 달리지 아니하였느니라"(14:6)

요나단은 승리를 확신했습니다. '이 할례 없는 자들'이란 하나님과의 언약이 없는 이방 민족을 가리키는 말입니다. '여호와께서 우리를 위하여 일하실까 하노라'란 말은 하나님께서 반드시 우리를 도우실 것이라는 확신에 찬 말입니다. 요나단은 하나님께서 이스라엘을 위하여 싸우실 것을 믿었습니다. 그래서 그는 여호와의 구원은 사람의 많고 적음에 달린 것이 아니라고 했습니다. 승리의 관건은 군사의 다수나 우열에 있지 않고, 오직 여호와 하나님의 도우심의 여하에 달렸음을 요나단은 믿었습니다.

그렇습니다. 지금 두 사람이 수많은 블레셋 군대와 겨루어 싸운다는 것은 상대가 안됩니다. 그러나 요나단은 여호와 하나님께서 도우시면 능히 이길 수 있다는 확신이 있었습니다. 이것이 신앙입니다. 사울 왕은 불신앙인이었으나 그의 아들 요나단은 믿음의 사람이었습니다. 그는 나라를 사랑했고, 아버지를 사랑했고, 무엇 보다도 하나님을 사랑했습니다.

　지금 나라가 어려운 지경에 있습니다. 누군가가 돌파구를 열어야 합니다. 이때 요나단이 앞장서서 나라를 위해 싸우러 나갔습니다. 그러나 그는 자신의 힘을 의지하지 않고 하나님의 도우심을 바라보며 담대하게 믿음으로 나갔습니다. 이것이 요나단의 믿음입니다. 결국 요나단은 아버지를 돕기 위해 생명을 걸고 싸워 자신의 가정과 나라를 지킨 자가 되었습니다.

　나라가 어려울 때 나라를 위한 신앙인들이 필요합니다. 요나단처럼 적군을 향해 담대히 나아가는 용기와 다윗처럼 거장 골리앗을 무찌르기 위해 싸우러 가는 용기가 필요하고, 사무엘처럼 나라가 위기에 빠졌을 때 기도하는 사람도 필요합니다. 에스더와 모르드개처럼 나라를 위해서 죽으면 죽으리라는 각오로 금식기도를 하며, 베옷을 입고 하나님 앞에 기도하고 왕 앞에 담대히 나가는 믿음의 사람이 필요합니다. 그리고 모세처럼 하나님 앞에 백성들을 위해 자신의 목숨을 거는 믿음의 사람도 필요합니다.

　교회에도 신앙의 사람이 필요합니다. 어두운 시절에 실로의 제단을 지켰던 어린 사무엘이 있어야 합니다. 갈멜산에서 무너진 여호와의 제단을 수축하고, 거짓 신 바알에 대항하여 여호와의 이름을 위해 목숨을 걸고 기도하며 싸웠던 엘리야와 같은 신앙인이 있어야 합니다. 헤롯 왕의 부정과 불의를 지적하고 순교한 세례 요한이 있어야 합니다. 메시아의 오심을 기다리며 평생 성전을 떠나지 않고 기도한 안나와 시므온과 같은 경건한 기도의 사람들이 있어야 합니다. 예수님의 지상명령을 이루기 위해 자신들의 생명을 걸고 복음을 외친 사도들과 같은 믿음의 사람이 있어야 합니다. 종교의 암흑시대에 오직 성경을 외치면서 종교개혁의 횃불을 높이 든 종들이 계속 나와야 합니다. 신사참배를 반대하며 온갖 고난을 이기고 승리한 믿음의 사람들처럼, 진리를 파수하며 교회를 지키는 일꾼들이 나와야 합니다.

오늘날에도 하나님의 교회는 이런 신실한 종들이 필요합니다. 교회를 위해 밤낮으로 시간을 정해서 기도하는 사람들이 많이 나와야 합니다. 진리를 파수하기 위해 자신의 것을 희생할 줄 아는 사람들이 있어야 합니다. 하나님의 나라를 위해 하나님께서 우리에게 맡겨주신 물질을 믿음으로 바치는 일꾼들도 많아야 합니다. 복음 전도와 교회를 위해 희생하고 봉사하며 섬기는 일꾼들도 많아야 합니다.

요나단은 오직 하나님을 의지하고 그분의 도우심을 믿고 일어났습니다. 사울은 하나님께 대하여 마음이 닫혔으나 요나단은 열려 있었습니다. 사울은 회개하지 않고 계속 범죄했으나 요나단은 온전히 하나님을 의지했습니다. 사울은 자기 자신의 것에만 급급했으나 요나단은 하나님의 영광을 위한 뜨거운 열정이 있었습니다. 이것이 요나단의 승리의 비결입니다.

우리도 요나단처럼 하나님을 향하여 마음이 활짝 열리고 하나님을 위한 뜨거운 열정을 가진 믿음의 사람들이 됩시다.

2) 신앙과 이성의 조화가 있었습니다

요나단은 여호와를 전적으로 의지하는 신앙을 가진 동시에 그 신앙을 지혜롭게 행동으로 옮길 수 있는 이성을 가졌습니다.

"요나단이 가로되 보라 우리가 그 사람들에게로 건너가서 그들에게 보이리니 그들이 만일 이같이 우리에게 이르기를 우리가 너희에게로 가기를 기다리라 하면 우리는 우리 곳에 가만히 서서 그들에게로 올라가지 말 것이요 그들이 만일 이같이 말하기를 우리에게로 올라 오라 하면 우리가 올라 갈 것은 여호와께서 그들을 우리 손에 붙이셨음이니 이것이 우리에게 표징이 되리라 하고 둘이 다 블레셋 사람의 부대에게 보이매 블레셋 사람이 가로되 보라 히브리 사람이 그 숨었던 구멍에서 나온다 하고 그 부대 사람들이 요나단과 그 병기 든 자를 대하여 가로되 우리에게로 올라 오라 너희에게 한 일을 보이리라 한지라 요나단이 자기 병기 든 자에게 이르되 나를 따라 올라 오라 여호와께서 그들을 이스라엘의 손에 붙이셨느니라"(14:8-12)

요나단이 자신의 몸을 노출시킨 것은 하나님을 시험하려는 것이 아니라 블레셋과의 전투에 대한 하나님의 뜻을 물으려고 한 것입니다. 첫 번째는 블레셋 사람들이 내려오는 경우인데(14:9), 이것은 블레셋 사람들이 전쟁에서 적극적으로 이기려는 마음이 있어 내려온다고 볼 수 있습니다. 이때 블레셋은 전공(戰功)을 세우려고 용감하게 달려들 것이므로 이런 경우에는 그들에게로 올라가지 말자는 것입니다. 아주 지혜로운 생각입니다. 두 번째는 블레셋 사람들이 요나단을 향해서 자기들에게로 올라 오라는 경우입니다(4:10). 이것은 싸울 의욕이 없다는 뜻이므로 이때는 올라가면 이길 수 있다는 말입니다. 왜냐하면 여호와께서 그들을 우리 손에 붙이신 표징이 될 것이기 때문입니다. 이 전쟁은 하나님을 위한 거룩한 전쟁, 즉 성전(聖戰)이었음을 보여 줍니다. 여호와께서 우리 손에 붙이셨다는 것은 전쟁은 여호와께 속한 것임을 가르쳐 줍니다.

요나단의 승리는 하나님께 대한 그의 뜨거운 신앙과 이성적인 판단의 조화였습니다. 요나단은 자신의 용기만 믿었다거나 하나님을 맹목적으로 믿고 무모하게 나가는 사람도 아니었습니다. 아버지 사울은 하나님의 뜻을 기다리지 않고 인본주의적으로 처리했습니다. 그러나 그는 하나님께서 도와주시면 반드시 승리할 것을 믿으면서 하나님의 뜻을 찾았습니다. 하나님께서 이 전쟁을 기뻐하시는지를 확인한 후 믿음과 확신을 가지고 나갔습니다. 우리는 이 요나단의 신앙 자세를 본받아야 합니다.

그리고 행동에 옮겼습니다. "둘이 다 블레셋 사람의 부대에게 보이매 블레셋 사람이 가로되 보라 히브리 사람이 그 숨었던 구멍에서 나온다 하고 그 부대 사람들이 요나단과 그 병기 든 자를 대하여 가로되 우리에게로 올라 오라 너희에게 한 일을 보이리라 한지라 요나단이 자기 병기 든 자에게 이르되 나를 따라 올라 오라 여호와께서 그들을 이스라엘의 손에 붙이셨느니라"(14:11-12)

두 번째 징조를 보이신 것입니다. 요나단은 하나님의 도우심으로 승리할 것을 확신하고 주저함 없이 용감하게 올라갔습니다. 요나단의 신앙고백을 봅시다. "나를 따라 올라 오라 여호와께서 그들을 이스라엘의 손에 붙이셨느니라"(4:12) 요나단은 하나님의 도우심을 믿고 보세스의 절벽을 타고 올라갔습니다. 일단 하나님의 뜻을 확신한 후에는 그대로 믿고 순종했습니다.

많은 사람들은 하나님께 기도하여 주의 인도하심과 뜻을 구합니다. 그런데 하나님께서 보여 주시고 확신을 주시면 순종해야 하는데 계속 머뭇거리고 주저하는 경우가 종종 있습니다. 이것은 올바른 신앙인의 자세가 아닙니다.

어떤 성도가 하나님의 은혜를 어떤 방법으로 감사할까 기도했습니다. 그리고 하나님 나라를 위해서 집을 바쳐야겠다는 생각을 하고 저에게 의논하러 왔습니다. 저는 기도하면서 결정하라고 권면했습니다.

시간이 한참 지난 후에 다시 연락이 왔습니다. 모든 것이 하나님의 것이고, 처음부터 하나님께 바치려고 결심했던 마음은 변함이 없다고 했습니다. 그리고 우리 교회에서 세계 선교를 위한 비전을 가지고 있으니 선교를 위해 바치고 싶다고 했습니다. 그 성도는 하나님의 뜻을 확신한 후 바로 행동으로 옮겼습니다.

우리가 하나님의 뜻을 모를 때는 기도하면서 기다려야 합니다. 그러나 하나님께서 분명히 보여 주시고, 깨닫게 하시고, 확신을 주실 때는 주저하지 말고 순종해야 합니다. 여기에 승리가 있고 하나님의 축복이 있습니다.

믿음의 사람들은 하나님의 뜻을 알기 위해 기도한 후 그 뜻을 확신한 후에는 주저하지 않고 담대하게 결단을 내렸습니다. 모세도 처음에는 사양하다가 결단을 내린 후에는 헌신하여 위대한 성공자가 되었습니다. 다니엘과 세 친구도 식물의 시험과, 풀무불의 시험과, 사자굴 속의 시험에서도 하나님께서 구해주실 것을 확신했고 결국 승리했습니다. 에스더 역시 금식기도 후에 죽으면 죽으리라는 결단을 내리고 왕께로 나아가 승리했습니다. 결국 그들은 성공적인 삶을 살았습니다.

우리도 하나님 앞에 주의 뜻을 구한 후 확신이 오면 주저하지 말고, 담대하게 순종함으로 하나님의 약속을 소유하는 성도가 됩시다.

3) 큰 성과를 얻었습니다

요나단이 올라갔습니다.

"요나단이 손발로 붙잡고 올라갔고 그 병기 든 자도 따랐더라 블레셋 사람들이 요나단 앞에서 엎드러지매 병기 든 자가 따라가며 죽였으니 요나단과 그 병기 든 자가 반일경 지단 안에서 처음으로 도륙한 자가 이십인 가량이라 들에 있는 진과 모든 백성 중에 떨림이 일어났고 부대와 노략꾼들도 떨었으며 땅도 진동하였으니 이는 큰 떨림이었더라"(14:13-15)

그 결과는 승리였습니다. 믿음으로 한 결과가 좋았습니다. 블레셋 사람들이 엎드러졌습니다(14:13). 요나단의 민첩한 공격에 방심하고 있던 적군들이 쓰러졌습니다. 병기 든 자가 따라가며 죽였다는 것은 다시 살아나지 못하도록 완전히 죽인 것을 말합니다. 요나단의 칼에 의해 부상당한 자들을 확인 사살한 것입니다. '반일경 지단 안에서' 란 말은 대략 1/2 에이커로(약 2,300㎡) 전방 수비대를 공격하여 단 시간 내에 공격한 것을 말합니다. '떨림이 일어났고' 란 심리적으로 '공포심'(הרד, 하라드)이 일어났다는 말입니다. 그리고 '땅도 진동하였으니' 란 지진이 일어난 것을 말하는데 이것은 하나님의 역사임을 알 수 있습니다. '이는 큰 떨림이었더라' 가 원문에는 '하나님의 큰 떨림이었더라' 로 되어 있습니다. 결국 하나님께서 요나단을 도우셔서 블레셋 진영에 지진을 일으키셨다는 말입니다. 하나님은 거룩한 성전(聖戰)을 치르실 때 지진을 일으켜서라도 믿음의 사람 요나단을 도와 그의 백성 이스라엘에 은혜를 베푸셨습니다.

우리는 이 본문에서 요나단이 전적으로 하나님을 의지하고 믿음으로 행할 때 하나님께서 그를 도우셨음을 알 수 있습니다.

하나님은 우리가 믿음으로 행할 때 도우십니다. 전적으로 하나님을 온전히 의지하고 순종할 때 승리를 주십니다. 하나님의 영광을 위하여 거룩한 성전(聖戰)을 할 때 주님은 특별한 방법을 동원해서라도 도우시는 하나님이십니다. 아멘.

⁶요나단이 자기 병기 든 소년에게 이르되 우리가 이 할례 없는 자들의 부대에게로 건너가자 여호와께서 우리를 위하여 일하실까 하노라 여호와의 구원은 사람의 많고 적음에 달리지 아니하였느니라 ⁷병기 든 자가 그에게 이르되 당신의 마음에 있는 대로 다 행하여 앞서 가소서 내가 당신과 마음을 같이하여 따르리이다 ⁸요나단이 가로되 보라 우리가 그 사람들에게로 건너가서 그들에게 보이리니 ⁹그들이 만일 이같이 우리에게 이르기를 우리가 너희에게로 가기를 기다리라 하면 우리는 우리 곳에 가만히 서서 그들에게로 올라가지 말 것이요 ¹⁰그들이 만일 이같이 말하기를 우리에게로 올라 오라 하면 우리가 올라 갈 것은 여호와께서 그들을 우리 손에 붙이셨음이니 이것이 우리에게 표징이 되리라 하고 ¹¹둘이 다 블레셋 사람의 부대에게 보이매 블레셋 사람이 가로되 보라 히브리 사람이 그 숨었던 구멍에서 나온다 하고 ¹²그 부대 사람들이 요나단과 그 병기 든 자를 대하여 가로되 우리에게로 올라 오라 너희에게 한 일을 보이리라 한지라 요나단이 자기 병기 든 자에게 이르되 나를 따라 올라 오라 여호와께서 그들을 이스라엘의 손에 붙이셨느니라 하고 ¹³요나단이 손발로 붙잡고 올라갔고 그 병기 든 자도 따랐더라 블레셋 사람들이 요나단 앞에서 엎드러지매 병기 든 자가 따라가며 죽였으니 ¹⁴요나단과 그 병기 든 자가 반일경 지단 안에서 처음으로 도륙한 자가 이십인 가량이라 ¹⁵들에 있는 진과 모든 백성 중에 떨림이 일어났고 부대와 노략꾼들도 떨었으며 땅도 진동하였으니 이는 큰 떨림이었더라

(사무엘상 14:6-15)

13 요나단의 승리 2

사울의 아들 요나단이 블레셋을 물리치고 승리를 거두었습니다.

1. 요나단의 승리는 하나님을 온전히 믿는 믿음의 승리였습니다

요나단의 믿음의 승리는 오직 여호와를 믿는 믿음으로 승리했습니다.

2. 요나단의 승리에는 좋은 믿음의 동역자가 있었습니다

"병기 든 자가 그에게 이르되 당신의 마음에 있는 대로 다 행하여 앞서 가소서 내가 당신과 마음을 같이하여 따르리이다"(14:7)

'병기를 든 자'는 요나단의 좋은 동역자였습니다. '앞서 가소서(שׁלח, 나샤라크)'는 '기우는 대로 행하소서'라는 말입니다. 요나단의 병기 든 자는 생명을 걸고 주인을 후원했습니다. 요나단의 부하의 태도에서 우리가 어떻게 주님을 섬겨야 하는가를 배울 수 있습니다.

1) 전적으로 후원해야 합니다

요나단의 병기든 자도 자신의 생명이 아깝고 소중하다는 것과, 요나단이 혼자 험한 곳으로 올라가서 블레셋 사람과 전투를 한다는 것이 무모하다는 것을 잘 알고 있었을 것입니다. 그러나 그는 주인이 하는 일에 자신의 생명을 걸고 전적으로 후원하며 따랐습니다. 전적으로 밀어주고 따르는 것이 주의 일을 하는 성도의 자세입니다.

하나님의 사명을 받은 사람은 오직 주님의 영광을 위해 달려야 합니다. 그리고 종을 후원하는 성도가 있어야 합니다. 요나단은 하나님의 이름과 그의 영광을 위하여, 그리고 이스라엘을 위하여 목숨을 걸고 적군을 물리치려고 나섰습니다. 여기에 그의 병기든 부하가 그 뒤를 따르며 전적으로 후원했습니다. 하나님의 복음을 들고나선 전도자들과 선교사들은 오직 하나님을 바라보고 용감하게 믿음으로 전진해야 합니다. 우리 성도들은 이런 종들을 전적으로 후원해야 합니다.

먼저 가족들이 전심으로 협력해야 합니다. 특히 부인들이 전적으로 후원하고 헌신하며 따라야 합니다. 일선의 선교사들은 헌신적으로 일하고 싶고, 주님과 원주민들을 위해 생명도 바치고 싶으나 부인들이 협조를 하지 않아 그만 두는 경우가 많습니다. 미국으로 가자, 더 좋은 나라로 가자, 한국으로 돌아가자며 고집하면 결국 선교의 꿈은 포기할 수밖에 없습니다. 또 자녀들이 협조해야 합니다. 하나님의 부르심을 받은 가정임을 알고 아버지의 일에 적극적으로 후원해야 합니다. 여기에 반항하고 비협조적이면 하나님의 역사는 더 이상 나타나지 않습니다. 성도들도 복음을 전하는 종들을 적극적으로 후원하고 협조해야 합니다. 하나님으로부터 사명을 받아 나가는 사람을 밀어주고 격려하고 후원해야만 자신이 은혜를 받고, 교회에 유익이 되며, 하나님의 영광이 나타나게 됩니다. 의욕을 꺾는다든지 사사건건 시비하면 안됩니다.

① 먼저 기도의 후원자가 되어야 합니다.

기도의 후원이야말로 가장 큰 힘이 됩니다. 기도하면 관심을 가지게 되고 마음과 사랑이 가기 마련입니다. 가장 큰 선물은 주의 종을 위해 기도하는 것입니다. 기도 후원자가 있다는 것은 놀라운 축복임엔 틀림이 없습니다. 믿음의 사도 바울도 기도를 부탁했습니다. 주의 종들을 위한 기도 후원자가 되는 것은 중요합니다. 동시에 성도들 서로 간에도 기도의 후원자가 필요합니다.

② 주를 위한 물질의 후원자가 되어야 합니다.

마리아처럼 옥합을 깨뜨려 주님의 장사를 예비하는 헌신이 있어야 합니다. 바나바는 자신의 재산을 교회에 바쳤습니다. 루디아는 복음을 전하는 사도 바울을 위해 자기의 집을 내놓고 침식을 제공했습니다.

주님과 교회를 위해, 그리고 복음을 전하는 주의 종들을 위해 후원하는 것은 아름다운 일인 동시에 하나님의 약속과 축복을 받는 길입니다.

2) 전적으로 순종해야 합니다

요나단의 병기 든 자는 자신의 생명을 걸고 요나단을 따랐습니다. 요나단이 올라가자 할 때 전적으로 순종하며 따랐습니다. 주님을 따르는 우리는 주님과 복음을 위해 전적으로 순종해야 합니다.

다윗에게는 전적으로 순종하는 세 장군이 있었습니다. 전쟁 중에 다윗이 "베들레헴 성문 곁 우물물을 누가 나로 마시게 할꼬"(삼하 23:15) 하자, 그의 충성스런 세 용사들이 일어나 말을 달려 생명을 걸고 블레셋 군대의 죽음을 통과하여 우물물을 길어 왔습니다. 너무도 감격한 다윗은 그 물을 여호와께 부어드리며, "여호와여 내가 결단코 이런 일을 하지 아니하리이다 생명을 돌아보지 아니하고 갔던 사람들의 피니이다"(삼하 23:6) 하고 마시기를 즐겨하지 않았습니다. 이것이 충성입니다. 우리는 다윗의 세 용사를 통하여 전적 순종이 무엇이며, 아름다운 충성이 무엇인가를 배울 수 있습니다.

주의 교회에도 이런 충성스런 종들이 필요하고, 주의 종들에게도 이런 충성스런 후원자들이 필요합니다. 우리 선교사들에게도 충성스런 순종이 필요합니다. 우리는 주님의 뜻이라면, 주님의 영광과 교회를 위한 일이라면 전적으로 순종하는 성도가 되어야 합니다.

예수님은 제자들을 향하여 "나를 따라 오너라 내가 너희로 사람을 낚는 어부가 되게 하리라"고 하셨습니다. 제자들은 아비와 집과 배와 그물을 버리고 순종함으로 주님을 따랐습니다. 주님의 제자는 주님을 따르며 주님을 배우는 자입니다. 어디까지 순종하며 따라야 합니까? 영광의 자리가 아니라 고난의 자리, 십자가의 자리까지 따라야 합니다. 우리는 이끄는 자리가 아니라 따르는 자입니다. 명령하는 자가 아니라 순종하는 자입니다. 장소를 구분하면서 취사 선택하는 자가 아닙니다. '저는 그곳은 절대 가지 못하겠습니다' 가 아니라 어디든지 주님이 명령하시면 그곳으로 가는 자입니다.

선교사들도 한 곳에서 사역이 끝나면 다른 곳으로 옮겨야 합니다. 주님이 원하시는 사역지가 나타나면 언제든지 떠나야 합니다. 선교사들도 선교 본부에서 명령하면 그대로 따라야 합니다. 오직 순종만이 필요합니다. 전적으로 순종하는 자는 "부름 받아 나선 이 몸 어디든지 가겠습니다. 소돔 같은 거리나 아골 골짜기에도 가겠습니다. 복음을 위해서라면 어디든지 가겠습니다." 하고 순종하며 따르는 자입니다.

우리 모두 주님의 뜻에 따라 '주여, 따르리이다. 주여, 나를 보내소서' 라고 고백하며 전적으로 순종하는 성도가 됩시다.

3) 요나단과 그의 병기든 자가 일치 단결했습니다

요나단이 올라가자 할 때 병기 든 자가 함께 올라갔습니다. 요나단이 앞에서 적군을 치면 그는 뒤를 따르며 적군을 쓰러뜨렸습니다. 한 마음으로 단합된 것입니다.

 아브라함의 특공대 318명도 아브라함의 말에 전적으로 순종하며 모두가 한 마음으로 단결했기 때문에 대군을 물리칠 수 있었습니다. 기드온의 특공대 300명도 마찬가지입니다. 그들은 기드온의 지시대로 한 마음으로 단결하여 앞을 향해서 나갔습니다. 그들은 여호와 하나님을 온전히 믿고 지도자 기드온의 명령에 따라 일치 단결하여 미디안 대군을 물리칠 수 있었습니다. 여리고 성을 함락시킬 때도 이스라엘은 모두 하나로 단결했습니다. 여호수아를 중심으로 모든 제사장들과 백성의 장로들, 노인들, 젊은이들, 어린 아이들까지 모두가 한 마음이었습니다. 얼마나 우스운 작전입니까? 6일 동안 하루에 한 바퀴씩 돌다가 마지막 날에는 일곱 바퀴를 돌고 소리를 질렀습니다. 그때 성벽은 무너지고 여리고 성은 점령되었습니다. 여기서 다 같이 한 마음으로 소리를 질렀다는 것이 중요합니다. 그러나 여기까지는 모두가 한 마음이었는데 여리고 성 안에 들어가서 한 사람이 배반했습니다. 아간이 하나님의 명령을 어기고 시날 산 외투 한 벌과 은과 금을 땅속에 숨겼습니다. 이스라엘의 단합을 깬 것입니다. 그 결과 조그만 아이 성 전투에서 패하고 말았습니다. 그를 벌하고 한 마음이 되었을 때 비로소 승리를 얻었습니다.

 우리는 예수 그리스도를 중심으로 하나가 되었습니다. 예수님은 머리요, 우리는 그의 지체들이므로 우리 모두는 하나입니다. 그러므로 모든 성도는 단합해야 하고 한 마음이 되어야 합니다. 같은 사랑으로 같은 마음을 품어야 합니다. 예수 그리스도 안에서 우리는 하나가 되어야 합니다.

 마귀가 노리는 것은 파괴입니다. 마귀는 단결하지 못하도록 온갖 방법을 동원합니다. 그러므로 우리는 성령 안에서 하나가 되어야 합니다. 사랑과 진리 안에서, 십자가와 예수 안에서 하나가 되어야 합니다.

3. 믿음의 사람이 승리합니다

요나단은 승리를 믿었습니다(14:9-12). 블레셋 군대가 자기를 향하여 올라 오라 하면 하나님께서 요나단에게 그들을 붙이신 것으로 생각했습니다. 요나단은 믿음으로 승리를 확신했습니다. 우리에게 이 요나단과 같은 믿음이 필요합니다.

12명의 정탐꾼이 모세의 명령대로 40일간의 가나안 정찰을 마치고 결과를 보고했습니다. 그 중 10명은 부정적으로 보고했습니다. 하나님의 능력을 의심하고 믿지 않았기 때문입니다. 반면 여호수아와 갈렙은 승리를 내다보았습니다. 즉 하나님의 능력과 동행하심을 믿고 승리를 확신했습니다. 결국 그 두 사람은 젖과 꿀이 흐르는 가나안 땅에 들어갈 수 있었습니다.

요나단은 하나님께서 보여 주신 징조를 믿고 싸우러 올라가서 승리를 했습니다. 우리도 요나단과 같이 하나님의 뜻을 묻는 기도가 있어야 합니다. 그리고 기도의 응답을 받았을 때 의심하지 말고 그대로 순종해야 합니다. 다윗은 항상 먼저 주님의 뜻을 묻고, 그리고 확신하고 나갔기 때문에 매번 승리할 수 있었습니다. 기도의 사람은 결국 승리합니다. 기도하지 않은 사울은 처음에는 모든 것이 잘 되는 것 같았으나 나중에는 실패하고 말았습니다. 반면 믿음의 사람 다윗은 고난과 어려움이 계속 되었으나 항상 하나님께 기도하고 하나님의 인도하심을 따르며 순종했을 때 마침내 승리할 수 있었습니다. 기도의 사람은 승리자가 됩니다.

나폴레옹과 넬슨이 마지막 전투를 하게 되었습니다. 그때 넬슨은 목사님을 모시고 갑판에서 하나님께 기도하며 예배를 드렸습니다. 나폴레옹은 "전쟁은 내가 하는 것이지 하나님이 하는 것이 아니다"라고 말했습니다. 결과는 넬슨의 대 승리였습니다.

우리는 마귀와의 영적 전투를 벌이고 있습니다. 선교는 하나님의 복음을 전하여 마귀의 종노릇하는 자들에게 자유와 구원을 주는 것이므로 마귀는 결사 방해하며 시비합니다. 그러나 우리는 전능하신 하나님을 의지하고 기도하여 믿음으로 나가기 때문에 결국 최후의 승리는 우리의 것이 됩니다.

요나단은 "여호와께서 그들을 이스라엘의 손에 붙이셨느니라"(14:12) 하며 확신하고 나가서 승리를 거두었습니다.

우리 하나님은 기도에 응답하시는 하나님이십니다.

4. 전쟁은 여호와께 속한 것입니다

"들에 있는 진과 모든 백성 중에 떨림이 일어났고 부대와 노략꾼들도 떨었으며 땅도 진동하였으니 이는 큰 떨림이었더라"(14:15)

이것은 초자연적인 역사입니다. '큰 떨림'은 히브리어로 '하나님의 떨림'입니다. 하나님께서 땅을 진동시킨 것입니다. 여기에 이길 장사는 없습니다. 블레셋은 모두 공포에 휩싸이고 말았습니다. 심리적으로 이미 위축된 것입니다. 그들은 패배 의식을 가지고 있었습니다.

여리고 성 패망 때에 이미 적군들은 두려워 떨고 있었습니다. 가나안 족속들도 떨었습니다. 두려움에 떠는 그들은 결코 하나님의 백성인 이스라엘의 상대가 될 수 없었습니다. 그들에게 두려움을 주신 분은 하나님이십니다. 전쟁은 하나님께 속한 것입니다.

"요나단이 자기 병기 든 소년에게 이르되 우리가 이 할례 없는 자들의 부대에게로 건너가자 여호와께서 우리를 위하여 일하실까 하노라 여호와의 구원은 사람의 많고 적음에 달리지 아니하였느니라"(14:6) 모든 것을 주관하시는 분은 여호와 하나님이십니다. 하나님께서 승리를 주신 것입니다. 우리는 선교의 전쟁을 시작했습니다. 우리의 승리는 하나님께 달려 있습니다. 주님은 그를 온전히 믿는 자, 기도하는 자에게 승리를 주십니다.

전쟁은 여호와께 속한 것입니다. 우리의 영적 전쟁, 복음 전파의 현장에서 여호와 하나님의 주권적인 도우심으로 요나단과 같이 승리하는 우리 성도와 교회가 됩시다. 아멘.

¹⁶베냐민 기브아에 있는 사울의 파숫군이 바라본즉 허다한 블레셋 사람이 무너져 이리 저리 흩어지더라 ¹⁷사울이 자기와 함께 한 백성에게 이르되 우리에게서 누가 나갔는지 점고하여 보라 하고 점고한즉 요나단과 그의 병기 든 자가 없어졌더라 ¹⁸사울이 아히야에게 이르되 하나님의 궤를 이리로 가져 오라 하니 그 때에 하나님의 궤가 이스라엘 자손과 함께 있음이라 ¹⁹사울이 제사장에게 말할 때에 블레셋 사람의 진에 소동이 점점 더한지라 사울이 제사장에게 이르되 네 손을 거두라 하고 ²⁰사울과 그와 함께 한 모든 백성이 모여 전장에 가서 본즉 블레셋 사람이 각각 칼로 그 동무를 치므로 크게 혼란하였더라 ²¹전에 블레셋 사람과 함께 하던 히브리 사람이 사방에서 블레셋 사람과 함께 와서 진에 들어 왔더니 그들이 돌이켜 사울과 요나단과 함께 한 이스라엘 사람과 합하였고 ²²에브라임 산지에 숨었던 이스라엘 모든 사람도 블레셋 사람의 도망함을 듣고 싸우러 나와서 그들을 추격하였더라 ²³여호와께서 그 날에 이스라엘을 구원하시므로 전쟁이 벧아웬을 지나니라 ²⁴이 날에 이스라엘 백성이 피곤하였으니 이는 사울이 백성에게 맹세시켜 경계하여 이르기를 저녁 곧 내가 내 원수에게 보수하는 때까지 아무 식물이든지 먹는 사람은 저주를 받을지어다 하였음이라 그러므로 백성이 식물을 맛보지 못하고 ²⁵그들이 다 수풀에 들어간즉 땅에 꿀이 있더라 ²⁶백성이 수풀로 들어갈 때에 꿀이 흐르는 것을 보고도 그들이 맹세를 두려워하여 손을 그 입에 대는 자가 없으나 ²⁷요나단은 그 아비가 맹세로 백성에게 명할 때에 듣지 못하였으므로 손에 가진 지팡이 끝을 내밀어 꿀을 찍고 그 손을 돌이켜 입에 대매 눈이 밝아졌더라 ²⁸때에 백성 중 하나가 고하여 가로되 당신의 부친이 맹세로 백성에게 엄히 명하여 말씀하시기를 오늘날 식물을 먹는 사람은 저주를 받을지어다 하셨나이다 그러므로 백성이 피곤하였나이다 ²⁹요나단이 가로되 내 부친이 이 땅으로 곤란케 하셨도다 보라 내가 이 꿀 조금을 맛보고도 내 눈이 이렇게 밝았거든 ³⁰하물며 백성이 오늘 그 대적에게서 탈취하여 얻은 것을 임의로 먹었더면 블레셋 사람을 살륙함이 더욱 많지 아니하였겠느냐 ³¹그 날에 백성이 믹마스에서부터 아얄론에 이르기까지 블레셋 사람을 쳤으므로 그들이 심히 피곤한지라 ³²백성이 이에 탈취한 물건에 달려가서 양과 소와 송아지들을 취하고 그 것을 땅에서 잡아 피 있는 채 먹었더니 ³³무리가 사울에게 고하여 가로되 보소서 백성이 고기를 피 채 먹어 여호와께 범죄하였나이다 사울이 가로되 너희가 무신하게 행하였도다 이제 큰 돌을 내게로 굴려 오라 하고 ³⁴또 가로되 너희는 백성 중에 흩어져 다니며 이르기를 사람은 각기 소와 각기 양을 이리로 끌어다가 잡아먹되 피 있는 채 먹어서 여호와께 범죄하지 말라 하매 그 밤에 모든 백성이 각각 자기의 소를 끌어다가 거기서 잡으니라 ³⁵사울이 여호와를 위하여 단을 쌓았으니 이는 그가 여호와를 위하여 처음 쌓은 단이었더라 ³⁶사울이 가로되 우리가 밤에 블레셋 사람을 쫓아 내려가서 동틀 때까지 그들

중에서 탈취하고 한 사람도 남기지 말자 무리가 가로되 왕의 소견에 좋은 대로 하소서 할 때에 제사장이 가로되 이리로 와서 하나님께로 나아가사이다 하매 ³⁷사울이 하나님께 묻자오되 내가 블레셋 사람을 쫓아 내려가리이까 주께서 그들을 이스라엘의 손에 붙이시겠나이까 하되 그 날에 대답지 아니하시는지라 ³⁸사울이 가로되 너희 백성의 어른들아 다 이리로 오라 오늘 이 죄가 뉘게 있나 알아보자 ³⁹이스라엘을 구원하신 여호와의 사심으로 맹세하노니 내 아들 요나단에게 있다 할지라도 반드시 죽으리라 하되 모든 백성 중 한 사람도 대답지 아니하매 ⁴⁰이에 그가 온 이스라엘에게 이르되 너희는 저편에 있으라 나와 내 아들 요나단은 이편에 있으리라 백성이 사울에게 말하되 왕의 소견에 좋은 대로 하소서 하니라 ⁴¹이에 사울이 이스라엘의 하나님 여호와께 아뢰되 원컨대 실상을 보이소서 하였더니 요나단과 사울이 뽑히고 백성은 면한지라 ⁴²사울이 가로되 나와 내 아들 요나단 사이에 뽑으라 하였더니 요나단이 뽑히니라 ⁴³사울이 요나단에게 가로되 너의 행한 것을 내게 고하라 요나단이 고하여 가로되 내가 다만 내 손에 가진 지팡이 끝으로 꿀을 조금 맛보았을 뿐이오나 내가 죽을 수밖에 없나이다 ⁴⁴사울이 가로되 요나단아 네가 반드시 죽으리라 그렇지 않으면 하나님이 내게 벌을 내리시고 또 내리시기를 원하노라 ⁴⁵백성이 사울에게 말하되 이스라엘에 이 큰 구원을 이룬 요나단이 죽겠나이까 결단코 그렇지 아니하니이다 여호와의 사심으로 맹세하옵나니 그의 머리털 하나도 땅에 떨어지지 아니할 것은 그가 오늘 하나님과 동사하였음이니이다 하여 요나단을 구원하여 죽지 않게 하니라 ⁴⁶사울이 블레셋 사람 따르기를 그치고 올라가매 블레셋 사람이 자기 곳으로 돌아가니라

(사무엘상 14:16-46)

14

요나단과 사울

믿음의 사람 요나단이 자기의 병기든 자 한 명과 함께 블레셋 군대

로 쳐들어가 승리했습니다. 이스라엘은 하나님을 전적으로 의지한 요나단에 의해 승리했으나, 사울의 망령된 맹세로 인해 모든 백성과 그의 아들 요나단이 죽음의 자리에까지 이를 뻔한 일이 있었습니다.

1. 이스라엘의 승리의 원인

하나님의 역사로 인한 것입니다.
"그 부대 사람들이 요나단과 그 병기 든 자를 대하여 가로되 우리에게로 올라 오라 너희에게 한 일을 보이리라 한지라 요나단이 자기 병기 든 자에게 이르되 나를 따라 올라 오라 여호와께서 그들을 이스라엘의 손에 붙이셨느니라"(14:12)

진과 모든 백성들 중에 큰 떨림과(14:15), 서로 싸우는 일이 발생했습니다(14:20). 기드온 특공대의 공격 때에도 미디안 군대 내부에서 서로 죽이는 일이 발생했습니다. 또한 적진들 가운데서도 내란이 발생했습니다(14:21). 징용으로 끌려간 히브리인들로부터 반란이 일어나 좋은 무기를 가진 그들이 사울과 요나단과 함께 한 이스라엘과 합류했습니다. 블레셋 진중에서 반란이 발생한 것은 감당하기 어려웠습니다. 공동체 안에서의 분열은 위험합니다. 하나님의 교회 안에서도 분열이 생기면 안됩니다. 힘이 분산되고 모두가 멸망하게 됩니다. 에브라임 산지에 숨어 있던 사람들도 나와서 합세했습니다. "에브라임 산지에 숨었던 이스라엘 모든 사람도 블레셋 사람의 도망함을 듣고 싸우러 나와서 그들을 추격하였더라"(14:22) 기대하지 않은 후원군이 나타난 것입니다. 이것은 하나님의 도우심이었습니다. 이때 믿음의 사람 요나단이 앞장섰습니다. 하나님의 뜻만 믿고 나가면 반드시 승리할수 있습니다. 요나단은 혼자서 하나님의 이름으로 적군들과 싸워 이겼습니다. 믿음으로 나간 요나단을 하나님께서 도우셨습니다.

반면 사울은 신앙이 갈팡질팡했으며 하나님을 전적으로 의지하지 않았습니다. 하나님의 뜻을 묻기 위해 '하나님의 언약궤를 이리 가져오라' 고 했지만(14:18), 다시 언약궤 운반을 포기했습니다(14:19). '네 손을 거두라' 는 말은 하나님의 뜻을 알기를 포기한다는 말입니다. 블레셋의 패색이 짙어가자 하나님의 뜻을 묻지 말라고 합니다. 전세가 유리할 때는 하나님의 뜻을 물으려 하다가 포기해 버리는 신앙의 변덕스러움을 볼 수 있습니다. 이것이 바로 인본주의요, 비신앙적이요, 영적 무지에서 온 것입니다. 사울은 승리케 하시는 분이 하나님이심을 몰랐습니다.

흔히들 일이 잘 될 때에는 하나님을 잊어버립니다. 그러나 그 때에 더 감사하고 더 간절히 찾아야 합니다. 자신만 의지하면 실패하게 됩니다. 우리는 요나단처럼 하나님을 더욱 의지할 때 적군을 물리칠 수 있음을 믿어야 합니다. 요나단은 하나님의 말씀대로 순종하고 믿음으로 나아가는 자입니다. 전적으로 하나님을 의지하고 나아가는 자에게 하나님의 역사를 체험케 합니다. 아직도 자신의 물질을 의지하고, 인기나 명예를 추구하며, 자신의 영광을 찾는 사람들에게는 하나님의 역사가 함께 할 수 없습니다.

엘리야가 하나님을 의지하고 말씀에 순종하여 그릿 시냇가에 머물 때, 하나님은 까마귀들을 명하여 아침저녁으로 떡과 고기를 공급해 주셨습니다. 또한 사르밧 과부를 통해서도 공궤하게 하셨습니다. 갈멜산에서의 기도의 승리도 전적으로 하나님을 의지한 결과 나타난 역사입니다. 룻 역시 오직 하나님만 의지하고 나오미를 따라 베들레헴으로 왔습니다. 룻은 시어머니 나오미를 모시기 위해 보리추수 때에 이삭을 줍다가 보아스를 만났습니다. 보아스는 다윗의 조상이자 메시아의 조상이 되었습니다. 다윗도 주님만 의지하는 가운데 위대한 믿음의 왕이 되었습니다.

우리가 의지할 것은 사람도 물질도 아닙니다. 오직 하나님만 의지하고 순종하며 나가면 하나님은 모든 환경을 변화시켜서라도 누구를 통해서라도 도우십니다. 대적은 언제나 있기 마련입니다. 그러나 하나님만 전적으로 의지함으로 승리하여 하나님이 함께 하심을 증거하며 영광을 돌리는 성도가 됩시다.

2. 정의의 사도 요나단

1) 부친의 잘못을 지적했습니다

사울이 금식령을 내렸습니다.

"이 날에 이스라엘 백성이 피곤하였으니 이는 사울이 백성에게 맹세시켜 경계하여 이르기를 저녁 곧 내가 내 원수에게 보수하는 때까지 아무 식물이든지 먹는 사람은 저주를 받을지어다 하였음이라"(14:24)

그러나 요나단은 모르고 꿀을 찍어 먹었습니다. "요나단은 그 아비가 맹세로 백성에게 명할 때에 듣지 못하였으므로 손에 가진 지팡이 끝을 내밀어 꿀을 찍고 그 손을 돌이켜 입에 대매 눈이 밝아졌더라"(14:27) 그 후 백성이 요나단에게 다윗의 금식령을 말해 주었습니다.

"때에 백성 중 하나가 고하여 가로되 당신의 부친이 맹세로 백성에게 엄히 명하여 말씀하시기를 오늘날 식물을 먹는 사람은 저주를 받을지어다 하셨나이다 그러므로 백성이 피곤하였나이다"(14:28) 이때 요나단은 사울이 내린 금식령의 잘못을 지적했습니다. "요나단이 가로되 내 부친이 이 땅으로 곤란케 하셨도다 보라 내가 이 꿀 조금을 맛보고도 내 눈이 이렇게 밝았거든 하물며 백성이 오늘 그 대적에게서 탈취하여 얻은 것을 임의로 먹었더면 블레셋 사람을 살륙함이 더욱 많지 아니하였겠느냐"(14:24-30)

요나단의 지적은 논리적이며 옳았습니다. 비록 왕이며 아버지가 잘못을 했더라도 바로 지적한 것은 정의로운 것입니다. 잘못을 지적하기란 어렵습니다. 하물며 부모의 잘못을 지적하기란 더욱 어렵습니다. 그럼에도 정의의 사람은 말해야 합니다.

나단 선지자가 다윗의 범죄를 지적했습니다. 우리아의 아내 밧세바와 간음하고 그것을 감추기 위해 우리아를 전장에서 죽게 한 죄를 지적한 것은 옳은 일입니다. 그러나 나단이 이것을 지적한 것은 목숨을 걸고 한 일입니다. 정치가의 자녀들에게 이런 정의로움이 필요합니다. 목사나 직분자의 자녀들도 진리로 부모를 조언할 수 있어야 합니다.

요나단의 지적은 옳았습니다. 우리는 요나단처럼 진리와 정의의 사람이 되어야 합니다. 사도 베드로의 고백처럼 '사람을 기쁘게 할 것인지 하나님을 기쁘게 할 것인지' 생각해 봐야 합니다. 구름이 태양을 가리워도 태양은 그대로 있습니다. 가리는 것은 위장입니다. 진리는 언제 어디서나 변함이 없습니다. 그러므로 우리는 진리를 외치는 사람이 되어야 합니다.

2) 요난단은 죽음을 따르겠다고 했습니다

사울이 하나님께 기도했으나 응답이 없었습니다.

"사울이 하나님께 묻자오되 내가 블레셋 사람을 쫓아 내려가리이까 주께서 그들을 이스라엘의 손에 붙이시겠나이까 하되 그 날에 대답지 아니하시는지라"(14:37)

사울은 죄를 알고자 했습니다. "사울이 가로되 너희 백성의 어른들아 다 이리로 오라 오늘 이 죄가 뉘게 있나 알아보자 이스라엘을 구원하신 여호와의 사심으로 맹세하노니 내 아들 요나단에게 있다 할지라도 반드시 죽으리라 하되 모든 백성 중 한 사람도 대답지 아니하매"(14:38-39) 비록 '죄인은 내 아들 요나단이라도 죽으리라'고 망령된 맹세를 했습니다. 사실을 알아보지도 않고 경솔하게 맹세하는 것을 삼가해야 합니다. 하나님께 실상을 보여 달라고 했더니 요나단이 뽑혔습니다. "이에 사울이 이스라엘의 하나님 여호와께 아뢰되 원컨대 실상을 보이소서 하였더니 요나단과 사울이 뽑히고 백성은 면한지라 사울이 가로되 나와 내 아들 요나단 사이에 뽑으라 하였더니 요나단이 뽑히니라"(14:41-42) 요나단이 지팡이 끝으로 꿀을 조금 맛보았다고 고백했습니다. "사울이 요나단에게 가로되 너의 행한 것을 내게 고하라 요나단이 고하여 가로되 내가 다만 내 손에 가진 지팡이 끝으로 꿀을 조금 맛보았을 뿐이오나 내가 죽을 수밖에 없나이다"(14:43) 그러나 사울은 '네가 반드시 죽으리라'는 결단 합니다. "사울이 가로되 요나단아 네가 반드시 죽으리라 그렇지 않으면 하나님이 내게 벌을 내리시고 또 내리시기를 원하노라"(14:44) 이때 요나단은 변명하지 않고 아버지의 뜻을 따르겠다고 했습니다.

이것은 사울과 대조가 됩니다. 사울은 언제나 자기의 편리한 대로 행동하고 변명했습니다. 그러나 요나단은 아버지의 뜻이라면 죽음이라도 따르겠다고 말했습니다. 요나단은 순종의 사람입니다. 주의 뜻이라면 자신을 포기하더라도 희생하며 따르겠다고 합니다. 이것이 제자의 자세여야 합니다.

우리에게 하나님의 명령이라면 기꺼이 따르겠다는 자세가 필요합니다. 주님은 말씀하셨습니다. "아무든지 나를 따라오려거든 자기를 부인하고 날마다 제 십자가를 지고 나를 좇을 것이니라"(눅 9:23)

우리는 오직 주님의 말씀에 순종하며 따르는 성도가 됩시다.

3. 진정한 승리자 요나단

"백성이 사울에게 말하되 이스라엘에 이 큰 구원을 이룬 요나단이 죽겠나이까 결단코 그렇지 아니하니이다 여호와의 사심으로 맹세하옵나니 그의 머리털 하나도 땅에 떨어지지 아니할 것은 그가 오늘 하나님과 동사하였음이니이다 하여 요나단을 구원하여 죽지 않게 하니라"(14:45)

백성들이 구명운동을 했습니다. 맹세를 허물자는 것이 아니라 맹세보다 더 중요한 것이 있다는 사실입니다. 그것은 정의입니다. 정의는 맹세 그 이상입니다. 백성들의 요나단 구명운동은 참된 신앙은 죽음에서도 면제된다는 사실을 보여 줍니다. 진정한 승리자는 요나단입니다. 백성들이 그를 구명하여 살렸습니다. 하나님의 역사는 백성들에게 지혜를 주심으로 요나단을 살게 하셨습니다. 백성들이 요나단에게 준 영광은 궁극적으로 하나님께서 요나단에게 주신 영광입니다. 영광은 믿음으로 사는 자가 받습니다. 정의에 살고 진리대로 사는 자가 받습니다.

믿음으로 산 모세는 하나님으로부터 최고의 영광을 받았으며, 믿음의 선지자 사무엘도 이스라엘에서 최고의 존경을 받는 지도자로 세움 받았습니다. 오직 하나님의 뜻대로 산 다윗도 그 누구도 누리지 못한 최고의 축복을 받았습니다.

어느 목사님이 말했습니다. "우리나라 사람들은 유명해지려는 욕망이 매우 강합니다. 그러나 유명해지려고만 할 것이 아니라 모든 일에 충성스럽게 행하면 사람들이 그를 높여 자연적으로 유명해질 것입니다."

영광은 요나단처럼 충성하는 사람, 믿음과 정의의 사람, 하나님의 영광을 위하는 사람, 백성을 위해 봉사하는 사람이 받습니다. 역사상 가장 많은 영광을 받은 사람은 봉사자, 즉 하나님의 영광만을 생각하고 섬긴 사람입니다.

우리는 사울처럼 비신앙인의 자리에 가지 말고, 오직 요나단처럼 하나님을 의지하고 진리를 바로 외치는 참된 영광을 얻는 성도가 됩시다. 아멘.

⁴⁷사울이 이스라엘 왕위에 나아간 후에 사방에 있는 모든 대적 곧 모압과 암몬 자손과 에돔과 소바의 왕들과 블레셋 사람을 쳤는데 향하는 곳마다 이기었고 ⁴⁸용맹 있게 아말렉 사람을 치고 이스라엘을 그 약탈하는 자의 손에서 건졌더라 ⁴⁹사울의 아들은 요나단과 리스위와 말기수아요 그 두 딸의 이름은 이러하니 맏딸의 이름은 메랍이요 작은 딸의 이름은 미갈이며 ⁵⁰사울의 아내의 이름은 아히노암이니 아히마아스의 딸이요 그 군장의 이름은 아브넬이니 사울의 숙부 넬의 아들이며 ⁵¹사울의 아비는 기스요 아브넬의 아비는 넬이니 아비엘의 아들이었더라 ⁵²사울의 사는 날 동안에 블레셋 사람과 큰 싸움이 있었으므로 사울이 힘 있는 자나 용맹 있는 자를 보면 그들을 불러모았더라

(사무엘상 14:47-52)

15 사울의 치적과 가족

성경은 사울 왕에 대해서는 불신앙의 사람으로 아주 부정적으로 기록하고 있습니다. 그러나 그의 통치 기간에 군사적 · 정치적으로 전혀 업적이 없는 것은 아닙니다. 본문에서는 사울이 왕으로 재직할 때 남긴 그의 업적과 가족에 대해 말씀하고 있습니다.

1. 사울의 치적

"사울이 이스라엘 왕위에 나아간 후에 사방에 있는 모든 대적 곧 모

압과 암몬 자손과 에돔과 소바의 왕들과 블레셋 사람을 쳤는데 향하는 곳마다 이기었고 용맹 있게 아말렉 사람을 치고 이스라엘을 그 약탈하는 자의 손에서 건졌더라"(14:47-48)

사울이 비록 불신앙적인 행동은 했으나 전혀 쓸모 없는 사람으로 평가되지는 않았습니다. 그가 개인적인 실수는 여러 번 했지만 성경은 군인·장군으로서 손색이 없는 인물로 묘사하고 있습니다.

1) 사방의 모든 대적을 쳐서 이겼습니다

"사울이 이스라엘 왕위에 나아간 후에 사방에 있는 모든 대적 곧 모압과 암몬 자손과 에돔과 소바의 왕들과 블레셋 사람을 쳤는데 향하는 곳마다 이기었고"(14:47)

길르앗 야베스 전투에서(11:11) 암몬 족속을 꺾은 사울이 공식적으로 왕으로 취임했습니다(11:15). 이제 믹마스 전투에서(14:31) 난적 블레셋의 세력을 꺾음으로써 왕으로서의 통치권을 완전히 확립했습니다. 사방에 있는 모든 대적들은 이스라엘을 중심으로 하여 모압과 암몬은 동편에, 에돔은 남방에, 소바는 북방에, 그리고 블레셋은 이스라엘의 서편에 각각 위치하고 있습니다. 이들은 서로 부족이 연합하여 도시국가를 이루고 있었습니다. 사울은 이 사방의 여러 대적을 쳐서 이겼습니다.

2) 아말렉을 치고 이스라엘을 구원해 냈습니다

"용맹 있게 아말렉 사람을 치고 이스라엘을 그 약탈하는 자의 손에서 건졌더라"(14:48)

아말렉은 이스라엘이 출애굽할 때 방해하던 민족입니다. 이스라엘과 적대 관계에 있는 족속들로서 유목생활을 하는 약탈자들입니다.

사울은 이 약탈자들의 손에서 건져내었습니다. 사울은 이스라엘을 보호하고 나라에 이익을 가져오게 한 사람입니다. 그러므로 사울은 군인·장군으로서 외적인 자격을 갖추어 나름대로 최선을 다한 결과 이스라엘이 승리하고 국가에 유익을 끼친 사람으로 인정할 수 있습니다. 그가 군사적·정치적으로 많은 치적을 남겼음을 알 수 있습니다. 즉 이스라엘에 신정왕국의 기초를 놓는 일에 공헌했다는 사실을 인정하는 것입니다. 성경은 비록 그가 불신앙으로 비극적인 최후를 맞게 되지만, 나름대로 나라를 위해 수고하고 업적을 남겼음을 기록하고 있습니다.

언젠가는 우리의 업적과 우리의 삶에 대한 평가도 기록될 것입니다. 그것은 우리 스스로가 아니라 다른 사람, 즉 후세들에 의해 기록되고 평가될 것입니다. 그 보다 더욱 중요한 것은 역사의 심판자이신 우리 주님께서 우리의 일생을 어떻게 평가하느냐입니다. 우리는 항상 하나님 앞에 설 것을 생각하고 살아가는 지혜로운 믿음의 성도가 되어야 겠습니다.

2. 사울의 가계

이제 사울의 가족에 대한 세부적인 기록이 나옵니다.

"사울의 아들은 요나단과 리스위와 말기수아요 그 두 딸의 이름은 이러하니 맏딸의 이름은 메랍이요 작은 딸의 이름은 미갈이며 사울의 아내의 이름은 아히노암이니 아히마아스의 딸이요 그 군장의 이름은 아브넬이니 사울의 숙부 넬의 아들이며 사울의 아비는 기스요 아브넬의 아비는 넬이니 아비엘의 아들이었더라 사울의 사는 날 동안에 블레셋 사람과 큰 싸움이 있었으므로 사울이 힘 있는 자나 용맹 있는 자를 보면 그들을 불러 모았더라"(14:49-52)

1) 아들

사울의 아들은 요나단과 리스위와 말기수아입니다. 그런데 역대상 8장 33절에는 요나단, 말기수아, 아비나답, 에스바알 4명으로 나옵니다. 리스위는 아비나답과 동일한 인물이며(31:2; 대상 8:33; 9:39), 에스바알은 이스보셋(삼하 2:8)으로 봅니다. 원래 아들이 4명인데 본문에는 3명만 기록한 것은 사울이 길보아 산에서 블레셋과 싸울 때 함께 죽은 아들이 바로 이 3명이기 때문입니다.

2) 딸

맏딸 메랍과 작은 딸 미갈입니다. 맏딸 '메랍'은 그 이름의 뜻이 '증가하다' 입니다. 사울이 골리앗을 죽인 사람과 결혼시키겠다고 약속했습니다. 그런데 다윗이 골리앗을 죽였으나 사울은 그 약속을 이행하지 않고 므홀랏 사람 아드리엘과 결혼시켰습니다(17:25). 둘째 딸 '미갈'의 이름은 '누가 하나님 같으냐' 란 뜻이 있습니다. 다윗과 결혼했으나 언약궤가 들어올 때 다윗이 기뻐 춤추는 것을 보고 비웃다가 하나님의 징계를 받아 자녀를 낳지 못했습니다(삼하 6:23).

3) 아내

아히마아스의 딸 '아히노암'으로 '나의 형제는 유쾌하다' 라는 뜻이 있습니다.

4) 군장

'아브넬'은 '나의 아버지는 넬' 라는 뜻입니다. 사울 왕국의 군대 장관을 맡았던 아브넬은 요압이 다윗을 도왔듯이 사울과 그의 아들 이스보셋을 군사적으로 도운 인물입니다(삼하 2:8-9).

5) 숙부

'넬'은 '등불'이라는 뜻입니다. 이 사람은 사무엘이 사울을 처음 만났을 때 밤새도록 이야기를 했는데, 그때 무슨 이야기를 했는가에 대해 특별한 관심을 보인 인물입니다(삼상 10:15-16).

6) 아비

아비엘의 아들 '기스'입니다.

사울의 가족 이름이 기록된 것에서 알 수 있는 것은,

① 사울의 위치가 강화되었음을 의미합니다.

사울에게 여러 아들들이 있었는데 이것은 계승자들이 많다는 것입니다. 왕조시대에는 왕위를 이을 왕자들이 많아야 왕권이 강화되고, 왕실이 튼튼하려면 자손이 많아야 한다고 믿었습니다. 그리고 딸들과 사위 역시 잠정적인 계승자들이었습니다. 그러므로 사울에게 자녀가 많다는 것은 집안이 튼튼하고 가문이 강화되었다는 것을 의미합니다. 그리고 사울에게는 유능한 군사들도 있었습니다. 외형적으로 사울의 가계를 볼 때 누구도 감히 넘볼 수 없을 정도로 그의 미래는 완전히 보장된 듯 보였습니다. 전쟁에서 승리하고, 지위가 강화되고, 자녀와 친지들이 융성하고, 집안이 흥왕하고, 유명한 맹장들이 그의 주위에 몰려들었습니다. 누구도 감히 그의 왕권을 엿볼 수 없었습니다. 그러나 사울이 가지고 있는 모든 것들은 다 외적인 것입니다. 우리는 외적인 화려함이 그렇게 견고한 것이 아님을 알아야 합니다. 외형적인 조직이 튼튼하고 화려하게 보인다 해서 결코 그것을 믿고 안심할 수 없습니다.

성경은 모래 위에 지은 집과 반석 위에 지은 집에 대해 말씀합니다. 외형상으로는 별 차이가 없습니다. 오히려 모래 위에 지은 집이 더 화려할 수도 있습니다. 그러나 평소에는 전혀 차이를 느끼지 못하다가 비바람이 불고 홍수가 나면 모래 위에 지은 집은 다 허물어지나 반석 위에 지은 집은 견고히 서 있습니다. 문제는 그 집의 기초가 무엇이냐 입니다. 기초를 반석 위에 한 집은 전혀 요동이 없으나 모래 위에 지은 집은 기초가 허술하여 넘어집니다.

세상 사람들이 볼 때 가문이 좋고, 자녀들도 많고, 쟁쟁한 인물들이 몰려들고, 탄탄한 조직력이 있으면 안심할 수 있다고 생각하여 자신 만만해 합니다. 그러나 그 기반이 무엇인지가 중요합니다. 모래 위에 지은 집은 인본주의에 기초한 것입니다. 거짓과 비진리에 기초했으므로 오래 가지 못하고 쉽게 무너집니다.

사울은 지금 큰 착각을 하고 있는 것입니다. 자식들이 든든하고, 군사들이 따르고, 전투에서 이겼으니 자신의 기반이 튼튼하고 강화되어 안심할 수 있다고 자부하고 있습니다. 그런데 그에게는 결정적으로 잘못된 것이 있다는 사실을 모르고 있습니다. 그것은 기초가 잘못되었다는 것입니다. 사울은 그것을 몰랐습니다.

나치 히틀러 정권이 유럽을 장악했을 때 아무도 그에게 도전할 수 없었습니다. 그러나 그의 최후는 비참한 자살로 끝났습니다. 그의 시신도 찾아볼 수 없습니다. 무솔리니 정권 역시 아무도 도전할 수 없었습니다. 그러나 그도 끌려 다니는 수모를 당했으며 결국 비참하게 사형을 당했습니다. 그것은 기초가 잘못되었기 때문입니다. 외형적으로만 강화되었을 뿐 인본주의와 비진리와 무신론으로 쌓았기 때문입니다. 현대사에 나오는 많은 정권들의 붕괴도 마찬가지입니다. 인본주의와 불의를 행하는 자들은 결국 망할 수밖에 없습니다.

사울은 역사를 주관하시는 하나님께서 자기의 왕조를 지켜주실 것을 온전히 믿기 보다는 자신의 힘을 의지하고 인본주의로 체제를 강화함으로써 실패하고 말았습니다.

우리는 반석과 같은 '오직 하나님 중심, 오직 말씀 중심'으로 쌓아 올리는 믿음의 기반 위에 튼튼하고 견고한 신앙의 집을 지어 가는 성도가 됩시다.

② 사울의 맹장들

"사울의 사는 날 동안에 블레셋 사람과 큰 싸움이 있었으므로 사울이 힘 있는 자나 용맹 있는 자를 보면 그들을 불러 모았더라"(14:52)

사울이 사는 날 동안에 끊임없이 블레셋과 싸웠습니다. 그래서 그는 전쟁을 대비하기 위해 용맹 있는 자들을 보면 불러 모아 강한 상비군을 조직했습니다. 그의 주위에는 많은 용사들이 기라성처럼 모여들었습니다. 사울이 막강한 전력을 갖추었으나 이 용사들도 결국은 다 흩어지고 말았습니다. 가장(家長) 격이 되는 사울이 몰락할 때 그를 중심으로 몰려들었던 무리들이 일순간에 다 흩어졌습니다.

여기에서 우리는 사울의 주위에 있는 수많은 인물들 중에 아주 중요한 한 사람이 누락되었음을 알 수 있습니다. 그 사람은 바로 다윗입니다. 다윗은 사울의 둘째 사위로 아직 등장하지 않고 무대 뒤편에서 기다리고 있습니다. 사울과 그의 추종자들은 화려한 주인공들이 되어

실세들로 전면에서 부상하고 있으나, 다윗은 무대 뒤에서 하나님의 섭리에 따라 서서히 준비하고 있었습니다. 중요한 것은 하나님은 사울과는 함께 하시지 않는 반면 다윗과는 항상 동행하셨다는 사실입니다. 사람들의 눈에는 사울이 막강한 권세를 잡은 자로 화려하게 보였지만 실은 하나님은 그와 함께 하시지 않았다는 것입니다. 하나님은 외형적으로 화려하게 나타난 그와 함께 하시지 않았습니다. 이것은 축복이 아닙니다. 그러나 하나님은 무대 뒤편에 숨어서 아직 등장하지 않은 다윗을 준비시키시며 그와 함께 하셨습니다. 이것이 바로 축복입니다.

하나님은 누구와 함께 하십니까? 사울은 기반이 튼튼하고 모든 것을 다 가진 것 같았으나 그는 인본주의와 불신앙으로 했기 때문에 버리셨고, 결과 그는 실패하고 맙니다. 반면 다윗은 시골의 목동으로 비천하게 보이는 환경에서 살았습니다. 그러나 그는 오직 하나님을 의지하는 신본주의로 살았기 때문에 하나님의 마음에 합한 자가 되어 하나님이 그와 함께 하심으로 승리자가 되었습니다. 사울은 도저히 다윗이란 인물을 상상도 못할 때에 하나님은 이미 다윗을 준비시키셨습니다. 사울은 다윗을 발견하지 못했으나 하나님은 다윗을 보고 계셨습니다. 사울은 하나님의 역사를 보지 못했습니다. 왜냐하면 그의 영의 눈이 외형적인 것에 치우쳐 어두워졌기 때문입니다. 바로 그의 불신앙 때문입니다. 믿음의 사람 사무엘이 하나님의 명을 좇아서 어린 소년 다윗을 찾아 그의 머리 위에 기름을 부어 왕으로 삼았습니다. 하나님께서 함께 하는 사람이 하나님의 사람을 볼 수 있습니다. 영의 눈이 열려 있어 진리를 보며 하나님의 은혜 속에 살기 때문입니다. 말씀과 기도 가운데 살기 때문입니다. 사울의 튼튼한 가보와 용맹한 군사들은 잠깐 피었다가 시드는 꽃과 같은 것들입니다. 성경은 말씀합니다. "너는 내일 일을 자랑하지 말라 하루 동안에 무슨 일이 날는지 네가 알 수 없음이니라"(잠 27:1)

영화 '대지진'의 내용입니다. 무서운 지진으로 댐이 터지고, 집과 전선주와 교량도 다 무너졌습니다. 마치 생지옥 같았습니다. 그러나 오직 하나 버티고 있는 빌딩이 있었습니다. 이 빌딩의 주인은 건축회사 사장으로 설계를 완벽하게 하고 기초를 튼튼히 다졌습니다. 많은 재료비와 공사비가 들었습니다. 일자리도 다른 곳에 다 빼앗겼습니다. 그러나 그는 끝까지 튼튼한 기초 위에 건물을 지었습니다. 지진이 일어나자 모든 사람들이 그 빌딩 안에 들어와 구원을 받았습니다.

우리는 진리이신 주 예수 그리스도를 기반으로 삼는 성도가 되어야 합니다. 외적인 화려함보다 내적으로 단장하고, 인본주의가 아닌 신본주의로, 영의 눈이 밝아져 진리를 보는 눈을 가지고, 오직 하나님 중심·오직 말씀 중심으로 살아서 잠깐 있다가 없어지는 영화가 아닌 영원히 주님과 함께 하는 참된 축복의 삶을 누리는 성도가 됩시다. 아멘.

¹사무엘이 사울에게 이르되 여호와께서 나를 보내어 왕에게 기름을 부어 그 백성 이스라엘 위에 왕을 삼으셨은즉 이제 왕은 여호와의 말씀을 들으소서 ²만군의 여호와께서 이같이 말씀하시기를 아말렉이 이스라엘에게 행한 일 곧 애굽에서 나올 때에 길에서 대적한 일을 내가 추억하노니 ³지금 가서 아말렉을 쳐서 그들의 모든 소유를 남기지 말고 진멸하되 남녀와 소아와 젖 먹는 아이와 우양과 약대와 나귀를 죽이라 하셨나이다

(사무엘상 15:1-3)

16
아말렉 진멸 명령

사무엘상 15장은 사울이 또다시 하나님께 불순종함으로 버림받는 비극을 기록한 장입니다. 이 비극은 사울이 하나님의 말씀에 불신앙하는 것으로부터 시작되었습니다.

본문은 선지자 사무엘이 사울 왕에게 아말렉을 진멸하라는 하나님의 명령을 전달하고 있습니다. 사울이 이 명령에 불순종함으로 그는 파멸의 길을 걸어갈 수밖에 없었습니다.

아말렉을 진멸시키는 것은,

1. 하나님의 명령입니다

"사무엘이 사울에게 이르되 여호와께서 나를 보내어 왕에게 기름을

부어 그 백성 이스라엘 위에 왕을 삼으셨은즉 이제 왕은 여호와의 말씀을 들으소서"(15:1)

이 말씀은 아말렉을 멸망시키라는 명령입니다. 비록 불순종한 사울이지만 하나님은 순종할 수 있는 기회를 한 번 더 주셨습니다. 사무엘이 사울을 찾아와 여호와의 말씀을 다시 전한 것은 아직 하나님은 그를 버리지 않으셨다는 것을 알 수 있습니다. 하나님은 아직도 사울에게 새롭게 변화될 수 있는 기회를 부여하셨습니다. 하나님은 불순종한 요나에게 다시 한 번 기회를 주셨듯(욘 3:4-10), 사울에게도 다시 한 번 회복할 수 있는 기회를 주셨습니다. 그러나 그는 또 하나님의 명령에 불순종하여 반역죄를 범함으로써 끝내 하나님의 심판을 받고야 맙니다.

우리에게 다시 한 번 더 기회가 주어졌을 때 잘해야 합니다. 회복할 수 있는 기회를 놓치면 안됩니다. 회개는 지체하면 안됩니다. 순종함으로 따르는 자가 믿음의 사람이요, 하나님의 인정을 받는 사람이요, 다시 하나님께 쓰임 받는 사람이 됩니다. 우리 하나님은 우리에게 순종을 요구하십니다.

"이제 왕은 여호와의 말씀을 들으소서"(15:1) 이것은 지난번에 사울이 제사장을 기다리지 않고 자신이 제사를 드리는 잘못을 범한 것을 기억하면서 제발 이번에는 하나님의 명령에 순종할 것을 부탁하는 말입니다. 하나님은 순종을 요구하십니다. 사울이 왕일지라도 하나님께 순종하는 것을 배워야 합니다. 하나님께서 왕을 세우셨기 때문입니다. 그리고 왕 자신도 백성의 봉사자이기 때문입니다. 한 번 불순종하게 되면 계속 불순종하기 쉽습니다. 이미 불순종한 경험이 있는 사울이기 때문에 순종의 태도를 배워야 합니다.

우리도 역시 불순종한 경험을 여러 차례 가진 바 있고, 계속 불순종할 가능성을 가진 사람들입니다. 따라서 우리는 순종하는 태도를 배워야 합니다. 먼저 하나님의 말씀을 듣는 태도부터 배워야 합니다.

① 건성으로 듣는 사람이 있습니다. 또는 마이동풍, 대답만 하고 실천하지 않는 사람입니다.

② 듣고도 불순종하는 사람이 있습니다.

③ 순종하려고 듣는 사람이 있습니다. 이 사람은 들을 귀를 가진 사람입니다. 진실한 성도는 잘 듣는 태도를 가진 사람입니다. 참된 성도는 "말씀하소서. 종이 듣겠나이다"라는 태도를 가진 사람입니다.

어린 사무엘이 실로에서 하나님의 부르심을 받았을 때 대답했습니다. "여호와여, 말씀하옵소서. 주의 종이 듣겠나이다." 이사야가 성전에서 부름을 받았을 때도 대답했습니다. "내가 여기 있나이다. 나를 보내소서." 고넬료의 가족이 베드로를 청해서 말씀을 들을 때 온 가족이 모여 듣고 순종할 자세를 취했습니다. 다니엘도 언제든지 주의 말씀에 순종하여 사자굴 속에도 들어갈 준비를 했습니다. 다윗도 주께서 가라 하시면 가고 멈추라 하시면 멈출 수 있는 순종의 자세를 취했습니다.

우리는 하나님의 말씀을 건성으로 듣지는 않습니까? 다른 생각을 하면서 듣거나 무관심한 자세를 취하지 않습니까? 아니면 듣고도 불순종하는 태도는 아닙니까? 또는 교회 안팎에서의 삶이 다르지는 않습니까? 우리는 순종하려는 자세로 말씀을 사모함으로 대해야 합니다.

유명한 부흥사 디엘 무디(DL Moody)는 순종의 사람이었습니다. 토레이 박사와 담소를 하던 중 "하나님의 뜻에 순종하는 것이 제일이다"

라는 말을 듣자 무디가 이런 말을 했습니다. "토레이 박사님, 만일 하나님께서 나에게 저 높은 건물에서 창밖으로 뛰어 내리라고 명령하신다면 나는 그 명령에 순종하여 뛰어 내릴 것입니다." 순종은 축복입니다. 하나님은 순종하는 사람을 통해서 그의 약속을 이루어 가십니다.

합천 해인사가 있는 동네에 정 목사님이 시무하는 교회가 부흥하여 교회당을 새로 지어야 했습니다. 돈은 없지만 교회당 건축을 위해 기도했습니다. 기도하는 중에 하나님은 '홍해를 가르시고 요단강도 갈라서 건너게 하신 주님이시다. 그때 제사장이 앞장서서 하나님의 언약궤를 메고 물 가운데로 들어갔다' 는 말씀이 떠올랐습니다. 그래서 목사님 자신이 벽돌을 찍기 시작했습니다. 그리고 계속 기도하는 중에 "부산에 있는 황 아무개 집사를 찾아가라"는 성령의 음성을 들었습니다. 목사님이 찾아가서 사실대로 이야기를 했으나, 황 집사님은 당시 폐업지경에 있었기 때문에 완강히 거부당할 수밖에 없었습니다. 그런데 그 다음 날 건축자재가 도착했습니다. 사연을 알아본즉, 그 황 집사님에게 생각지 않은 돈이 생겼는데 '하나님의 뜻은 교회당을 건축하는 것' 이라는 사실을 깨닫고 곧장 자재를 구입해서 보낸 것입니다. 그리고 폐업 직전에 있던 그의 공장은 주문이 쇄도하여 큰 돈을 벌고 축복을 받게 되었습니다.

하나님은 순종하는 자에게 변함 없는 은혜와 축복을 주신다는 것을 믿으시길 바랍니다.

우리 교회는 땅 끝까지 복음을 전하라는 주님의 지상명령에 순종하고 있습니다. 아프리카에 선교사들을 파송하고, 이 일을 위해 기도와 헌금으로 주의 뜻에 순종하고자 노력하고 있습니다. 비록 경제적으로 어렵고 힘들더라도 주님께서 직접 명령하시고, 주님께서 기뻐하시는 일이기 때문에 우리는 모두 선교에 동참해야 합니다. 우리의 우선순위는 '그의 나라와 그의 의를 구하는 것' 입니다. 순종하는 자에게 이 모든 것을 더하시리라고 주님은 약속하셨습니다.

하나님의 복음을 전하는 선교야말로 바로 하나님의 뜻에 순종하는 것입니다. 우리 모두 오직 주님의 말씀에 경청하고 기쁨으로 순종하는 성도가 되어, 주께서 약속하신 은혜와 축복으로 충만한 성도가 됩시다.

2. 왜 아말렉을 진멸시키라고 명령하셨습니까

"만군의 여호와께서 이같이 말씀하시기를 아말렉이 이스라엘에게 행한 일 곧 애굽에서 나올 때에 길에서 대적한 일을 내가 추억하노니" (15:2)

아말렉이 이스라엘에 잘못한 일이 있기 때문입니다.

1) 출애굽 시 사건 때문입니다

"때에 아말렉이 이르러 이스라엘과 르비딤에서 싸우니라"(출 17:8)

구약시대로 거슬러 올라가, 이스라엘이 출애굽했을 때 아말렉은 이스라엘을 침략하여 전쟁을 걸어왔던 민족입니다. 그들은 잔인한 수법으로 공격해 왔습니다. 많은 어린이들이 있었고, 게다가 사막의 여행으로 지친 이스라엘의 후미를 치는 방식으로 공격한 악랄한 민족이었습니다. 그 뿐만 아니라 그 후에도 계속 이스라엘을 괴롭혀 온 민족입니다.

2) 아말렉은 에서의 후손이기 때문입니다

조상 때부터 적대 감정을 가진 민족이었습니다. 에서가 야곱에게 당한 일, 즉 팥죽 한 그릇에 장자권을 빼앗긴 그 적대감이 자손 대대로 원수 관계로 지나게 되었습니다. 이스라엘과 아말렉은 조상 때부터 원수 관계인 것을 죽을 때 유언을 한 것으로 알 수 있습니다(팥죽 한 그릇 때문에 속아서 장자권을 빼앗겼다는 이야기를 했을 것이다). 그러므로 이스라엘과 아말렉의 싸움은 축복을 받은 자와 빼앗긴 자와의 투쟁이요, 선민과 불택자 간의 투쟁입니다. 하나님을 섬기는 자손과 섬기지 않는 자손과의 싸움이요, 경건한 후손과 불경건한 후손과의 싸움입니다. 이 싸움은 오랫동안 계속되어 왔습니다. 오늘날도 이스라엘과 중동의 아랍 족속들은 서로 싸우고 있습니다. 한 번 원수를 맺으면 자손 대대로 이어져 가는 것은 잘못된 것입니다. 기독교의 사랑은 원수도 사랑하는 사랑입니다. 이 용서와 사랑이 없으면 우리는 복음을 전할 수 없습니다.

요나는 니느웨로 가서 외치라는 하나님의 말씀에 불순종했습니다. 이유는 민족 감정 때문이었습니다. 침략자들이 구원받는 것은 볼 수 없다는 것입니다. 우리가 일본인들에게 민족 감정이 있으면 복음을 전할 수 없습니다. 그러나 우리 하나님의 사랑은 보다 더 높고, 깊고, 넓다는 것을 알아야 합니다. 선교는 하나님의 위대한 사랑에 기초한 것입니다.

나는 지금 미워하는 원수가 없는지 우리 자신을 잘 살펴보아야 합니다. 전도를 못할 만큼 용서하지 못하는 사람은 없습니까? 그 사람이 교회에 나오면 나는 교회를 옮기겠다고 생각하는 사람은 없습니까? 나는 그 사람 때문에 예수를 믿지 못하겠다는 사람은 없습니까? 여기에 대한 해답은 십자가에 달리신 예수 그리스도를 바라보는 것입니다. 주님의 십자가는 나의 죄 때문인 동시에 주님의 십자가의 피는 우리의 원수를 위한 것일 수도 있습니다. 또한 내가 주님 앞에서 용서받은 것이 얼마나 많습니까? 그렇다면 형제가 내게 잘못한 것은 우리가 주님으로부터 용서받은 죄에 비하면 너무도 보잘것없는 것입니다. 그러므로 우리는 주님의 십자가를 바라봄으로써 형제를 용서할 수 있습니다. 우리는 십자가의 사랑에 감격하여 복음을 전할 수 있는 것입니다. 선교는 십자가의 사랑에 감사하여 생명의 복음을 같이 나누는 것입니다.

우리 모두 주님의 사랑에 깊이 잠겨, 십자가의 크신 은혜에 감격함으로 땅 끝까지 예수님의 사랑을 전하는 성도가 됩시다.

3) 하나님의 명령의 성취이기 때문입니다

"여호와께서 모세에게 이르시되 이것을 책에 기록하여 기념하게 하고 여호수아의 귀에 외워 들리라 내가 아말렉을 도말하여 천하에서 기억함이 없게 하리라"(출 17:14), "네 하나님 여호와께서 네게 주어 기업으로 얻게 하시는 땅에서 네 하나님 여호와께서 너로 사면에 있는 모든 대적을 벗어나게 하시고 네게 안식을 주실 때에 너는 아말렉의 이름을 천하에서 도말할지니라 너는 잊지 말지니라"(신 25:19)

하나님께서 아말렉을 멸망시키라는 명령이 이제 이루어지는 것입니다. 많은 사람들이 까맣게 잊고 있을 때도 주님은 그의 약속을 이루어 가십니다. 모든 역사는 하나님의 뜻 가운데서 이루어집니다.

4) 하나님을 위한 성전(聖戰)이기 때문입니다

"여호와께서 맹세하시기를 여호와가 아말렉으로 더불어 대대로 싸우리라 하셨다"(출 17:16)

이스라엘을 대적했다는 것만으로 많은 세월이 지난 후에도 아말렉을 진멸하라고 하신 데는 그 이유가 있습니다. 그것은 이스라엘을 대적한 것은 바로 하나님을 대적한 것이기 때문입니다. 이스라엘은 하나님의 선민입니다. 바로 하나님의 교회입니다. 이스라엘을 대적한 것은 하나님의 교회를 대적한 것이 됩니다. 이스라엘이 애굽에서 탈출해 나와서 자유를 얻어 하나님을 섬기고, 예배하며, 하나님의 구원운동과 생명운동을 시작할 때 이것을 방해했습니다. 이것은 하나님 앞에 큰 죄악입니다. 우리 하나님은 400년이 지난 후에도 그 죄를 물으셨다는 사실을 기억해야 합니다.

또 아말렉은 우상을 숭배하는 나라입니다. 이 세력을 그대로 두면 우상숭배 사상이 이스라엘 나라 안에 두루 퍼지게 되므로 사전에 이것을 막은 것입니다. 나쁜 것은 급속히 퍼집니다. 욕은 가르쳐 주지 않아도 잘 합니다. 술, 담배 등 나쁜 습관은 빨리 배웁니다. 그러므로 이런 것은 사전에 제거해야 합니다. 점을 보는 것, 굿을 하는 것, 우상을 숭배하는 것 등은 아예 멀리 해야 합니다.

서울의 모 장로님은 어릴 때부터 장로의 가정에서 자랐습니다. 그래서 제사를 지내는 것은 구경도 못했습니다. 아버지와 형이 장로이고, 본인도 장로입니다. 장로님을 비롯하여 10남매가 모두 축복을 받았습니다. 어릴 때부터 온 가정이 하나님께서 싫어하시고 미워하시는 것과는 아예 거리를 멀리하고, 순결하고 깨끗한 삶을 살았기 때문에 하나님께서 큰 축복으로 채워 주셨습니다. 하나님은 교회를 대적하는 것을 용서하지 않으십니다. 하나님은 복음운동, 전도운동, 생명운동, 선교운동을 대적하는 것을 용서하지 않으십니다.

우리 모두 교회를 사랑합시다. 그리고 복음운동, 생명운동, 구원운동, 선교운동에 최선을 다하여 축복 받는 성도가 됩시다.

3. 육적인 것은 무자비하게 처벌하라는 명령입니다

"지금 가서 아말렉을 쳐서 그들의 모든 소유를 남기지 말고 진멸하되 남녀와 소아와 젖 먹는 아이와 우양과 약대와 나귀를 죽이라 하셨나이다"(15:3)

이것은 너무 지나친 것이 아닌가 생각할 수도 있습니다. 그러나 그 당시의 전쟁에서는 원수들을 다 죽이는 것이 통례였습니다. "도시, 사람, 짐승, 소유도 다 진멸하라고 하셨습니다(15:7). 고고학자들이 발굴한 고대 도시들은 보통 지하 10-20m 이하, 또는 수십 미터 아래에 묻혀 있습니다. 그것은 전쟁 때에 도시를 완전히 폐허화시키고 그 위에 도시를 짓고, 또 그 위에 포개어 지었기 때문입니다. 아말렉은 영적으로 육(肉), 그리고 세상적인 것이나 죄악을 상징합니다. 아말렉을 여지없이 진멸하라는 것은 죄를 짓게 하는 육(肉)을 가차없이 죽이라는 말입니다.

우리 속에 있는 아말렉을 죽여야 합니다. 내가 가지고 있는 아말렉, 즉 내가 가지고 있는 육적인 것, 하나님과 교회를 대적하고, 복음운동과 구원운동을 대적하는 것을 죽여야 합니다. 우리는 내 속에 있는 죄를 철저히 없애야 합니다. 아직도 내가 주님을 따르고 신앙생활을 하는데 계속적으로 방해되는 아말렉이 있다면 철저히 없애야 합니다. 이미 죽은 줄로 알았던 것이 끈질기게 추적하여 찾아와 괴롭히는 아말렉을 진멸해야 합니다.

과거 우리나라 여성들은 정절을 지키기 위해 은장도를 지니고 있었습니다. 자신의 몸을 보호하기 위해서입니다. 또한 잘못된 정욕이 끓어오를 때는 은장도로 허벅지를 찔렀습니다. 이런 정신을 가진 어머니 아래서 훌륭한 인물들이 많이 나왔습니다.

우리도 신앙의 은장도를 가슴에 품어야 합니다. 그것은 하나님의 말씀의 검입니다. 하나님의 말씀으로 우리 속에 있는 아말렉을 찔러야 합니다. 성경은 말씀합니다. "하나님의 말씀은 살았고 운동력이 있어 좌우에 날선 어떤 검보다도 예리하여 혼과 영과 및 관절과 골수를 찔러 쪼개기까지 하며 또 마음의 생각과 뜻을 감찰하나니"(히 4:12) 우리를 괴롭히는 아말렉을 진멸하기 위해서 우리는 말씀의 검을 가져야 합니다. 항상 말씀을 가까이 하고 묵상하며 배워야 합니다. 그리고 순종해야 합니다.

우리 모두 아말렉을 진멸합시다. 우리는 하나님의 복음운동, 전도운동, 생명운동, 선교운동에 열심히 참여하여 약속하신 축복과 은혜를 소유하는 성도가 됩시다. 아멘.

⁴사울이 백성을 소집하고 그들을 들라임에서 계수하니 보병이 이십 만이요 유다 사람이 일 만이라 ⁵사울이 아말렉성에 이르러 골짜기에 복병하니라 ⁶사울이 겐 사람에게 이르되 아말렉 사람 중에서 떠나 내려가라 그들과 함께 너희를 멸하게 될까 하노라 이스라엘 모든 자손이 애굽에서 올라 올 때에 너희가 그들을 선대하였느니라 이에 겐 사람이 아말렉 사람 중에서 떠나니라 ⁷사울이 하윌라에서부터 애굽 앞 술에 이르기까지 아말렉 사람을 치고 ⁸아말렉 사람의 왕 아각을 사로잡고 칼날로 그 모든 백성을 진멸하였으되 ⁹사울과 백성이 아각과 그 양과 소의 가장 좋은 것 또는 기름진 것과 어린양과 모든 좋은 것을 남기고 진멸키를 즐겨 아니하고 가치 없고 낮은 것은 진멸하니라

(사무엘상 15:4-9)

17
겐 사람의 구원 1

하나님께서 사울 왕을 통하여 아말렉 족속을 진멸하실 때 그 무서운 심판 가운데서도 살아남은 족속이 있는데 바로 겐 족속입니다. 그들은 어떤 사람들이며, 어떻게 살아남을 수 있었습니까? 본문의 겐 사람의 구원에 대한 말씀으로 우리에게 주시는 교훈을 찾아봅시다.

1. 겐 사람은 어떤 족속입니까

"사울이 백성을 소집하고 그들을 들라임에서 계수하니 보병이 이십

만이요 유다 사람이 일 만이라 사울이 아말렉성에 이르러 골짜기에 복병하니라 사울이 겐 사람에게 이르되 아말렉 사람 중에서 떠나 내려가라 그들과 함께 너희를 멸하게 될까 하노라 이스라엘 모든 자손이 애굽에서 올라 올 때에 너희가 그들을 선대하였느니라 이에 겐 사람이 아말렉 사람 중에서 떠나니라"(15:4-6)

'겐(קַיִן, 카인)'은 '금속 세공업자, 대장장이'라는 뜻이 있습니다. 이 명칭은 그들이 살던 아라비아 지역에 질이 좋은 동광석이 풍부했다는 역사적 사실과 관련이 있습니다.

미디안족은 아브라함의 후손입니다(창 25:1-2). 아브라함의 세 번째 부인 그두라를 통하여 시므란, 욕산, 므단, 미디안, 이스박, 수아 아들 여섯 명을 낳았습니다. 이들은 하나님을 경외한 아브라함의 후손들입니다. 중요한 것은 미디안은 모세의 장인 이드로의 족속이라는 사실입니다. 모세가 애굽에서 도피하여 미디안 광야로 들어갔을 때, 그곳에서 미디안 족속의 장인 이드로를 만나 그의 사위가 되어 40년 동안 목자생활을 하게 되었습니다.

겐 사람은 출애굽기와 민수기에서는 미디안으로 표현하고 사사기에서는 겐 사람으로 표현합니다. 이 겐 사람은 이스라엘에게 선대했다고 성경은 말씀합니다. '선대(חֶסֶד, 헤세드)'는 '인자, 긍휼'이란 의미가 있습니다. 겐 사람이 이스라엘에게 인자하게 대했다는 말입니다. 이것은 역사적인 사실로 거슬러 올라갑니다. 이스라엘이 출애굽하여 광야생활을 할 때 겐 사람이 이스라엘을 위해 길을 안내한 적이 있습니다. 특히 모세의 처남 호밥이 이스라엘을 위한 길 안내자가 되면서부터 이스라엘과 겐 사람은 아주 좋은 우호 관계를 가지게 되었습니다. 그 당시 모든 족속들이 이스라엘을 두려워하며 적대시하던 시절에 겐 사람들이 우호적으로 대해 준 것은 분명 선대한 일임엔 틀림이 없습니다. 물론 하나님께서 구름기둥과 불기둥으로 인도하셨지만 하나님은 지리에 익숙한 겐 사람들을 붙여서 이스라엘을 돕게 하셨습니다. 여기서 우리는 사람이 할 수 있는 일은 사람에게 맡기시는 하나님의 섭리를 볼 수 있습니다.

모세가 가나안을 정복하기 전에 정탐꾼 12명을 보내어 탐사하게 한 사건이 있습니다. 안디옥 교회가 부흥하자 예루살렘 교회는 바울과 바나바를 파송하여 가르치게 하셨습니다. 모세의 장인 이드로가 모세가 하루 종일 재판하는 것을 보고 10부장, 50부장, 100부장, 1,000부장을 세워 때를 따라 백성을 재판하라고 조언했습니다(출 18:2-22).

하나님 나라에는 협조자가 필요합니다. 목회자들에게도 협조하는 일꾼들이 필요합니다. 교회에도 좋은 일꾼들이 많아야 합니다.

특히 겐 사람들의 일은 하나님의 구원운동에 협력한 것이 됩니다. 하나님의 교회인 이스라엘을 도운 것이 바로 하나님의 역사에 동참한 것입니다. 즉 복음운동, 생명운동, 선민운동이요, 또한 교회와 하나님의 종들을 도운 것입니다. 그런데 이 겐 사람들이 아말렉과 밀접한 관계를 가진 것을 알고 하나님이 아말렉 사람들 중에서 떠나게 하심으로 겐 족속을 구원해 주셨습니다.

여기서 우리는 하나님의 성품과 섭리를 발견할 수 있습니다. 하나님은 사랑의 하나님이신 동시에 공의의 하나님이십니다. 400년이 지난 후에도 한 족속은 심판하시고 다른 한 족속은 은혜를 베푸시며 구원을 주셨습니다. 아말렉은 진멸하시고 겐 사람은 구원하셨습니다. 하나님은 400년이란 세월이 흐른 후에도 축복하실 자에게 축복하시고 심판하실 자에게 심판하신다는 사실을 우리는 기억해야 합니다.

2. 왜 겐 사람을 축복하셨습니까

하나님의 구원운동을 도왔기 때문입니다

이 지상에는 항상 두 종류의 사람이 존재합니다. 아말렉 족속과 겐 족속입니다. 즉 하나님의 교회를 돕는 사람과 해치는 사람입니다. 그리고 하나님의 반응은 항상 같습니다. 하나님의 교회를 돕는 자에게는 축복하시고 해치는 자에게는 저주하십니다. 하나님의 구원역사에 동참하는 사람은 은혜를 받고 반대하는 사람은 심판을 받습니다.

그 예가 바로 시므이와 바르실래의 사건입니다. 다윗 왕이 아들 압살롬의 쿠데타로 인해 도피할 때 시므이와 바르실래가 다윗을 맞으러 나왔는데 두 사람의 태도는 정 반대였습니다. 시므이는 베냐민 족속의 사람입니다. 그래서 다윗을 향하여 돌을 던지며 저주와 욕을 했습니다. "다윗 왕이 바후림에 이르매 거기서 사울의 집 족속 하나가 나오니 게라의 아들이요 이름은 시므이라 저가 나오면서 연하여 저주하고 또 다윗과 다윗 왕의 모든 신복을 향하여 돌을 던지니 그 때에 모든 백성과 용사들은 다 왕의 좌우에 있었더라 시므이가 저주하는 가운데 이와 같이 말하니라 피를 흘린 자여 비루한 자여 가거라 가거라 사울의 족속의 모든 피를 여호와께서 네게로 돌리셨도다 그 대신에 네가 왕이 되었으나 여호와께서 나라를 네 아들 압살롬의 손에 붙이셨도다 보라 너는 피를 흘린 자인고로 화를 자취하였느니라"(삼하 16:5-8) 반면 바르실래는 다윗을 맞아 정성을 다하여 위로하며 섬겼습니다. "다윗이 마하나임에 이르렀을 때에 암몬 족속에게 속한 랍바 사람 나하스의 아들 소비와 로데발 사람 암미엘의 아들 마길과 로글림 길르앗 사람 바르실래가 침상과 대야와 질그릇과 밀과 보리와 밀

가루와 볶은 곡식과 콩과 팥과 볶은 녹두와 꿀과 뻐더와 양과 치스를 가져다가 다윗과 그 함께 한 백성으로 먹게 하였으니 이는 저희 생각에 백성이 들에서 시장하고 곤하고 목마르겠다 함이더라"(삼하 17:27-29)

하나님은 이것을 보응하셨습니다. 다윗이 하나님의 도우심으로 반란을 평정하고 환궁할 때 시므이는 구차하게 용서를 빌며 생명을 구걸했습니다. 그때 다윗은 시므이를 용서해 주었습니다. 그러나 바르실래는 다윗을 더욱 더 축하했습니다. 그때 다윗이 함께 궁중으로 가자고 할 때도 사양했습니다. 세월이 흘러 다윗의 아들 솔로몬이 왕이 되었을 때 시므이는 왕명을 어긴 죄로 비참하게 죽임을 당했습니다. 이것은 하나님의 심판이었습니다. 그러나 바르실래의 아들 김함은 왕의 호위를 받아 왕자와 같은 대접을 받았습니다. 바르실래는 대가를 바라지 않고 순수한 동기로 봉사했지만 그와 그의 자손이 복을 받았습니다. 다윗을 돕는 것은 바로 하나님의 역사에 동참하는 것이므로 하나님의 축복이 임한 것입니다.

구레네 시몬은 유월절을 지키러 올라왔다가 예수님의 십자가를 지게 되었습니다. 외국에서 평생 소원인 유월절을 지키기 위해 왔는데 부정을 타면 유월절을 지킬 수 없으므로 본인으로서는 억울할 수 있습니다. 그러나 그는 예수님이 지실 십자가를 대신 지게 된 것이 주님을 도운 결과가 되었습니다. 십자가를 진 것은 주님의 구원역사에 동참한 것이 됩니다. 결국 그와 그의 가족이 다 구원받았고 그의 아들들은 교회의 기둥 같은 일꾼으로 성경은 기록하고 있습니다. "알렉산더와 루포의 아비인 구레네 사람 시몬이 시골로서 와서 지나가는데 저희가 그를 억지로 같이 가게 하여 예수의 십자가를 지우고"(막 15:21),

"안디옥 교회에 선지자들과 교사들이 있으니 곧 바나바와 니게르라 하는 시므온과 구레네 사람 루기오와"(행 13:1), "주 안에서 택하심을 입은 루포와 그 어머니에게 문안하라 그 어머니는 곧 내 어머니니라" (행 16:13) 루포의 중요한 위치를 말해 주고 있습니다.

예수님께서 십자가를 지시는 일에 동참한 구레네 시몬의 집안이 큰 은혜와 축복을 받았습니다. 주님을 위해 협력하고, 주님을 위해 헌신하고, 하나님의 교회를 위해 봉사한 사람에게 주님은 반드시 축복하시고 은혜를 베푸십니다. 비록 적은 능력이라도 주를 위해 충성하고 봉사할 때 하나님은 축복하십니다. 성경은 말씀합니다. "누구든지 너희를 그리스도에게 속한 자라 하여 물 한 그릇을 주면 내가 진실로 너희에게 이르노니 저가 결단코 상을 잃지 않으리라"(막 9:41)

홍 장로란 분은 원래 군산 사람이었는데 지금은 서울의 큰 교회에서 회계 장로로 섬기고 있습니다. 부친이 아주 훌륭한 분으로 많은 사람들로부터 존경을 받습니다. 이 분은 주일마다 집에서 찬양대원들에게 식사를 대접합니다. 이것은 보통 일이 아닙니다. 성탄절이 되면 장로님의 부인은 아무도 모르게 가난한 교인들 가정에 쌀을 갖다 놓기를 해마다 계속해 왔습니다. 장로님은 어릴 때부터 이런 것을 보며 자랐습니다. 자녀들은 다 축복을 받아 장로, 목사 부인, 교수가 되었습니다. 아무도 탈선하지 않고 모두 교회에서 충성스럽게 봉사하는 일꾼들이 되었습니다. 이것이 축복입니다. 우리는 이런 일꾼들이 되어야 하고 이런 일꾼을 뽑아야 합니다.

하나님은 구원운동을 방해하는 아말렉을 심판하셨습니다. 교회를 해치거나 대적하는 자들을 심판하셨습니다. 그러나 하나님의 구원운동과 생명운동에 참여한 자들, 그리고 교회에 협조한 자들에게는 은혜를 주십니다.

　우리도 겐 사람들처럼 축복을 받읍시다. 마음을 다하여 하나님을 섬깁시다. 기도와 물질로, 그리고 봉사하며 섬깁시다. 아멘.

⁶사울이 겐 사람에게 이르되 아말렉 사람 중에서 떠나 내려가라 그들과 함께 너희를 멸하게 될까 하노라 이스라엘 모든 자손이 애굽에서 올라 올 때에 너희가 그들을 선대하였느니라 이에 겐 사람이 아말렉 사람 중에서 떠나니라

(사무엘상 15:6)

18
겐 사람의 구원 2

하나님은 하나님의 백성을 괴롭힌 아말렉은 심판하시지만 이스라엘을 선대한 겐 사람들에게는 은혜를 베풀어 주셨습니다.

1. 그들이 하나님의 구원운동을 도와주었기 때문입니다

400년이란 세월이 지났으나 하나님은 아말렉을 심판하실 것과 겐 사람들에게는 구원을 베푸실 것을 잊지 않고 기억하셨습니다.

2. 겐 사람은 사울의 말을 청종했습니다

"사울이 겐 사람에게 이르되 아말렉 사람 중에서 떠나 내려가라 그들과 함께 너희를 멸하게 될까 하노라 이스라엘 모든 자손이 애굽에서 올라 올 때에 너희가 그들을 선대하였느니라 이에 겐 사람이 아말렉 사람 중에서 떠나니라"(15:6)

겐 사람은 아말렉을 떠나라는 말에 즉시 순종했습니다. 아말렉 족속에게서 떠나라는 말은 구원의 메시지입니다. 만약 그들과 함께 머문다면 다 같이 멸망하게 되기 때문입니다. 떠나라는 소리를 들었을 때 그들은 즉시 순종했습니다. 순종함으로 그들은 구원을 받았습니다.

소돔과 고모라가 멸망할 때 천사가 롯의 가족에게 떠나라고 했습니다. 이것은 구원의 메시지입니다. 롯의 가족은 순종함으로 구원을 받았습니다. 그러나 롯의 사위들은 청종하지 않아 멸망받았습니다. 롯의 아내도 끝까지 순종하지 않은 결과 소금기둥이 되었습니다. 루디아가 바울의 말에 귀를 기울여 청종함으로 구원을 받았습니다.

우리는 들을 귀를 가져야 합니다. '귀 있는 자는 들으라' 는 것이 성경의 교훈입니다. 말씀을 듣고 순종하는 귀를 가진 자는 구원을 얻을 것이요, 불순종하는 자는 멸망을 받을 것입니다. 하나님의 말씀을 예사로 듣거나 건성으로 들으면 안됩니다. 우리는 들을 귀를 가져야 합니다.

3. 그들은 멸망의 장소를 즉시 떠났습니다

겐 사람은 지체하지 않고 미련도 없이 멸망의 장소에서 곧장 떠났습니다.

아브라함은 갈대아 우르를 떠나라는 말씀을 듣자 즉시 떠났습니다. 그는 결단력을 가진 사람입니다. 100세에 낳은 독자 이삭을 바치라 할 때도 그는 즉각 순종했습니다. 제자들이 그물을 던지는 것을 보신 예수님께서 '나를 따라 오너라' 하시자 곧 그물을 버리고 예수님을 좇았습니다. 예수님께서 마태가 세관에 앉은 것을 보시고 '나를 좇으라' 하시자 곧장 일어나 좇았습니다(마 9:9). 삭개오도 예수님이 '내려 오라' 하시자 곧장 내려와 예수님을 영접했습니다(눅 19:5). 우리는 주님의 말씀에 즉각 순종해야 합니다. 그것이 바로 살 길이기 때문입니다.

1945년 마지막 무렵, 일본의 히로시마에 B 29기 전투기에서 전단지를 뿌렸습니다. "00시까지 히로시마를 떠나라. 떠나지 않으면 큰 화가 있을 것이다"라는 내용이었습니다. 대부분의 사람들은 그것을 무시했으나 일부는 그곳을 떠났습니다. 드디어 심판의 날이 왔습니다. 원자폭탄 투하로 그 도시는 잿더미가 되었습니다.

주께서 기뻐하시지 않는 곳에서 머뭇거리지 말고 빨리 떠나야 합니다. 지체하지 말고 떠나야 살 수 있습니다. 그리고 우리는 이 생명을 살리는 복음을 듣지 못한 자들에게 전해야 합니다. 이것이 선교입니다. 이것이 바로 우리의 사명입니다. 우리는 아직도 복음을 듣지 못하고 죄악 가운데 죽어 가는 불쌍한 영혼들에게 전해야 합니다. 우리의 이웃에게 전해야 합니다. 우리가 가지 못하는 곳에는 선교사를 보내야 합니다.

우리는 하나님의 말씀에 순종하는 것이 살 길임을 기억하고 항상 말씀에 순종하기를 지체하지 맙시다. 그리고 떠나야 할 곳은 즉시 떠나야 합니다. 우리는 들을 귀를 가져야 합니다. 듣지 못한 영혼들에게 복음을 전하는 성도가 됩시다. 아멘.

⁴사울이 백성을 소집하고 그들을 들라임에서 계수하니 보병이 이십 만이요 유다 사람이 일 만이라 ⁵사울이 아말렉 성에 이르러 골짜기에 복병하니라 ⁶사울이 겐 사람에게 이르되 아말렉 사람 중에서 떠나 내려가라 그들과 함께 너희를 멸하게 될까 하노라 이스라엘 모든 자손이 애굽에서 올라 올 때에 너희가 그들을 선대하였느니라 이에 겐 사람이 아말렉 사람 중에서 떠나니라 ⁷사울이 하윌라에서부터 애굽 앞 술에 이르기까지 아말렉 사람을 치고 ⁸아말렉 사람의 왕 아각을 사로잡고 칼날로 그 모든 백성을 진멸하였으되 ⁹사울과 백성이 아각과 그 양과 소의 가장 좋은 것 또는 기름진 것과 어린양과 모든 좋은 것을 남기고 진멸키를 즐겨 아니하고 가치 없고 낮은 것은 진멸하니라 ¹⁰여호와의 말씀이 사무엘에게 임하니라 가라사대 ¹¹내가 사울을 세워 왕 삼은 것을 후회하노니 그가 돌이켜서 나를 좇지 아니하며 내 명령을 이루지 아니하였음이니라 하신지라 사무엘이 근심하여 온 밤을 여호와께 부르짖으니라 ¹²사무엘이 사울을 만나려고 아침에 일찍이 일어났더니 혹이 사무엘에게 고하여 가로되 사울이 갈멜에 이르러 자기를 위하여 기념비를 세우고 돌이켜 행하여 길갈로 내려갔다 하는지라

(사무엘상 15:4-12)

19
사울의 범죄 1

콜라와 사이다를 혼합한 음료를 일컬어 '콜사, 사콜, 사이콜' 등으로 부릅니다. 분명한 것은 완전한 콜라도 완전한 사이다도 아니라는 말입니다. 우리의 신앙생활도 교회 안팎에서의 삶이 다릅니다. 그리고 하나님의 말씀도 어떤 것은 순종하지만 불순종하는 것도 있습니

다. 여기에서 분명한 것은 완전한 순종이 아니란 사실입니다.

본문에서 사울 왕은 하나님의 명령을 받고 일부만 순종했습니다. 하나님은 이것을 범죄로 규정하셨습니다. 사울 왕은 신정국가 이스라엘의 초대 왕으로 화려하게 등극했습니다. 그러나 하나님께 거듭 불순종함으로 인해 결국 버림을 받고 그의 일생은 비참한 최후를 맞게 됩니다.

사울이 하나님의 말씀에 불순종한 것이 죄입니다. 성경은 말씀합니다. "지금 가서 아말렉을 쳐서 그들의 모든 소유를 남기지 말고 진멸하되 남녀와 소아와 젖 먹는 아이와 우양과 약대와 나귀를 죽이라"(15:3)

1. 모든 것을 진멸하지 않았습니다

하나님의 명령은 분명했습니다. 사울 자신도 그 명령을 분명히 들었지만 그대로 순종하지 않았습니다.

"아말렉 사람의 왕 아각을 사로잡고 칼날로 그 모든 백성을 진멸하였으되 사울과 백성이 아각과 그 양과 소의 가장 좋은 것 또는 기름진 것과 어린양과 모든 좋은 것을 남기고 진멸키를 즐겨 아니하고 가치 없고 낮은 것은 진멸하니라"(15:8-9)

사울은 일부는 순종했지만 일부는 불순종했습니다. 사울은 일반 백성들과 짐승들 중에서 열등한 것은 하나님의 명령대로 진멸했습니다. 그러나 자신에게 실리적으로 유용한 짐승이나 품질이 우수한 것들은 진멸하지 않았습니다. 사울은 아각 왕을 사로잡았지만 하나님의 지엄

하신 명령을 어기고 살려주었습니다. 이 아각 왕은 아말렉 왕의 공식 명칭입니다(민 24:7 참조). 그 뜻은 맹화(猛火), 즉 맹렬한 불입니다(애굽 왕을 바로라고 하듯). 아각을 살려 준 이유는 자신의 큰 실리를 얻기 위해서이거나(왕상 20:31-42), 아각을 통해 자신의 이름을 들어내기 위해서였을 것입니다. 양과 소의 가장 좋은 것과 기름진 것, 그리고 어린양과 모든 좋은 것을 남겨두었습니다. 일부분만 순종한 것입니다. 가치 있는 것은 살려두고 무가치한 것만 진멸했습니다. 그 원인은 명예와 물질에 대한 탐욕과 욕심 때문이었습니다. 물질을 탐내거나 과욕을 부리면 결국은 불순종하게 됩니다.

아브라함의 조카 롯은 탐욕이 많았습니다. 아브라함이 '네가 우(右) 하면 내가 좌(左) 하고 네가 좌(左) 하면 내가 우(右) 하겠다' 고 했을 때, 그는 요단 들판이 마치 에덴동산과 같고 물이 풍부한 것을 보고 선택했습니다. 처음에는 부자가 되는 듯 했으나 결국 소돔과 고모라의 물질문화와 죄에 오염되어 실패하고 말았습니다. 그 이유는 물질을 탐하여 잘못된 결정을 했기 때문입니다. 발람 선지자는 모압 왕 발락으로부터 하나님의 백성 이스라엘을 저주하라는 부탁을 받았습니다. 하나님은 이미 발람에게 가지 말라고 명령하셨으나 그는 엄청난 물질 공세에 마음을 빼앗겨 신하들을 따라갔습니다. 저주 대신 축복을 빈 후 버림받고 돌아오다가 결국 죽었습니다. 그 실패의 원인은 바로 물질에 대한 욕심 때문입니다. 엘리의 아들들(삼상 2:13-17)은 제사장의 아들이란 특권을 누리면서도 물질에 눈이 어두워 탐욕을 부렸습니다. 백성들이 제물로 가져 온 고기를 하나님께 바치기도 전에 갈고리로 가마솥에서 건져 올려 자기들의 배를 채웠습니다. 기름을 태우기도 전에 날고기 중에서 가장 좋은 부분을 빼앗아 갔습니다. 이것은 하나님의 제사를 욕되게 하고 하나님께 드려야 할 제물을 조롱한 죄입니다. 그 결과 하나님의 심판을 받아 전쟁터에서 비참하게 죽고 말았습니다.

이들은 일부는 순종하고 일부는 불순종한 결과 불순종으로 끝났습니다. 우리는 하나님께 100% 순종해야 합니다. 우리 하나님이 원하시는 것은 부분적인 순종이 아니라 완전한 순종이기 때문입니다.

2. 사울의 불순종은 기념비를 세운 것입니다

"사무엘이 사울을 만나려고 아침에 일찍이 일어났더니 혹이 사무엘에게 고하여 가로되 사울이 갈멜에 이르러 자기를 위하여 기념비를 세우고 돌이켜 행하여 길갈로 내려갔다 하는지라"(15:12)

1) 기념비를 세운 동기는 자기 자신을 위해서입니다

"He set up a monument in his own honor."(NIV) 자신의 명예와 이름을 위해 세운 것입니다. 이것은 이기적인 동기로 세운 것을 말합니다. '기념비(ㄱ, 야드)'란 '손'이란 말입니다. 즉 손으로 어떤 모양을 만들어 자신의 이름을 낼 수 있다는 효과 때문에 세운 것입니다. 사울은 아말렉을 쳐서 격파시킨 사실에 흥분하여 기념비를 세우고도 자신은 순종한 것으로 알고 있습니다. "사울이 가로되 그것은 무리가 아말렉 사람에게서 끌어 온 것인데 백성이 당신의 하나님 여호와께 제사하려 하여 양과 소의 가장 좋은 것을 남김이요 그 외의 것은 우리가 진멸하였나이다"(15:15) 사울은 자족의 뜻으로 기념비를 세웠습니다. 지금 사울은 착각하고 있습니다. 반쪽만 순종하고도 온전한 순종을 했다고 잘못 생각하고 있는 것입니다.

아주 대조적인 장면이 나옵니다. 사울은 하나님의 말씀에 순종한 것으로 착각하고 기념비를 세우는 반면, 믿음의 종 사무엘은 사울의 불순종 때문에 밤을 새워 기도하고 있습니다. "사무엘이 근심하여 온 밤을 여호와께 부르짖으니라"(15:11) 분명히 하나님의 말씀에 불순종했음에도 본인은 잘 한 것으로 착각하고 자신의 이름을 내기 위해 기념비를 세워 자축하고 있습니다. 그러나 하나님의 사람 사무엘은 하나님의 마음을 헤아리고 밤을 새워 기도하고 있습니다. 분명한 잘못을 하고도 그 사실조차 모르고 미화시키며 흐뭇해하는 사울 왕의 모습이 불쌍해 보입니다. 그러나 하나님의 종 사무엘은 사울의 불순종을 보고 가슴 아파하며 하나님 앞에서 밤을 새워 부르짖고 있습니다.

분명 사울은 불순종의 길을 가면서도 승리를 주신 하나님의 역사를 오해하고, 자신의 명예와 이름을 나타내기 위해 축제를 벌이고 있습니다. 그는 분명히 하나님 앞에 불순종했습니다.

2) 사울이 하나님의 명령을 거부하고 자기를 위해 기념비를 세운 것은 전쟁에서의 승리의 영광을 자신에게 돌리기 위해서입니다

이것은 불의한 행동입니다.

① 기념비를 세운 것은 이방 왕들이 해 오던 습관이기 때문입니다.

하나님을 모르는 이방인들의 습관을 본받아 그대로 한 것은 잘못된 것입니다. 불신앙적인 행위를 따라가는 것은 선민 이스라엘의 왕이 할 수 있는 처사가 아닙니다.

오늘날도 하나님의 말씀에 불순종하면서 자신을 위한 일은 잘 합니다. 하나님의 교회를 위해서는 순종하지 않아도 세상의 일은 잘 합니다. 아무리 변명을 해도 결국 자신의 이름을 내기 위한 것입니다. '기도하자, 전도하자, 봉사하자, 말씀을 배우자' 하면 시간이 없다고 합니다. 그러나 세상에 속한 일이라면, 자기에게 유익한 것은 어떤 방법을 동원해서라도 시간을 내어 적극적으로 합니다. 결국 이방인들을 따라 하는 것이 됩니다. 하나님의 말씀에 순종하는 것 보다 세상 사람들이 하는 일을 모방하는 것을 더 좋아합니다.

전도축제가 다가옵니다. 이것은 하나님이 명령하신 하나님의 일입니다. 한 사람에게 예수 그리스도를 만날 수 있도록 도우며 그 영혼을 살리는 것은 세상 그 무엇과도 비길 수 없는 가치 있고, 아름답고, 감동적이며, 위대한 일입니다. 주님을 사랑하는 성도라면 이 일에 우리의 시간과 힘과 물질을 자랑스럽게 기쁨으로 투자할 수 있어야 합니다.

그 대표적인 사람이 루디아입니다. 사도 바울로부터 복음을 들을 때 성령께서 그녀의 마음을 열어 청종케 하셨습니다. 은혜를 받은 후 그녀의 자세가 변했습니다. 루디아가 사도 바울의 일행을 향해 말했습니다. "만일 나를 주 믿는 자로 알거든 내 집에 들어와 유하라"(행 16:15) 자기의 집을 복음 전도자를 위해 내놓으며 기꺼이 숙식을 제공했습니다.

우리도 시간을 냅시다. 하나님의 말씀에 순종하기 위해 열심을 냅시다. 우리는 결코 사울처럼 자신의 이름을 내기 위해 기념비를 세운다거나 세상 사람들을 따라가는 어리석은 일을 하지 맙시다. 루디아처럼 주와 복음을 위해 기꺼이 헌신하며, 기쁨으로 바치며, 섬기는 성도가 됩시다.

② 기념비를 세운 것은 명예와 자랑을 과시하는 것이기 때문입니다.

기념비 사건으로 온 이스라엘이 전쟁을 일으킬 뻔한 적이 있었습니다. 요단 언덕가에 므낫세 반 지파와 르우벤 지파가 제단을 쌓았습니다. 이 소식을 들은 온 이스라엘이 군대를 조직하여 달려왔습니다. "너희들이 이 번제단을 크게 세운 것은 범죄 행위이다. 여호와 하나님 외에 다른 신을 섬기려는 생각이 아니냐"며 따졌습니다. 그때 그들이 이렇게 해명했습니다. "그것은 아니다. 이것은 번제와 희생을 위한 것이 아니라 증거의 단이다. 앞으로 강 건너편에 떨어져 있는 우리 후손들에게 여호와 하나님 한 분만을 섬기되 이스라엘 전체와 같이 섬기도록 가르쳐 영구히 강 건너편 본토와 연결시키기 위한 것이다." 이것은 제사를 지내기 위한 번제단이 아니라 증거의 단, 즉 기념비라는 말입니다. 이렇게 해서 전쟁을 모면하게 되었습니다.

여호수아 4장에 보면, 이스라엘이 길갈에 기념비를 세웠습니다. 이것은 이스라엘이 요단강을 건널 때 하나님의 능력으로 강물을 멈추게 하시고, 강 사이에 길을 내어 모두 마른 땅처럼 건널 때 강에서 열 두 돌을 취하여 길갈에 세웠습니다. 이것은 이스라엘 자손들이 하나님께서 큰 능력으로 구원하신 위대한 역사적인 사건을 기념하여 증거하기 위한 기념비였습니다. 그러므로 기념비는 하나님의 은혜에 감사하여 모두가 전심으로 합심하여 세우는 것입니다. 이 세상에도 기념비를 세우는 일들이 많습니다. 그러나 대부분이 자신의 이름을 내기 위해 세웁니다.

우리는 하나님을 자랑하고 예수님을 높이는 기념비를 세워야 합니다. 우리가 아무리 자랑해도 좋은 것은 예수님 자랑, 십자가 자랑, 복음 자랑, 교회 자랑입니다. 하나님의 영광을 나타내는 자랑은 아무리

해도 좋습니다. 모든 영광이 하나님께 돌아가기 때문입니다.

신실하고 진실한 종들은 다 겸손히 하나님만 높이고 하나님의 영광에만 관심을 가졌습니다. 위대한 신학자요 종교 개혁자인 요한 칼빈(John Calvin)은 말하기를 "내가 죽거든 내 무덤에 비석을 세우지 말라"고 했습니다. 그의 묘소에는 그의 이름의 약자인 'J.C.' 란 약자가 새겨진 조그만 표시판 밖에 없습니다.

마포삼열 박사는 한국에 온 미국의 선교사로 평양 신학교를 설립한 귀한 분입니다. 그분을 기리기 위한 기념비를 세우기 위해 의논할 때 최권능 목사님이 이런 말을 했습니다. "나는 그분을 존경한다. 그러나 만약에 동상을 세우면 내가 부수어 버릴 것이다." 그래서 동상을 세우지 않고 기념관을 세우기로 했다고 합니다.

우리는 어리석은 사울처럼 불순종하거나 자신을 위한 기념비를 세우지 맙시다. 우리는 오직 하나님의 영광을 위해서만 사는 성도가 됩시다. 이제 주님을 자랑하고 높이는 복음 전파에 전심을 다하여, 모든 영광과 최고의 영광을 하나님께 돌리는 복음의 자랑꾼들이 됩시다. 아멘.

¹³사무엘이 사울에게 이른즉 사울이 그에게 이르되 원컨대 당신은 여호와께 복을 받으소서 내가 여호와의 명령을 행하였나이다 ¹⁴사무엘이 가로되 그러면 내 귀에 들어오는 이 양의 소리와 내게 들리는 소의 소리는 어찜이니이까 ¹⁵사울이 가로되 그것은 무리가 아말렉 사람에게서 끌어 온 것인데 백성이 당신의 하나님 여호와께 제사하려 하여 양과 소의 가장 좋은 것을 남김이요 그 외의 것은 우리가 진멸하였나이다 ¹⁶사무엘이 사울에게 이르되 가만히 계시옵소서 간밤에 여호와께서 내게 이르신 것을 왕에게 말하리이다 가로되 말씀하소서 ¹⁷사무엘이 가로되 왕이 스스로 작게 여길 그 때에 이스라엘 지파의 머리가 되지 아니하셨나이까 여호와께서 왕에게 기름을 부어 이스라엘 왕을 삼으시고 ¹⁸또 왕을 길로 보내시며 이르시기를 가서 죄인 아말렉 사람을 진멸하되 다 없어지기까지 치라 하셨거늘 ¹⁹어찌하여 왕이 여호와의 목소리를 청종치 아니하고 탈취하기에만 급하여 여호와의 악하게 여기시는 것을 행하였나이까 ²⁰사울이 사무엘에게 이르되 나는 실로 여호와의 목소리를 청종하여 여호와께서 보내신 길로 가서 아말렉 왕 아각을 끌어 왔고 아말렉 사람을 진멸하였으나 ²¹다만 백성이 그 마땅히 멸할 것 중에서 가장 좋은 것으로 길갈에서 당신의 하나님 여호와께 제사하려고 양과 소를 취하였나이다 ²²사무엘이 가로되 여호와께서 번제와 다른 제사를 그 목소리 순종하는 것을 좋아하심 같이 좋아하시겠나이까 순종이 제사보다 낫고 듣는 것이 수양의 기름보다 나으니 ²³이는 거역하는 것은 사술의 죄와 같고 완고한 것은 사신 우상에게 절하는 죄와 같음이라 왕이 여호와의 말씀을 버렸으므로 여호와께서도 왕을 버려 왕이 되지 못하게 하셨나이다 ²⁴사울이 사무엘에게 이르되 내가 범죄하였나이다 내가 여호와의 명령과 당신의 말씀을 어긴 것은 내가 백성을 두려워하여 그 말을 청종하였음이니이다

(사무엘상 15:13-24)

20
사울의 범죄 2

사울 왕, 그는 신정국가 이스라엘의 초대 왕으로 화려하게 등극했습

니다. 그러나 하나님께 거듭 불순종하는 죄로 인해 결국 버림을 받아 그의 일생은 비참한 최후를 맞게 됩니다. 사울이 하나님의 말씀에 불순종한 것이 죄입니다. 성경은 말씀합니다. "지금 가서 아말렉을 쳐서 그들의 모든 소유를 남기지 말고 진멸하되 남녀와 소아와 젖 먹는 아이와 우양과 약대와 나귀를 죽이라 하셨나이다"(15:3)

1. 모든 것을 진멸하지 않았습니다

사울 자신도 그 명령을 분명히 들었지만 그대로 하지 않았습니다. "아말렉 사람의 왕 아각을 사로잡고 칼날로 그 모든 백성을 진멸하였으되 사울과 백성이 아각과 그 양과 소의 가장 좋은 것 또는 기름진 것과 어린양과 모든 좋은 것을 남기고 진멸키를 즐겨 아니하고 가치 없고 낮은 것은 진멸하니라"(15:8-9)

사울은 일부는 순종했지만 일부는 불순종했습니다. 사울은 일반 백성들과 짐승들 중에 열등한 것은 하나님의 명령대로 진멸했습니다. 그러나 자신에게 실리적으로 유용한 짐승이나 품질이 우수한 것들은 진멸하지 않았습니다. 아각 왕을 사로잡았지만 하나님의 지엄하신 명령을 어기고 살려주었습니다. 양과 소의 가장 좋은 것과 기름진 것, 어린양과 모든 좋은 것을 남겨두었습니다.

2. 사울의 불순종은 기념비를 세운 것입니다

"사무엘이 사울을 만나려고 아침에 일찍이 일어났더니 혹이 사무엘에게 고하여 가로되 사울이 갈멜에 이르러 자기를 위하여 기념비를 세우고 돌이켜 행하여 길갈로 내려갔다 하는지라"(15:12)

① 기념비를 세운 동기는 사울 자신을 위해서입니다. 이것은 이기적인 동기로 세운 것을 말합니다.

② 사울이 하나님의 명령을 거부하고, 자신을 위하여 기념비를 세운 것은 전쟁에서의 승리의 영광을 자기에게 돌리기 위해서입니다. 이것은 불의한 행동입니다. 기념비를 세운 것은 명예와 자랑을 과시하는 것입니다.

3. 하나님의 말씀을 가감한 죄입니다

"사무엘이 사울에게 이른즉 사울이 그에게 이르되 원컨대 당신은 여호와께 복을 받으소서 내가 여호와의 명령을 행하였나이다 사무엘이 가로되 그러면 내 귀에 들어오는 이 양의 소리와 내게 들리는 소의 소리는 어찜이니이까 사울이 가로되 그것은 무리가 아말렉 사람에게서 끌어 온 것인데 백성이 당신의 하나님 여호와께 제사하려 하여 양과 소의 가장 좋은 것을 남김이요 그 외의 것은 우리가 진멸하였나이다"(15:13-15)

사울은 하나님의 명령을 다 지키지 않고도 다 지켰다고 합니다. 하나님의 명령은 완전히 진멸하라는 것이었습니다. 그러나 사울은 하나님의 말씀을 자기 마음대로 해석했습니다. 사울은 하나님의 말씀에 대한 가감죄를 지은 것입니다.

에덴동산에서 사탄의 유혹을 받은 하와가 말씀에 대한 가감죄를 지었습니다. 뱀 속에 들어간 사탄이 물었습니다. "하나님이 참으로 너희더러 동산 모든 나무의 실과를 먹지 말라 하시더냐"(창 3:1) 그때 여자가 뱀에게 대답했습니다. "동산 나무의 실과를 우리가 먹을 수 있으나 동산 중앙에 있는 나무의 실과는 하나님의 말씀에 너희는 먹지도 말고 만지지도 말라 너희가 죽을까 하노라"(창 3:2-3) 이것이 잘못된 것입니다. 하나님은 '먹는 날에는 정녕 죽으리라' 고 하셨습니다(창 2:17). 그런데 여자는 '죽을 까 하노라' (창 3:3)고 했습니다. 이것은 하나님의 말씀을 감한 죄가 됩니다. 또한 하와는 '먹지도 말고 만지지도 말라' (창 3:3)고 했지만, 하나님은 '먹지 말라' (창 2:17)고 하셨습니다. 여자는 하나님의 말씀에 다른 것을 더한 죄를 범한 것입니다.

사울은 하나님의 말씀을 자기 마음대로 해석하고 온전히 순종하지 않았습니다. 이것이 그의 죄입니다. 우리는 하나님의 말씀을 그대로 순종해야 합니다.

오늘날 위험한 문제는 하나님의 말씀을 자기 마음대로 해석하고, 자기에게 유리한 대로 풀이하고 적용하는데 있습니다. 하나님의 말씀을 잘못 오해하고 자기 마음대로 해석하는 일들이 많습니다. 신약성경에도 나옵니다. 예수님께서 '사람이 거듭나지 아니하면 하나님 나라에 들어갈 수 없다' 고 하시자, 니고데모는 "사람이 늙으면 어떻게 날 수 있삽나이까"(요 3:4) 하고 되물었습니다. 예수님의 가르치심은 중생, 즉 새로남에 대한 교훈이었습니다. 다시 말하면 성령으로 거듭나야 하늘나라에 들어간다는 말씀이었습니다. 니고데모가 오해를 한 것입니다. 요한복음 21장에서 부활하신 예수님이 디베랴 바다에 나타나시어 베드로에게 세 번 물으셨습니다. "요한의 아들 시몬아 네가 나를 사랑하느냐" "주여, 그러하외다. 내가 주를 사랑하는 줄 주께서 아시나이다" 그때 예수님이 '내 양을 먹이라'고 세 번 반복해서 말씀하셨습니다. 그리고 베드로에게 앞으로 순교할 것을 말씀하셨습니다. 그때 베드로가 사랑하는 제자 요한에 대하여 예수님께 물었습니다. "주여, 이 사람은 어떻게 되겠삽나이까" 그때 예수님이 말씀하셨습니다. "내가 올 때까지 그를 머물게 하고자 할지라도 네게 무슨 상관이냐"(요 21:22) 이 말을 제자들이 오해하여 '요한은 죽지 않는다' 고 해석한 것입니다. 그러나 예수님의 말씀은 "그가 죽지 않겠다 하신 것이 아니라 내가 올 때까지 그를 머물게 하고자 할지라도 네게 무슨 상관이냐" (요 21:23)라는 뜻입니다. 예수님이 하신 말씀의 핵심은 '다른 사람에 관해서 상관하지 말고 너는 나를 따르라' 는 것입니다.

우리는 말씀을 가감한 죄가 없습니까? 하나님의 말씀을 내 마음대로 해석하고, 내 형편에 따라서 풀이하고 적용하지는 않습니까? 예배드리는 일, 봉사하는 것, 헌금하는 것, 사랑을 베푸는 것, 경건생활을 하는 것, 사업을 하는 것, 직장생활 등에 있어서 형편대로 해석하고 적용하지는 않습니까?

성경 해석의 원리를 살펴봅시다.

1) 대 명제는 성경은 성경으로 해석($αυτοπιστια$, 아우토피스티아) 해야 합니다

역사적으로 보면 '오직 은혜(sola gratia), 오직 믿음(sola fide), 오직 하나님의 영광(soli Deo gloria)'과 함께 '오직 성경(sola sciptura)'은 종교개혁의 슬로건 중의 하나였습니다. 당시 카톨릭교가 교회 전통으로 성경을 제압·왜곡하고 있었기 때문에 이에 대해 개혁자들이 "성경이 성경의 해석자이다(Scripture interprets)"라는 성경 해석의 원리를 주장한 것입니다. 성경이 성경의 해석자여야 한다는 원리의 배후에는 하나님이 성경의 원 저자(Auctor primarius)란 사상이 바탕에 깔려 있습니다. 얼른 보기에는 성경 각 권들이 서로 충돌하는 것처럼 보일지 모릅니다. 그러나 하나님께서 위대한 설계자(Grand Architect)로서 다양한 재료들로 성경이란 한 웅장한 건물을 지으신 것입니다. 따라서 성경의 각 부분이 서로 연결되어 있습니다. 그러므로 성경의 한 부분을 볼 때 다른 부분과 연결해서 보고, 또 해석해야 합니다. 이런 의미에서 성경은 성경으로 해석되어야 한다는 말입니다.

2) 문법적으로 해석(Grammatical Interpretation)해야 합니다

문맥, 어휘, 문법 등을 알아야 합니다. 구약은 히브리어, 신약은 헬라어로 기록되었으므로 원어를 잘 알아야 정확한 해석이 가능합니다. 그리고 과거, 현재, 미래 등 시제와 단어도 정확히 알아야 합니다.

3) 역사적 해석(Historical Interpretation)이 있습니다

역사적 배경과 사건을 알아야 바른 해석을 할 수 있습니다. 지리적·문화적 배경, 사회, 종교, 풍속을 알면 해석에 도움이 됩니다.

예수님께서 갈릴리 가나의 혼인 잔치에 청함을 받았습니다. 그때 여섯 개의 돌 항아리에 물을 부어 포도주를 만들었습니다(요 2장). 열 처녀 비유에 보면 밤중에 결혼식을 행했습니다(마 25장). 예수님께서 십자가에 달리신 것은 로마시대의 사형 방법 중의 하나였습니다. 역사를 알아야 올바른 해석을 할 수 있습니다.

4) 신학적 해석(Theological Interpretation)이 있습니다

천년왕국, 삼위일체, 동정녀 탄생, 십자가와 부활, 재림과 종말 등을 알아야 합니다. 성경 속에 나타나는 신학적인 뜻도 알아야 합니다. 그리고 성경의 저자는 성령이십니다. "모든 성경은 하나님의 감동으로 된 것으로 교훈과 책망과 바르게 함과 의로 교육하기에 유익하니 이는 하나님의 사람으로 온전케 하며 모든 선한 일을 행하기에 온전케 하려 함이니라"(딤후 3:16-17) 성경의 중심은 예수 그리스도이십니다. 어려운 것을 함부로 사사로이 풀려고 하면 안됩니다. 억지로 해석하거나 잘못된 오류를 범하기 쉽기 때문입니다.

이단들은 성경을 자기들의 주장을 위해서 편리한 대로 해석합니다. 요한계시록 14장 1절에 보면, 14만 4천 명이 어린양 앞에서 찬양하는 내용이 있습니다. 이것을 여호와의 증인은 구속받은 숫자, 즉 자기들의 교회에 속한 사람들이라고 합니다. 그렇다면 천국에 가는 사람은 14만 4천 명 밖에 없다는 말입니다. 그렇지 않습니다. 만약 14만 4천 명만 천국에 간다면 우리는 어떻게 되겠습니까? 우리나라만 해도 1천만 명 이상이 예수를 믿는다고 합니다. 세계적으로 본다면 무수히 많을 것입니다. 그렇다면 이 14만 4천 명은 누구입니까? '14만 4천'은 주 예수를 믿고 구속받은 모든 성도를 상징하는 숫자입니다. 천국에는 허다한 무리들이 흰옷을 입고 주님을 찬양합니다. 구원받은 자가 14만 4천 명만 되는 것이 아닙니다.

여러분은 주 예수님을 우리(나)의 죄를 위하여 죽으시고 다시 부활하신 우리(나)의 구주로 믿으십니까? 믿으신다면 우리는 천국에 들어갈 수 있습니다. 주님은 말씀합니다. "내가 진실로 진실로 너희에게 이르노니 내 말을 듣고 또 나 보내신 이를 믿는 자는 영생을 얻었고 심판에 이르지 아니하나니 사망에서 생명으로 옮겼느니라"(요 5:24) 그러므로 우리는 성경을 잘 해석해야 합니다. 성경은 말씀합니다. "먼저 알 것은 경의 모든 예언은 사사로이 풀 것이 아니니 예언은 언제든지 사람의 뜻으로 낸 것이 아니요 오직 성령의 감동하심을 입은 사람들이 하나님께 받아 말한 것임이니라"(벧후 1:20-21)

그러나 우리가 성경을 읽을 때 너무도 확실한 말씀은 그대로 믿고 받아들이면 됩니다. 십계명의 "나 외에 다른 신들을 네게 있게 말라, 부모를 공경하라, 살인하지 말라, 간음하지 말라, 도적질하지 말라, 거짓 증거하지 말라, 네 이웃의 것을 탐내지 말라"는 내용은 너무도 명백한 명령이므로 달리 해석할 필요가 없습니다. 말씀 그대로 받아들이면 됩니다.

사울 왕은 하나님의 말씀을 가감하는 죄를 범했습니다. 하나님의 말씀이 분명히 그에게 전해졌는데 그는 말씀대로 행하지 않고 불순종했습니다. 자기의 생각과 욕심대로 해석하여 불순종한 것입니다. 가감죄를 범한 것입니다. 우리 하나님은 말씀대로 순종하기를 원하십니다.

어느 시골의 아주 약한 교회에 총각 집사가 한 명 있었습니다. 그런데 추수 감사절이 되면 곡식으로 콩을 바치는데 일일이 좋은 것만 골라 바칩니다. 그리고 추수 감사절에 바치려고 집에서 정성껏 콩나물을 길렀습니다. 그런데 어머니가 한 줌 빼어냈습니다. 총각 집사는 '이것은 하나님께 바칠 것인데 먹으면 안 된다'고 어머니에게 힘주어 말했습니다. 그리고 군에 입대한 후 교회당 건축헌금으로 40만원을 작정했습니다. 약 25년 전의 일입니다. 그 당시 군 봉급이 6,000원이었는데 십일조를 제외한 전액을 모았습니다. 담배를 피우지 않으므로 자기에게 할당된 담배는 다 팔았습니다. 이렇게 군에서 3년 간 모은 전액과 제대 후 2개월 동안 공장에서 일해서 모은 것을 합하여 작정헌금 전액을 바쳤습니다. 그 후 이 집사는 신학을 공부하여 목사가 되었습니다. 그 청년은 철저히 하나님의 말씀을 실천하려고 노력했습니다. 이것이 바로 참된 신앙인의 모습입니다. 하나님은 그와 그의 가정을 축복하셨습니다.

우리는 사울처럼 말씀을 가감하는 죄를 범하면 안됩니다. 오직 말씀대로 순종해야 합니다. 우리는 하나님의 말씀을 사랑하여 그대로 순종함으로 지켜야 합니다. 하나님의 말씀대로 사는 자를 하나님은 축복하십니다. 우리 마음속에 하나님의 말씀을 새겨봅시다.

성경은 말씀합니다. "내가 이 책의 예언의 말씀을 듣는 각인에게 증거하노니 만일 누구든지 이것들 외에 더하면 하나님이 이 책에 기록된 재앙들을 그에게 더하실 터이요 만일 누구든지 이 책의 예언의 말씀에서 제하여 버리면 하나님이 이 책에 기록된 생명 나무와 및 거룩한 성에 참예함을 제하여 버리시리라"(계 22:18-19), "이 예언의 말씀을 읽는 자와 듣는 자들과 그 가운데 기록한 것을 지키는 자들이 복이 있나니 때가 가까움이라"(계 1:3) 아멘.

> ¹¹내가 사울을 세워 왕 삼은 것을 후회하노니 그가 돌이켜서 나를 좇지 아니하며 내 명령을 이루지 아니하였음이니라 하신지라 사무엘이 근심하여 온 밤을 여호와께 부르짖으니라 ¹²사무엘이 사울을 만나려고 아침에 일찍이 일어났더니 혹이 사무엘에게 고하여 가로되 사울이 갈멜에 이르러 자기를 위하여 기념비를 세우고 돌이켜 행하여 길갈로 내려갔다 하는지라
>
> (사무엘상 15:11-12)

21
사무엘과 사울의 자세 1

사울을 왕으로 세운 것을 하나님이 후회하셨습니다. 그것은 사울이 하나님의 말씀에 불순종했기 때문입니다. 15장 11절의 후회하신다는 말씀은 인간이 후회하는 것과는 그 의미가 다릅니다. 우리 하나님은 전지전능하시므로 실패도 없으시고 후회도 없으십니다. 또한 예수 그리스도는 어제나 오늘이나 영원토록 변함이 없으십니다. 여기에서의 후회는 죄인들이 하나님의 말씀을 거역한 사실에 대하여 하나님이 슬퍼하시는 것을 의인법적으로 묘사한 것입니다. 페인 스미스(Pane Smith)는 후회란 말을 "죄인의 반역에 대해 괴로워하시는 하나님의 모습에 대한 인간적인 표현, 즉 의인법이다"라고 주석했습니다. 한 마디로 하나님께서 사울이 범죄한 것을 슬퍼하셨다는 말입니다. 인간이 죄를 범했을 때 그 죄는 아무도 기쁘게 못하며, 다만 마귀만 기뻐합니

다. 하나님도 슬퍼하시고 사람도 슬퍼합니다. 왜냐하면 비참한 결과가 따르기 때문입니다.

우리는 사울이 범죄한 후에 선지자 사무엘과 당사자인 사울의 자세가 어떠한가를 살펴보아야 합니다. 한 사건을 두고 죄를 범한 당사자인 사울과 선지자 사무엘의 자세가 너무도 대조적입니다.

1. 사무엘은 괴로워하며 슬퍼했습니다

"사무엘이 근심하여 온 밤을 여호와께 부르짖으니라"(15:11)

'근심하다(חרה, 하라)'는 '분노로 타오르다'라는 뜻입니다. 따라서 '진노하다'로 표현하는 것이 좋습니다. 사무엘은 사울에게 간곡히 부탁했습니다. "사무엘이 사울에게 이르되 여호와께서 나를 보내어 왕에게 기름을 부어 그 백성 이스라엘 위에 왕을 삼으셨은즉 이제 왕은 여호와의 말씀을 들으소서"(15:1) 그럼에도 불구하고, 사울은 자신의 이기적인 욕심 때문에 하나님께 불순종했습니다. 그 결과 왕을 세우신 하나님의 거룩한 목적을 손상시키고 파괴한 것을 보면서, 하나님의 사람 선지자 사무엘은 하나님을 위한 거룩한 분노를 나타내고 있는 것입니다.

2. 온 밤을 여호와께 부르짖었습니다

밤을 새워 가면서,

1) 사울의 잘못을 용서해 달라고 기도했습니다

중보의 기도를 한 것입니다. 사무엘은 제사장으로서 왕의 죄를 대신하여 하나님께 용서를 구했습니다. 악인을 용서해 달라는 것입니다. 이것이 하나님의 사람이 가져야 할 자세이자 성도의 자세입니다. 스데반이 돌에 맞아 죽어가면서 용서의 기도를 했습니다. 우리도 원수와 죄인들을 위해서도 기도해야 합니다.

이태리 밀라노에 있는 아주 나쁜 공작이 잔혹한 행위를 일삼았습니다. 모든 사람이 증오하며 그에게 나쁜 일이 일어나도록 밤낮으로 기도했습니다. 그런데 한 늙은 부인이 공작의 건강과 장수를 위해서 하나님께 기도했습니다. 그것이 이 공작의 귀에까지 들어갔습니다. 공작은 자신의 악행을 잘 알고 있었으므로 이상히 여겨 부인을 불러 사연을 물었더니 이렇게 대답했습니다. "제가 소녀 시절에 잔인한 성주가 있었는데 모든 사람들이 그가 죽기를 바랬습니다. 드디어 그 성주가 죽자 그 후에 나타난 성주는 더 나쁜 사람이었습니다. 사람들은 이 성주가 죽으면 이제 행복할 것으로 생각했는데, 세 번째 나타난 성주는 그 보다 더 나빴습니다. 그가 바로 당신입니다. 당신은 앞의 두 성주보다 훨씬 더 악하고 잔인합니다. 그러나 당신이 죽고 난 다음에 당신보다 더 나쁜 성주가 나올까 두려워서 당신이 오래 살도록 기도하는 것입니다." 이 말을 들은 악한 성주는 그 여인을 죽일 수가 없었습니다. 자신의 행동이 너무도 부끄러웠습니다.

우리 예수님의 마지막 기도가 바로 용서의 기도입니다. "아버지여, 저희를 사하여 주옵소서"(눅 23:24) 선지자 사무엘은 사울을 용서해 달라고 기도했습니다. 우리는 중보의 기도자가 되어야 합니다. 여러분을 괴롭히는 사람이 있다면 그 사람을 위해 기도해야 합니다. 하나-

님의 말씀을 듣지 않고 계속 죄를 범하는 사람들이 있습니까? 우리는 불쌍한 그 영혼들을 위해 기도해야 합니다. 이것이 선교사의 일이요, 선교 후원자가 해야 할 가장 중요한 일입니다.

2) 사울의 완악함이 변화되도록, 즉 회개하도록 기도했습니다

사무엘은 사울이 변하여 새 사람이 되도록, 회개하고 돌아오도록 기도했습니다. 어머니 모니카의 기도로 방탕아 어거스틴이 회개하고 돌아왔습니다. 핍박자를 위해서도 기도해야 합니다. 핍박하는 남편을 위해 기도했을 때 30년 만에 회개하고 돌아왔습니다. 핍박하는 시부모, 형제, 시누이, 직장 동료, 학교 친구, 전도 대상자들을 위해 포기하지 말고 끝까지 기도해야 합니다. 그들이 회개하고 돌아오도록 기도해야 합니다. 이것이 하나님의 사람 선지자 사무엘의 자세입니다. 이 자세가 바로 우리의 자세가 되어야 합니다.

3) 나라를 염려함으로 기도했습니다

사울은 한 나라의 왕입니다. 왕이 죄악으로 인해 영의 눈이 어두워져 하나님의 심판을 기다리고 있습니다. 이렇게 되면 나라가 큰 혼란에 빠지게 됩니다. 나라가 손해를 보게 되고 결국 국민들 자신이 해를 입게 됩니다. 지도자가 바로 서지 않으면 나라가 위태롭게 되므로 우리는 지도자를 위해서도 기도해야 합니다. 먼저 좋은 지도자를 만나도록 기도하고, 이미 세워진 지도자가 잘 하도록 기도해야 합니다. 하나님은 사람을 통해 역사를 이루어 가십니다. 선인과 악인을 도구로 사용하십니다. 지도자의 위치가 아주 중요합니다.

박 대통령이 시해됐을 때 큰 혼란이 있었습니다. 그때 군인들이 총을 들고 나왔습니다. 이북의 김일성이 죽었을 때 이북 사람들이 한동안 정신을 잃은 듯 보였습니다. 무더기로 김일성 동상 앞에 모여 통곡하는가 하면 어떤 사람들은 기절하기도 했습니다. 악한 지도자도 많은 영향력을 미친다는 것을 알 수 있습니다.

인물이 귀한 시대입니다. 다른 말로 좋은 지도자가 귀하다는 말입니다. 어떤 지도자가 좋은 지도자입니까? 효자는 이상적인 지도자를 "맛에 깊이가 있고 그 깊이가 한량없는 인물이라", 관자는 구체적으로 평가하기를 "인격, 실력, 능력"이라고 했습니다. 요즈음 사람들은 워낙 지도자로 인해 애를 많이 먹다보니 유명한 운동 선수들이나 연예인들을 좋아합니다. 최소한 그들로부터는 피해를 입을 염려가 없기 때문입니다. 그렇다면 성경이 말씀하는 지도자는 어떤 사람입니까? 하나님을 경외하는 사람이어야 합니다. 그리고 하나님의 마음에 합당한 사람으로 하나님을 진심으로 섬기는 사람이어야 합니다. 동시에 사람을 섬기는 봉사자가 되어야 합니다.

사울은 용모가 준수하고 용감한 사람이었습니다. 사무엘은 그를 아끼고 사랑했습니다. 그런데 그가 변절함으로 인해 실패하고 말았습니다. 참으로 안타까운 일입니다. 그가 하나님의 말씀을 거부했기 때문에 하나님으로부터 버림받게 된 것입니다. 이 일은 사울 개인만의 일이 아니라 나라가 손해를 보는 일입니다. 그래서 사무엘이 밤을 새워 기도한 것입니다.

우리는 나라와 교회의 지도자를 위해서 기도해야 합니다. 동시에 선교사를 위해서도 기도해야 합니다. 하나님의 뜻에 합당한 좋은 선교사가 되도록 기도해야 합니다. 그리고 좋은 지도자가 되도록 기도해야 합니다. 하나님을 경외하고 두려워하는 지도자, 하나님의 마음에 합당한 지도자, 하나님의 뜻을 이루어 가는 지도자가 되도록 기도해야 합니다. 하나님의 교회를 위해서 일할 수 있도록 기도해야 합니다.

4) 하나님의 영광을 위한 일이기 때문에 기도했습니다

이스라엘은 하나님의 교회입니다. 다시 말하면 이스라엘은 국가 교회입니다. 따라서 교회 지도자의 실패는 하나님의 영광을 가리게 됩니다. 하나님은 사람을 사용하셔서 그의 역사를 이루어 가십니다. 이스라엘을 선택하실 때도 먼저 아브라함을 선택하셨습니다. 그리고 이삭과 야곱과 요셉을 선택하셨습니다. 백성들을 구원하시고 보호하시기에 가장 적합한 인물을 선택하신 것입니다. 그리고 모세를 선택하셨고, 사사와 왕을 세우셨습니다. 그런데 지도자가 실패함으로써 하나님의 영광에 상처를 받게 된 것입니다. 그래서 사무엘은 하나님의 영광이 가려지는 이 일을 위해 밤을 새워 기도한 것입니다. 하나님의 교회이자 나라인 이스라엘의 지도자 사울이 실패한 것은 하나님의 영광과 관련이 있기 때문입니다. 그러므로 우리 모두는 지도자를 위해서 기도해야 합니다. 영적인 지도자가 시험에 들지 않도록 기도해야 합니다. 더욱 더 능력 있는 사역을 할 수 있도록, 좌절하지 않도록 기도해야 합니다. 그리고 기도의 후원자가 되어야 합니다.

'설교의 황태자'로 불리는 스펄전 목사님에게는 늘 뒤에서 기도하는 기도 특공대 400여 명이 있었습니다. 하나님이 얼마나 기뻐하시겠습니까? 우리 교회도 기도 후원자와 '중보기도 모임'이 있습니다. 이분들이 저의 목회사역에 얼마나 큰 힘이 되는지 모릅니다.

우리는 하나님의 교회의 지도자와 일꾼들을 위해서 기도해야 합니다. 먼저 교회의 모든 일을 맡은 담임 목사를 위해서 공·사적으로 기도해야 합니다. 하나님의 영광을 위한 제일 중요한 위치에 있기 때문입니다. 동시에 여러 부서를 맡고 있는 교역자들을 위해서 기도해야 합니다. 장로들을 위해서도 기도해야 합니다. 장로들이 모범을 보여야 은혜가 되고 교회가 성장하기 때문입니다. 안수집사와 권사들을 위해서도 기도해야 합니다. 이들에게는 교회를 위해서 아낌없이 봉사하고, 기도하고, 헌신해야 할 사명이 있습니다. 직분을 주신 목적은 하나님의 교회를 섬기고 봉사하라고 주신 것입니다. 일하고 섬기는 것이 직분자의 사명입니다. 희생하고 수고하는 분들이 바로 직분자들입니다. 직분자는 시간을 내고, 물질로 봉사하고, 기도로 섬기는 본을 보여야 합니다. 그러므로 이 직분자들을 위해서 기도해야 합니다. 이 직분자들의 헌신과 수고가 많을 때 하나님의 영광이 나타나고 교회가 은혜롭게 부흥됩니다. 선교 위원들은 선교 사역을 위해서 더 많이 일하도록 임명받은 분들입니다. 이 선교 사역을 잘 감당할 때 하나님께서 영광을 받으십니다.

우리의 섬김과 봉사, 기도와 충성이 하나님의 영광을 나타냅니다. 우리는 이 사실을 믿고 직분자들이 맡은 바 직분을 잘 감당하도록 기도하는 성도가 됩시다.

5) 사무엘은 사울을 만나려고 아침 일찍 일어났습니다

"사무엘이 사울을 만나려고 아침에 일찍이 일어났더니 혹이 사무엘에게 고하여 가로되 사울이 갈멜에 이르러 자기를 위하여 기념비를 세우고 돌이켜 행하여 길갈로 내려갔다 하는지라"(15:12)

우리는 여기에서 사무엘의 영적 자세를 알 수 있습니다.

① 깨어 있는 자세입니다.

지도자는 항상 깨어 있는 믿음의 자세를 가져야 합니다. 사무엘은 아침 일찍 일어났습니다. 하나님과 영적인 교제를 가지는 삶은 아침 일찍부터 시작되어야 합니다. 사무엘은 새벽 시간을 활용했습니다. 우리는 아침의 첫 시간을 기도로 시작해야 합니다. 경건의 시간은 반드시 필요합니다. 이것은 의지가 있어야 하고 훈련을 해야 합니다.

우리 예수님도 새벽 일찍부터 하루를 기도로 시작하셨습니다. 신실한 종들과 경건한 성도들은 모두 아침 일찍 일어나 하나님 앞에 기도하는 시간을 가졌습니다. 새벽 시간에 교회와 주의 종들과 선교사들을 위해 기도해야 합니다. 새벽 시간을 잘 활용하는 성도는 성공적인 신앙생활을 할 수 있습니다.

② 간절한 마음의 자세입니다.

지금 상황이 평상시와 같지 않습니다. 심각한 상황입니다. 왕이 하나님 앞에 범죄하여 버림을 받게 된 위태로운 형편에 있습니다. 이 상황에서 어찌 주의 종이 늦잠을 잘 수 있겠습니까? 중요한 일이 눈앞에 있는데 편히 잠자리에 들 수 없습니다. 하나님의 영광이 걸린 문제요, 하나님의 나라와 그의 백성을 위한 일인데 어찌 편히 누워 있을 수 있겠습니까? 깨어서 기도해야 합니다.

집안에도 대사가 있으면 편히 잠을 잘 수 없습니다. 장례나 결혼이 있으면 바쁩니다. 우리 성도들은 이런 중대한 가정 문제를 두고 깨어 기도하는 일에 바빠야 합니다. 세상 사람들이 하는 대로 따르지 말고 모든 일에 기도로 준비해야 합니다. 모든 일을 하나님의 사람들답게 말씀 중심, 교회 중심으로 해야 합니다. 예수님은 십자가를 지실 일을 앞두고 겟세마네 동산에서 밤을 새워 기도하셨습니다. 이것이 간절한 마음의 자세입니다.

우리는 매사에 영적으로 깨어 있어야 합니다. 믿음의 사람 사무엘은 밤을 새워 기도하고 아침 일찍 일어났습니다. 그는 하나님의 영광과 교회와 그의 종들을 위해서 간절한 마음으로 기도했습니다. 우리도 사무엘의 자세를 본받아 항상 주의 나라와 주의 영광을 위하여, 주의 교회와 주의 종들을 위하여, 그리고 선교를 위하여 영적으로 깨어 간절히 기도하는 성도가 됩시다. 아멘.

¹⁰여호와의 말씀이 사무엘에게 임하니라 가라사대 ¹¹내가 사울을 세워 왕 삼은 것을 후회하노니 그가 돌이켜서 나를 좇지 아니하며 내 명령을 이루지 아니하였음이니라 하신지라 사무엘이 근심하여 온 밤을 여호와께 부르짖으니라 ¹²사무엘이 사울을 만나려고 아침에 일찍이 일어났더니 혹이 사무엘에게 고하여 가로되 사울이 갈멜에 이르러 자기를 위하여 기념비를 세우고 돌이켜 행하여 길갈로 내려갔다 하는지라 ¹³사무엘이 사울에게 이른즉 사울이 그에게 이르되 원컨대 당신은 여호와께 복을 받으소서 내가 여호와의 명령을 행하였나이다 ¹⁴사무엘이 가로되 그러면 내 귀에 들어오는 이 양의 소리와 내게 들리는 소의 소리는 어찜이니이까 ¹⁵사울이 가로되 그것은 무리가 아말렉 사람에게서 끌어 온 것인데 백성이 당신의 하나님 여호와께 제사하려 하여 양과 소의 가장 좋은 것을 남김이요 그 외의 것은 우리가 진멸하였나이다 ¹⁶사무엘이 사울에게 이르되 가만히 계시옵소서 간밤에 여호와께서 내게 이르신 것을 왕에게 말하리이다 가로되 말씀하소서 ¹⁷사무엘이 가로되 왕이 스스로 작게 여길 그 때에 이스라엘 지파의 머리가 되지 아니하셨나이까 여호와께서 왕에게 기름을 부어 이스라엘 왕을 삼으시고 ¹⁸또 왕을 길로 보내시며 이르시기를 가서 죄인 아말렉 사람을 진멸하되 다 없어지기까지 치라 하셨거늘 ¹⁹어찌하여 왕이 여호와의 목소리를 청종치 아니하고 탈취하기에만 급하여 여호와의 악하게 여기시는 것을 행하였나이까 ²⁰사울이 사무엘에게 이르되 나는 실로 여호와의 목소리를 청종하여 여호와께서 보내신 길로 가서 아말렉 왕 아각을 끌어 왔고 아말렉 사람을 진멸하였으나 ²¹다만 백성이 그 마땅히 멸할 것 중에서 가장 좋은 것으로 길갈에서 당신의 하나님 여호와께 제사하려고 양과 소를 취하였나이다

(사무엘상 15:10-21)

22
사무엘과 사울의 자세 2

하나님께서 이스라엘의 초대 왕 사울을 버리시자 선지자 사무엘은

밤을 새워 하나님께 부르짖었습니다. 하나님께서 사울을 용서해 주시도록, 사울이 완악함을 회개하도록 기도했습니다. 그리고 나라를 염려하여 기도했습니다. 하나님의 영광을 위한 일이기 때문입니다. 그리고 아침 일찍 일어나서 사울을 만나려고 나갔습니다.

1. 사무엘과 사울의 영적 자세가 다릅니다

"사무엘이 사울을 만나려고 아침에 일찍이 일어났더니 혹이 사무엘에게 고하여 가로되 사울이 갈멜에 이르러 자기를 위하여 기념비를 세우고 돌이켜 행하여 길갈로 내려갔다 하는지라"(15:12)

사울은 자기를 위하여 기념비를 세우고 길갈로 내려갔습니다. 사무엘과 정 반대의 행동입니다. 주의 종은 성전에서 밤을 새우며 나라와 왕을 위하여 슬퍼하며 기도한 후 아침 일찍 일어나 왕을 찾아 나섰는데, 당사자인 사울은 엉뚱한 일을 하고 있습니다. 이것은 사울이 영적으로 병든 상태라는 것을 알 수 있습니다. 사울은 기도의 불이 꺼진 사람입니다. 이미 마음이 무디어진 것입니다.

하나님과 만나는 사람은 항상 하나님을 향한 영적 안테나가 바로 세워져 있어야 합니다. 예전에는 TV 안테나를 지붕 위에 세웠습니다. 그런데 TV를 시청하다 보면 화면이 흐리거나 잘 나오지 않을 때가 있습니다. 그럴 때 안테나를 살펴보면 비뚤어져 있는데 바로 돌리면 다시 잘 나옵니다.

우리의 하나님을 향한 영적 안테나는 바로 되어 있는지 점검해 보아야 합니다. 하나님의 말씀을 정확하고 바르게 잘 받아들이고 있습니까? 기도에 막힘이 있지는 않습니까? 영적 안테나가 바로 세워져 있으면 아무런 어려움이 없을 것입니다. 항상 하나님의 말씀이 선명하게 들어옵니다. '아멘'이 있고, 기쁨과 감사와 회개가 있습니다. 그리고 헌신을 하게 됩니다. 그러나 영적 안테나가 무디어 있으면 말씀이 제대로 들어올 수 없습니다. 말씀이 희미하고, 기도가 안 되며, 은혜도 없고, 감사와 기쁨도 없습니까? 우리의 영적 안테나를 다시 점검해 보아야 합니다. 집 안에 있는 사람은 지붕 위에 있는 안테나의 상태를 잘 알 수 없습니다. 그러나 밖에서 바라보는 사람은 안테나의 상태를 잘 알 수 있습니다. 영적 지도자들은 성도의 영적 상태를 누구보다도 잘 알고 있습니다. 영적으로 비뚤어진 성도를 보면 염려가 됩니다.

사무엘 선지자는 깨어서 하나님께 기도하는 데, 사울은 교만하여 영적으로 무디어 있어 불신앙적인 행동을 하고 있습니다.

우리는 믿음의 종 사무엘처럼 항상 우리의 영이 깨어 있어야 하겠습니다. 그래서 하나님을 향한 영적 안테나가 바로 세워져 주님과 교제하며 주님의 음성을 바로 듣는 성도가 됩시다.

2. 말씀에 대한 태도가 다릅니다

1) 사무엘은 하나님의 말씀을 그대로 기억했습니다

"사무엘이 가로되 그러면 내 귀에 들어오는 이 양의 소리와 내게 들리는 소의 소리는 어찜이니이까"(15:14)

'양의 소리와 소의 소리'는 사울이 하나님의 명령대로 이행하지 않은 증거물이었습니다. 사무엘은 하나님의 말씀을 그대로 기억하고 있었습니다. "지금 가서 아말렉을 쳐서 그들의 모든 소유를 남기지 말고 진멸하되 남녀와 소아와 젖 먹는 아이와 우양과 약대와 나귀를 죽이라"(15:3) '전부 진멸하라'는 것이 하나님의 명령입니다. 사무엘은 현장에 도착하여 양과 소의 소리를 듣자 곧장 하나님의 명령을 기억해 냈습니다. 사울이 불순종한 것을 알아낸 것입니다. 사무엘은 하나님의 말씀을 변질하지 않고 그대로 기억하며 증언하고 있습니다. 가감하지도 않고 오직 말씀 그대로를 기억했습니다. 사무엘과 사울은 똑같은 하나님의 말씀을 들었지만 결과는 전혀 다릅니다. 한 사람은 죄를 짓고도 죄를 짓지 않았다고 합니다. 비성경적이면서도 성경적이라고 주장합니다.

2) 사울의 자세는 어떻습니까

① 탐욕으로 급한 마음입니다.

"사울과 백성이 아각과 그 양과 소의 가장 좋은 것 또는 기름진 것과 어린양과 모든 좋은 것을 남기고 진멸키를 즐겨 아니하고 가치 없고 낮은 것은 진멸하니라"(15:9), "어찌하여 왕이 여호와의 목소리를 청종치 아니하고 탈취하기에만 급하여 여호와의 악하게 여기시는 것을 행하였나이까"(15:19) 사울은 재물에 욕심이 생겨 하나님의 말씀을 잊고 탈취하기에만 급했습니다. 이것이 탐욕입니다. 사람이 욕심을 부리면 영의 눈이 어두워집니다. 재물에 욕심이 생기자 하나님의 말씀을 잊게 된 것입니다. 이것이 비극의 시작입니다.

② 교만했습니다.

"사무엘이 사울을 만나려고 아침에 일찍이 일어났더니 혹이 사무엘에게 고하여 가로되 사울이 갈멜에 이르러 자기를 위하여 기념비를 세우고 돌이켜 행하여 길갈로 내려갔다 하는지라"(15:12) 사울이 교만해져 자신의 기념비를 세웠습니다. "사무엘이 가로되 왕이 스스로 작게 여길 그 때에 이스라엘 지파의 머리가 되지 아니하셨나이까 여호와께서 왕에게 기름을 부어 이스라엘 왕을 삼으시고"(15:17) 하나님은 사울이 겸손할 때 이스라엘의 왕으로 세우셨습니다. 하나님은 교만한 자를 물리치시고 겸손한 자에게 은혜를 주신다는 것이 성경의 교훈입니다.

나폴레옹이 유명한 배우 타르마가 연극에서 네로 황제 역할을 맡아 연기하는 것을 보고 그를 불렀습니다. 그리고 그 명배우에게 연기를 지도했습니다. 자신이 만능인 것으로 과신하여 교만해진 것입니다. 그는 자기의 명령에 절대 복종하기를 요구했습니다. 그리고 현명한 신하는 다 쫓아냈습니다. 말기에는 그의 주위에 2급 인물 밖에 없었다고 합니다. 결국 그는 패망하고 말았습니다. 교만은 패망의 원인입니다. 그런데 사울은 교만했습니다. 하나님의 명령을 어기고 자신만을 내세웠습니다.

③ 하나님보다 백성을 더 두려워했습니다.

"다만 백성이 그 마땅히 멸할 것 중에서 가장 좋은 것으로 길갈에서 당신의 하나님 여호와께 제사하려고 양과 소를 취하였나이다"(15:21) 그는 하나님의 명령을 잊고 백성들이 하는 대로 따라했습니다. 그의 자세는 신본주의가 아니라 인본주의였습니다. 그는 눈앞에 보이는 것, 하나님보다 사람을 더 중요하게 여겼습니다. 그가 영이 바로 된 왕이라면 백성들이 짐승을 잡아와도 책망했어야 합니다. 그러나 오히려 백성들이 잡아 온 짐승들을 좋아했습니다. 하나님의 말씀보다 인간의 말을 더 좋아한 것입니다. 사울은 현실주의자요 기회주의자입니다. 즉 환경에 따라서 하나님의 말씀을 무시할 수도 있고 자기 마음대로 바꿀 수도 있는 사람입니다. 우리는 이런 자세를 경계해야 합니다. 우리도 얼마든지 유혹을 받을 수 있기 때문입니다.

그러므로 우리는 욕심을 버리고 겸손해야 합니다. 하나님의 말씀을 두려워해야 합니다. 하나님의 사람은 사람을 두려워하지 않고 하나님을 두려워하기 때문에 사람의 비위를 맞추려 하지 않고 하나님의 말씀을 우선으로 합니다.

월남 이상재 선생이 신사 유람단으로 일본을 방문했을 때, 일본인들은 그들의 강력함을 보여 주려고 군수창으로 데려가 우수한 무기를 보이며 한국인들에게 겁을 주었습니다. 그때 소감을 말하는 자리에서 이상재 선생은 그들에게 이렇게 말했습니다. "성경에 칼을 쓰는 자는 칼로 망한다고 했소. 일본도 칼로 망할 까봐 걱정이 되오." 얼마나 당당합니까? 그는 하나님을 두려워하고 사람을 두려워하지 않는 사람이었습니다.

황제 칼 5세가 루터의 종교개혁 정신을 포기하도록 긴급으로 소집한 보름스(WORM)에서 마틴 루터(Martin Luther)와 웜스(Worms)가 이렇게 외쳤습니다. "나는 그리 할 수 없다. 포기할 수 없다. 오, 주여. 나를 도우소서. 내가 여기 섰나이다." 베드로와 요한이 제사장과 바리새인들 앞에서 복음을 전하지 말라는 위협을 받았을 때 이렇게 대답했습니다. "하나님 앞에서 너희 말 듣는 것이 하나님 말씀 듣는 것 보다 옳은가 판단하라 우리는 보고 들은 것을 말하지 아니할 수 없다" (행 4:19-20)

사무엘은 하나님의 말씀을 두려워하여 말씀대로 살려고 했습니다. 반면 사울은 하나님의 말씀보다 자기 중심으로 살았습니다. 우리는 범사에 하나님을 인정하고 하나님 앞에서 살아야 합니다. 설사 우리가 손해를 보고 어려움을 당해도 하나님께 모든 것을 맡기고 그분을 따라야 합니다.

1900년 중국에 의화단 사건이 일어났습니다. 그때 많은 선교사들이 핍박을 받아 죽임을 당하거나 산으로 도피했습니다. 지치다 못한 글로버 선교사는 하나님을 원망했습니다. "하나님, 정말 살아계십니까? 나는 이제 하나님을 저주할 수밖에 없습니다. 내가 고통받을 수 있는 고통의 한계는 지났습니다." 이때 게이트 선교사가 손을 들고 주님을 찬양하며 말했습니다. "주님을 찬양합니다. 이성의 영역을 넘어 우리가 알 수 없는 놀라운 하나님의 계획이 있어 이 고통을 주시는 주를 믿기에 하나님을 찬양합니다." 그는 진심으로 하나님을 찬양했습니다. 그는 진정한 믿음의 사람이었습니다. 그 순간 하나님은 그의 감사와 찬양을 들으시고 핍박의 손길을 멈추게 하셨습니다. 이 일 후에 중국에 놀라운 부흥의 불길이 일어났습니다.

선지자는 하나님의 뜻에 자기를 포기할 줄 아는 사람입니다. 전적으로 하나님을 따르는 사람입니다. "주여, 말씀하소서. 종이 듣겠나이다.", "주여, 따르리이다." 이것이 주의 백성으로서의 올바른 자세입니다. 우리 주님도 겟세마네 동산에서 기도하실 때 "아버지의 원대로 되기를 원하나이다"(마 26:42)라고 기도했습니다.

하나님의 은혜는 하나님의 말씀대로 순종하며 따랐던 사무엘과 함께 하셨습니다. 그리고 이 신실한 종과 함께 한 이스라엘 위에 함께 하셨습니다. 그러나 영의 눈이 어두워 말씀을 거역하며 자신의 뜻대로 살았던 사울은 자신뿐만 아니라 온 가족이 멸망을 당하고, 그와 함께 한 백성까지도 고난을 받았습니다.

우리는 사무엘처럼 오직 하나님의 말씀을 중심으로 사는 성도, 영적으로 깨어 있는 성도가 되어야겠습니다. 그래서 하나님의 음성을 바로 듣고 순종함으로 약속하신 주의 은혜와 축복을 받되, 우리의 당대뿐만 아니라 우리의 자손들까지 누리는 믿음의 대열에 서는 성도가 됩시다. 아멘.

[17]사무엘이 가로되 왕이 스스로 작게 여길 그 때에 이스라엘 지파의 머리가 되지 아니하셨나이까 여호와께서 왕에게 기름을 부어 이스라엘 왕을 삼으시고 [18]또 왕을 길로 보내시며 이르시기를 가서 죄인 아말렉 사람을 진멸하되 다 없어지기까지 치라 하셨거늘 [19]어찌하여 왕이 여호와의 목소리를 청종치 아니하고 탈취하기에만 급하여 여호와의 악하게 여기시는 것을 행하였나이까 [20]사울이 사무엘에게 이르되 나는 실로 여호와의 목소리를 청종하여 여호와께서 보내신 길로 가서 아말렉 왕 아각을 끌어 왔고 아말렉 사람을 진멸하였으나 [21]다만 백성이 그 마땅히 멸할 것 중에서 가장 좋은 것으로 길갈에서 당신의 하나님 여호와께 제사하려고 양과 소를 취하였나이다 [22]사무엘이 가로되 여호와께서 번제와 다른 제사를 그 목소리 순종하는 것을 좋아하심 같이 좋아하시겠나이까 순종이 제사보다 낫고 듣는 것이 수양의 기름보다 나으니 [23]이는 거역하는 것은 사술의 죄와 같고 완고한 것은 사신 우상에게 절하는 죄와 같음이라 왕이 여호와의 말씀을 버렸으므로 여호와께서도 왕을 버려 왕이 되지 못하게 하셨나이다

(사무엘상 15:17-23)

23
하나님이 원하시는 제사-순종

사울은 하나님의 일을 빙자로 자신의 부를 축적하려다가 결국은 하나님의 명령을 어긴 죄로 버림을 받고 맙니다. 사울 왕은 아말렉을 진멸하라는 하나님의 명령을 거역하고도 자신의 잘못을 바로 깨닫지 못한 채 변명만 하고 있습니다. 그러자 사무엘이 사울을 책망했습니다.

"사무엘이 가로되 왕이 스스로 작게 여길 그 때에 이스라엘 지파의 머리가 되지 아니하셨나이까 여호와께서 왕에게 기름을 부어 이스라엘 왕을 삼으시고 또 왕을 길로 보내시며 이르시기를 가서 죄인 아말렉 사람을 진멸하되 다 없어지기까지 치라 하셨거늘 어찌하여 왕이 여호와의 목소리를 청종치 아니하고 탈취하기에만 급하여 여호와의 악하게 여기시는 것을 행하였나이까"(삼상 15:17-19) 그러자 사울 왕은 아직도 주제 파악을 못하고 항변만 합니다.

"사울이 사무엘에게 이르되 나는 실로 여호와의 목소리를 청종하여 여호와께서 보내신 길로 가서 아말렉 왕 아각을 끌어 왔고 아말렉 사람을 진멸하였으나 다만 백성이 그 마땅히 멸할 것 중에서 가장 좋은 것으로 길갈에서 당신의 하나님 여호와께 제사하려고 양과 소를 취하였나이다"(삼상 15:20-21) 사울은 하나님께서 명령하신 의도를 망각하고 자기에게 편리한 대로 해석하고 자기 중심으로 행동합니다. 불순종하고도 명령을 수행했다고 착각하는 것입니다.

그러나 하나님께서 원하시는 것은 살찐 소와 양으로 제사 드리는 것이 아닙니다. 그러면 하나님이 원하시는 것은 무엇이며, 하나님이 원하시는 가장 훌륭한 제사는 무엇입니까? 성경은 말씀합니다. "여호와께서 번제와 다른 제사를 그 목소리 순종하는 것을 좋아하심 같이 좋아하시겠나이까 순종이 제사보다 낫고 듣는 것이 수양의 기름보다 나으니"(15:22) 그것은 순종입니다. '순종(שמע, 쉬마)'이란 '듣다, 경청하다, 복종하다'는 뜻에서 온 말입니다. 하나님의 말씀을 듣고, 경청하고, 복종하는 것이 번제물과 희생 제물보다 훨씬 낫다는 말입니다. '듣는 것(להקשיב, 라하프쉬브)'은 귀를 기울이는 것을 말합니다. '수양의 기름(הלב, 하라브)'은 희생제사를 드릴 때 하나님께 태워서 드려진 부분으로, 주로 가축의 내장이나 꼬리 주위의 기름진 부분의 것을 가리킵니다. 관심을 가지고 듣고 순종하는 것이 살찐 양의 기름보다 더 좋다는 말입니다.

여기서 가장 중요한 것은 외적인 의식 행위보다 마음으로 순종하는 자세가 더 중요하다는 말씀입니다. 마음으로부터의 순종은 예배에 있어서 가장 기본적이고도 합당한 자세입니다. 예배에 있어서 가장 중요한 것은 예배자의 마음 자세입니다. 영이신 하나님께 드리는 예배는 수양의 피나 기름보다 인간의 전 인격적인 마음이 더 중요합니다. 그리고 하나님의 말씀에 따라 순종하는 것입니다. 제사가 그림자라면 순종은 실체입니다.

하나님께서 귀하게 보시는 제사는 순종입니다. 순종 없이 드리는 제사는 무의미합니다.

1. 왜 순종이 중요한 제사입니까

1) 전 인격적인 제사이기 때문입니다

하나님은 영이십니다. 즉 인격자이십니다. 따라서 예배하는 자는 신령과 진정으로 드려야 합니다. 살찐 소와 양고기를 드리는 것만이 제사가 아닙니다. 하나님은 이런 제사를 거부하셨습니다. 순종은 자기의 의지를 포기하고 자신을 희생하면서 하나님께 드리는 것입니다. 사무엘이 말합니다. "이는 거역하는 것은 사술의 죄와 같고 완고한 것은 사신 우상에게 절하는 죄와 같음이라 왕이 여호와의 말씀을 버렸으므로 여호와께서도 왕을 버려 왕이 되지 못하게 하셨나이다"(15:23)

'거역하는 것은 사술의 죄와 같다'고 했습니다. 사술의 죄는 점을 치는 행위입니다. 이것은 우상숭배로 하나님께서 엄격하게 거부하시는 것입니다. 우상숭배는 하나님께서 가장 미워하시는 큰 죄입니다. 그리고 '완고한 것은 사신 우상에게 절하는 죄와 같다'고 했습니다. '사신(אָוֶן, 아웬)'이란 말은 '악함, 무가치함, 허탄한' 등의 의미로 우상으로 번역되었습니다. 완고하여 불순종하는 것은 결국 우상을 숭배하는 행위와 같다는 말입니다. 순종의 제사는 자신의 죄악을 정리하는 것입니다. 자기의 완악함이나 고집은 하나님께 대하여 반역하는 행위입니다.

영국의 유명한 서커스단에 인도에서 수입한 코끼리가 있었습니다. 너무도 양순해서 어린이가 던져주는 과자도 잘 받아먹고 구경꾼들에게 재롱도 잘 피웠습니다. 그런데 어느 날 갑자기 난폭해져 창문을 부수기도 하고, 청소하러 들어가는 사람을 내던지기도 하며 사람들에게 화를 냈습니다. 아무리 해도 진정을 시킬 수 없었습니다. 결국은 죽이기로 결정하고 총을 들고 들어가 장진을 했습니다. 그때 남루한 옷차림을 한 사람이 황급히 달려와 말했습니다. "잠깐만, 조금만 참아 주시오. 내가 코끼리를 달래보겠습니다." 그리고 다른 사람들이 알아들을 수 없는 말로 이야기를 시작하자 조용해졌습니다. 그 사람은 이렇게 말했습니다. "이 코끼리는 인도에서 왔는데 코끼리가 듣고싶어 하는 힌두어로 이야기를 했더니 성격이 가라앉았습니다."

여기에서 우리에게 주는 교훈이 있습니다. 우리의 마음에 분노와 괴로움, 그리고 원망으로 가득하면 하나님의 음성을 들을 수 없다는 것입니다. 우리 마음속에 자기만으로 가득하거나, 자기의 고집이나 탐욕으로 가득 차 있으면 우리는 하나님의 말씀을 들을 수도 없고 순종할 수도 없게 됩니다. 순종한다는 것은 자기의 의지를 하나님 앞에서 포기하는 것입니다.

2) 하나님을 기쁘시게 하는 것이기 때문입니다

아담이 범죄하기 전에는 하나님과 온전한 교제를 할 수 있었습니다. 하나님은 순종하는 아담을 기뻐하셨습니다. 그러나 범죄한 후에는 하나님과의 교제가 끊어지고 말았습니다. 불순종은 하나님을 기쁘시게 못합니다.

우리 예수님은 순종의 제사의 모범을 보여주셨습니다. 예수님의 탄생은 바로 하나님의 구원역사를 이루시기 위한 하나님의 뜻에 순종하신 것입니다. 크리스마스는 죄인을 구원하시기 위한 하나님의 낮아지심입니다. 사람의 몸을 입으시고 이 땅에 오신 성탄절이야말로 성자 예수님이 성부 하나님께 전적으로 순종하신 사건입니다. 세상에서의 사역 중에도 예수님은 전적으로 하나님 아버지께 순종하셨습니다. 겟세마네 동산에서도 주님은 십자가의 대속을 위해 하나님 아버지께 전적으로 순종하셨습니다. "내 아버지여 만일 할만 하시거든 이 잔을 내게서 지나가게 하옵소서 그러나 나의 원대로 마옵시고 아버지의 원대로 하옵소서"(마 26:39) 예수님은 십자가를 지심으로 끝까지 순종하셨습니다. 그러므로 갈보리 산 위의 십자가야말로 가장 높은 차원의 가장 희생의 가치가 큰 최고의 순종의 제사였습니다. 성경은 말씀합니다. "악인의 제사는 여호와께서 미워하셔도 정직한 자의 기도는 그가 기뻐하시느니라"(잠 15:8)

우리 하나님은 산을 덮는 수천 수만의 수양보다, 강물처럼 많은 감람나무의 기름보다 순종으로 드리는 희생을 더 원하십니다.

2. 순종은 언제 어디서나 드릴 수 있는 제물입니다

이스라엘 율법에는 제물을 드릴 수 있는 장소가 지정되어 있어 그곳에서만 제사를 드릴 수 있었습니다. 시간과 공간에 제한을 받았습니다. 성소에서 드려야 했고 제단에서 드려야 했습니다. 그러나 순종이라는 제물은 시간과 공간을 초월합니다. 순종은 시간과 장소에 구애받지 않습니다. 모리아 산에서 아브라함은 독자 이삭을 제물로 바쳤습니다. 아브라함은 순종의 제물을 바진 것입니다. 베드로는 갈릴리 바다에서 배 오른 편에 그물을 던졌습니다. 주님의 명령에 순종한 제사였습니다. 순종에는 빈부의 차이가 없습니다. 부자도 가난한 자도 누구나 순종할 수 있습니다. 다윗 왕은 부자로 하나님께 순종의 제사를 드렸고, 가난한 과부는 보잘것없는 것이지만 자기가 가진 전 재산인 두 렙돈으로 순종의 제사를 드렸습니다. 하나님은 그것을 기뻐하셨습니다. 순종은 가난한 자도 부자도 할 수 있는 것입니다.

순종은 누구나 할 수 있습니다. 우리 하나님은 순종하는 자의 중심을 보십니다.

3. 순종은 다른 어떤 제물로도 만족시킬 수 없습니다

하나님은 억지로 드리는 제물, 마음이 동반되지 않은 제물은 받지 않으십니다. 우리 하나님은 그 중심을 보십니다.

하나님을 믿지 않는 세상 사람들도 제사를 지냅니다. 그들은 과연 얼마나 많은 정성을 쏟겠습니까? 온 우주의 주인이신 우리 하나님은 부요하신 분이시므로 모자라는 것이 없으십니다. 따라서 하나님은 무엇이 부족해서 우리에게 제물을 요구하시는 것이 아닙니다. 제사에 쓰이는 제물로는 고기, 식물, 곡식, 과일, 생선 등이 있습니다. 이 세상의 모든 동·식물과 곡식을 만드신 분은 누구입니까? 다 하나님의 것입니다. 그러므로 무성의하게 마음도 없이 드리는 제물은 하나님께서 받지 않으십니다. 부득이 하여 마지못해서 드리는 제물은 하나님 앞에서 가증한 것이 됩니다.

　일본에 예수님을 잘 믿는다고 알려진 할머니 한 분이 있었는데 별명이 '감사 할머니'였습니다. 무슨 이야기를 해도 "감사합니다." 하고 말했기 때문입니다. 아이가 아파도, 누가 죽었다 해도 늘 하는 말이 "감사합니다"였습니다. 그런데 어느 수요일 예배 후에 집으로 돌아가던 중 소방차가 지나가는 것을 보았습니다. '혹시 우리 집에 불이 난 것은 아닐까?' 걱정이 되었습니다. 아니나 다를까 자기 집에 불이 난 것입니다. 그것을 보자 이 할머니는 "아이구, 우리 집에 불이 났구나! 나무아미타불." 하고 주저앉았습니다. 여유가 있을 때는 감사할 줄 알고, 급할 때는 '나무아미타불' 한다면 그동안 늘 감사하다고 했던 말에 대해 어떻게 설명할 수 있겠습니까?

　우리 마음속에 최우선적으로 생각하고 있는 것이 무엇입니까? 마음속에 무엇이 자리 잡고 있느냐에 따라 반응이 달리 나타나게 됩니다. 하나님께서 가장 기뻐하시는 것은 순종입니다. 하나님은 믿음으로 순종하며 드리는 제물을 가장 기뻐하십니다. 여호와 하나님은 "헛된 제물을 다시 가져오지 말라"(사 1:13)고 말씀하셨습니다. 따라서 참된 제사는 순종입니다. 예수님은 "예배하는 자가 신령과 진정으로 예배할지니라"(요 4:24)고 말씀하셨습니다.

4. 순종의 법칙

　순종에 있어서 그 기준은 하나님의 말씀입니다. 믿음의 표준은 하나님의 말씀입니다. 그러므로 희생 제물로 드리는 제사보다 더 가치 있고 중요한 것은 하나님의 말씀에 순종하는 것입니다. 사울 왕이 순종하지 못한 원인은 하나님의 말씀을 듣지 못한 데 있습니다. 그는 하나님의 말씀보다 백성의 여론을 더 중요하게 여겼습니다. 우리는 하나님의 말씀을 듣는 것을 예사로 여기면 안됩니다.

　어느 이비인후과 의사가 귀에 이상이 있어 찾아 온 환자에게 귓밥을 소제해 주면서 이런 말을 했습니다. "이렇게 많은 귓밥을 담고서 듣는데 장애가 없었다는 것이 놀랍습니다. 귓밥이 조금씩 쌓이고 쌓여서 나중에 떡이 되면 그 때에는 청력장애가 옵니다. 그렇게 되면 귀를 가지고 있으면서도 하나님의 말씀을 듣지 못하는 크리스천과 같아집니다."

　우리가 하나님의 음성을 듣는 일을 예사로 여기다가 나중에는 하나님의 말씀을 듣지 못하는 귀머거리가 될 수 있습니다. 그러므로 우리는 하나님의 음성을 듣는 시간을 가져야 하고 훈련해야 합니다. 영적 골방의 시간을 가져야 합니다. 말씀을 배우며 묵상하는 시간과 경건의 시간을 가져야 합니다. 특별히 하루를 시작하는 첫 시간부터 하나님의 음성을 듣는 시간을 가져야 합니다. 하나님 앞에서 하루를 기도로 시작하는 사람과 그렇지 못한 사람과는 하루의 생활이 다르고, 하나님의 말씀을 듣고 시작하는 하루와 그렇지 못한 하루의 생활은 그 영향력이 다를 수밖에 없습니다. 전도자는 말합니다. "너는 하나님의 전에 들어갈 때에 네 발을 삼갈지어다 가까이 하여 말씀을 듣는 것이 우매자의 제사 드리는 것 보다 나으니 저희는 악을 행하면서도 깨닫지 못함이니라"(잠 5:1) 순종은 하나님의 말씀을 들음에서 옵니다.

빌리 그래함 목사의 한 친구는 산간 지방에서 자랐기 때문에 그 지역을 잘 알았습니다. 그런데 하루는 산에 올랐다가 길을 잃게 되었습니다. 미국의 산은 거대합니다. 길을 잃으면 목숨을 잃는 경우도 많습니다. 천신만고 끝에 산 속 오두막을 발견하여 그곳에 있는 노인의 도움으로 살아 나올 수 있었습니다. 친구는 그때 그 노인이 남겨 준 말을 결코 잊을 수 없다고 했습니다. "젊은이, 산에서 길을 잃게 되면 대부분은 동리나 길을 찾아야겠다고 산 아래로 내려가는 데 그것은 죽는 길이라네. 산에서 길을 잃으면 먼저 위로 올라가서 자기의 위치를 파악해야 한다네. 그리고 어느 쪽에 길과 마을이 있는지 방향을 분명하게 확인한 후에 내려가야 그 길이 사는 길이라네."

하나님의 백성인 우리에게도 어떤 환난이나 시험거리가 발생할 수 있습니다. 그때 그 문제만 생각하고 조급하게 세상으로 내려가서 사람을 찾거나 인간의 방법으로 하다가는 전부 실패하게 됩니다. 오히려 우리는 위에 계신 하나님을 먼저 찾아 그분께 도움을 구하고, 그분의 말씀에 귀를 기울여야 합니다. 이것이 바로 사는 길이요, 문제를 해결할 수 있는 지름길입니다. 이것이 순종하는 자의 자세입니다.

우리 하나님이 원하시는 제사는 순종입니다. 하나님은 다른 어떤 제물보다 인격적인 순종의 제사를 원하십니다. 순종은 언제 어디서나 누구나 다 할 수 있습니다. 순종은 하나님의 말씀을 듣는데서 부터 시작합니다.

우리를 구원하러 오신 복된 성탄절을 맞아 우리는 주님께 어떤 제사와 예물을 드려야 하겠습니까? 우리 모두 주님이 가장 기뻐하시는 순종의 제물로 주님께 영광을 돌리는 성도가 됩시다. 아멘.

²³이는 거역하는 것은 사술의 죄와 같고 완고한 것은 사신 우상에게 절하는 죄와 같음이라 왕이 여호와의 말씀을 버렸으므로 여호와께서도 왕을 버려 왕이 되지 못하게 하셨나이다 ²⁴사울이 사무엘에게 이르되 내가 범죄하였나이다 내가 여호와의 명령과 당신의 말씀을 어긴 것은 내가 백성을 두려워하여 그 말을 청종하였음이니이다 ²⁵청하오니 지금 내 죄를 사하고 나와 함께 돌아가서 나로 여호와께 경배하게 하소서 ²⁶사무엘이 사울에게 이르되 나는 왕과 함께 돌아가지 아니하리니 이는 왕이 여호와의 말씀을 버렸으므로 여호와께서 왕을 버려 이스라엘 왕이 되지 못하게 하셨음이니이다 하고 ²⁷사무엘이 가려고 돌이킬 때에 사울이 그의 겉옷자락을 붙잡으매 찢어진지라 ²⁸사무엘이 그에게 이르되 여호와께서 오늘 이스라엘 나라를 왕에게서 떼어서 왕보다 나은 왕의 이웃에게 주셨나이다 ²⁹이스라엘의 지존자는 거짓이나 변개함이 없으시니 그는 사람이 아니시므로 결코 변개치 않으심이니이다 ³⁰사울이 가로되 내가 범죄하였을지라도 청하옵나니 내 백성의 장로들의 앞과 이스라엘의 앞에서 나를 높이사 나와 함께 돌아가서 나로 당신의 하나님 여호와께 경배하게 하소서 ³¹이에 사무엘이 돌이켜 사울을 따라가매 사울이 여호와께 경배하니라

(사무엘상 15:23-31)

24
하나님의 사울에 대한 심판

하나님의 명령에 불순종하고도 그것을 깨닫지 못하는 사울에게 선지자 사무엘이 책망했습니다. 사무엘이 하나님은 제사보다 순종을 원하시며 수양의 기름보다 듣는 것을 원하신다고 가르쳐 주면서 하나님

의 심판을 선포했습니다. "왕이 여호와의 말씀을 버렸으므로 여호와께서도 왕을 버려 왕이 되지 못하게 하셨나이다"(15:23) '버린다'는 말은 미완료형으로 사울의 왕권이 머지 않아 끊어질 것을 암시하는 단어입니다. 사울뿐만 아니라 그의 후손들도 왕위를 이어 받을 수 없게 되었습니다. 계속 변명하던 사울이 자기의 잘못을 고백합니다.

1. 사울의 회개

"사울이 사무엘에게 이르되 내가 범죄하였나이다 내가 여호와의 명령과 당신의 말씀을 어긴 것은 내가 백성을 두려워하여 그 말을 청종하였음이니이다"(15:24)

1) 진정한 회개가 아닙니다

사울은 지금 백성을 두려워하여 하나님의 명령을 어겼다고 변명을 하고 있습니다. 사울은 하나님께서 원하신 것이 아니라 백성들이 원하여 세운 왕이므로 백성들의 눈치를 볼 수밖에 없었을 것입니다. 이것이 사울 왕의 한계이자 비극이었습니다. 결국 그는 하나님의 말씀보다 사람들의 말에 귀를 기울이다가 실패하고 말았습니다. 처음에는 자기 입장을 적극 옹호하며 정당화했습니다.

사울의 회개는 참된 회개가 아닙니다.

① 계속 변명만 일관해 오다가 나중에 사무엘의 무서운 책망을 듣고 어쩔 수 없이 인정했기 때문입니다.

② 죄의 고백 후에도 죄의 원인을 다시금 백성들의 탓으로 돌리고

있기 때문입니다.

③ 죄의 고백 후에도 계속 왕위 보존과 왕권의 명예에 집착하고 있기 때문입니다(15:30).

그는 계속 변명하며 자신을 정당화하면서 죄를 숨기다가 어쩔 수 없는 상황이 되자 죄를 고백했습니다. 그 때는 이미 하나님께서 심판을 계획하신 후였습니다. 후회해도 이미 때는 늦었습니다. 그의 회개는 진정한 회개가 아니었습니다.

우리가 여기서 생각할 것은 잘못했다는 사과에 인색해서는 안 된다는 것입니다. 진정한 회개는 마음속에서부터 해야 됨과 동시에 입술로도 고백해야 합니다. '잘못했습니다. 죄송합니다. 용서바랍니다.' 하고 진실하게 잘못을 시인하는 것이 중요합니다. 계속 변명하고, 합리화하고, 핑계를 댄다면 이것은 거짓이며 술수입니다.

우리도 교회 안에서 잘못을 범할 수 있습니다. 그럴 때는 솔직히 잘못을 인정하고 회개하는 것이 중요합니다. 어느 교회는 교회의 재정을 관리하는 사람이 헌금을 개인적인 용도로 사용했습니다. 이럴 때는 바로 잘못을 깨닫고 회개하여 확실하게 보상함으로써 해결해야 합니다. 또 어느 교회의 회계 집사가 헌금을 사용한 것이 발각되어 치리를 받았습니다. 전임 재정부장인 두 분도 근신을 했습니다. 그런데 어떤 사람들은 이런 경우가 되면 교회를 떠나는데 이것은 하나님 앞에서 회개하는 자세가 아닙니다.

다윗 왕은 부하 우리야의 아내 밧세바를 빼앗아 자기의 아내로 삼았습니다. 나단 선지자가 이것을 책망했을 때 그는 즉시 회개했습니다. 베드로도 예수님을 모른다고 세 번 부인하자 닭이 울었습니다. 그때 예수님의 말씀이 생각나서 즉각 회개했습니다. 죄는 하나님과 우리

사이를 가로막습니다. 죄는 우리의 영이 어두워지게 하여 영적 분별력을 잃게 합니다. 그러므로 우리가 하나님 앞에서 죄를 지었을 때는 즉시 회개해야 합니다.

우리는 죄를 고백하는 일에 주저하지 말고 회개하는 일에 용감한 사람이 되어, 우리의 영이 하나님과 항상 교제하며 하나님의 음성을 듣는 은혜로운 삶을 살아가는 성도가 됩시다.

2) 자신의 체면을 끝까지 찾는 것을 보면 참된 회개가 아닙니다

"청하오니 지금 내 죄를 사하고 나와 함께 돌아가서 나로 여호와께 경배하게 하소서"(15:25)

'지금 내 죄를 사하고'는 하나님 앞에 용서를 구하는 것이 아니라 사무엘에게 구하는 것입니다. 사울은 자신의 근본적인 문제를 바로 알지 못하고 있습니다. 사울은 하나님께 범죄하고도 인간에게 사과하는 것 정도로 잘못 알고 있습니다. 이것은 아주 어리석은 일입니다. 죄는 하나님 앞에 회개해야 합니다. '나와 함께 돌아가서 나로 여호와께 경배하게 하소서'라고 했는데 사울이 사무엘과 함께 가려고 한 목적지는 길갈이었습니다(15:21). 사울의 의도는 여호와 하나님께 진실로 회개하려는 것이 아니었습니다. 그는 사무엘이 집전하는 제사의 현장에 자신이 함께 동행함으로써 그것을 보는 많은 사람들에게 아직 자신이 왕으로서 건재함을 과시하고 싶었기 때문입니다. 그러므로 그의 회개는 진정한 것이 아닙니다.

사울은 아직도 자신의 체면을 우선순위에 두고 있습니다. 백성들 앞에서 자신을 높이려고 합니다. 사울은 아직도 자신을 깨뜨리지 못하고 있는 것입니다. 지금 그가 해결해야 할 급선무는 하나님과의 관계

회복입니다. 즉 하나님 앞에서 자신의 잘못을 회개하는 일입니다. 하나님 앞에 엎드려서 구하고 부르짖어야 했습니다. 그런데도 사람 앞에서의 인정, 체면, 위신, 자신의 명예에 더 많은 신경을 씁니다. 이것은 회개하는 자의 자세가 아닙니다.

우리는 항상 하나님과 나와의 관계가 가장 근본이라는 사실을 알아야 합니다. 우리는 사람의 인정과 세상의 인기보다 하나님 앞에서 항상 겸손하고 하나님의 인정을 받는 삶을 살아가는 성도가 됩시다.

3) 시간이 다 가기 전에 회개해야 합니다

회개는 빨리 해야 합니다. 그런데 사울은 계속 변명하며 미루다가 나중에 어쩔 수 없는 상황이 되자 회개했습니다. 그러나 때는 이미 늦었습니다. 회개할 기회를 놓치면 소용이 없습니다. 그러므로 우리는 항상 심령이 깨어 있어야 합니다.

마태복음 25장의 열 처녀 비유에 보면, 지혜로운 다섯 처녀와 미련한 다섯 처녀가 나옵니다. 이들의 다른 점은 기름 준비를 잘 했느냐 잘 하지 못했느냐입니다. 즉 늘 깨어 있어야 한다는 것입니다. 기름을 준비하지 못한 미련한 다섯 처녀는 잔치에 들어가지 못했습니다. 영적으로 너무 늦었습니다. 동작은 느려도 영적인 일에는 빨라야 합니다. 예배드리는 일에 빨아야 합니다. 기도, 전도, 헌금, 봉사, 순종하는 일에 늦으면 손해를 보게 됩니다. 다른 사람이 먼저 순종하고 복을 받게 됩니다.

광야시대에 고라의 자손들이 반역했습니다. 모세와 아론에게 대적한 것은 하나님의 권위에 도전한 것입니다. 이때 하나님께서 진노하시어 이 악인들의 장막에서 떠나라고 하셨습니다(민 16:26). 그 때는 즉각 돌아서야 합니다. 기회가 주어졌을 때 즉각 떠난 사람들은 구원을 받았습니다. 그러나 늦은 사람들은 땅속에 묻혔습니다. 우리 하나님은 무기한 기다려 주시지 않습니다.

세상 마지막에 휴거할 때가 옵니다. 들림을 받을 사람과 버려질 사람이 있을 것입니다. 두 사람이 함께 맷돌을 갈다가 한 사람은 올라가고 한 사람은 남게 될 것입니다. 밭에서 일을 하거나 잠을 자다가, 또는 공부를 하다가 올라 갈 사람도 있을 것이며 남게 될 사람도 있을 것입니다. 그 때는 회개해도 때는 이미 늦습니다. 우리는 즉각적인 결단을 해야 합니다.

베드로의 형제 야고보와 요한의 형제 야고보가 배에서 그물 깁는 것을 보신 예수님께서 "나를 따라 오너라" 하실 때 그들은 즉각 순종했습니다. 마태도 세관에서 부름 받았을 때 즉각 순종했습니다. 주님은 지금도 죄인이 회개하고 돌아오기를 기다리십니다. 사울은 끝까지 변명하다가 마지못해 회개했습니다. 그러나 그 회개는 진정한 회개가 아니었습니다.

1년을 마무리하는 시간이 다가왔습니다. 우리는 하나님 앞에서 진실로 회개하는 성도가 됩시다. 변명을 하거나 자신의 체면을 생각하지 말고, 시간을 끌며 늦추지도 말고, 진실하고 솔직하게 회개하는 참된 성도가 됩시다. 이것이 주님 앞에서 은혜 받는 길이요, 사는 길이요, 하나님의 약속과 축복을 받는 길입니다.

2. 하나님의 심판

하나님은 하나님의 명령에 불순종한 사울을 심판하셨습니다. 사울이 회개를 했지만 진실한 회개는 아니었습니다. 그래서 하나님은 그에게 무서운 심판을 내리신 것입니다. 사울에게 내리신 하나님의 심판은 어떤 심판입니까?

1) 하나님이 사울을 버리셨습니다

"사무엘이 사울에게 이르되 나는 왕과 함께 돌아가지 아니하리니 이는 왕이 여호와의 말씀을 버렸으므로 여호와께서 왕을 버려 이스라엘 왕이 되지 못하게 하셨음이니이다"(15:26)

하나님이 사울을 버리셨습니다. 그 이유는 사울이 하나님의 말씀을 버렸기 때문입니다. 하나님이 사울을 버리신 것은 제사장 사무엘이 드려야 할 제사직을 침해한 것도 있고, 아멜렉 왕과 짐승을 살려 주었던 불순종도 있습니다. 그러나 이 두 가지만의 잘못 때문에 그의 왕직을 박탈당했다고는 할 수 없습니다. 이 두 가지는 그가 저지른 많은 불순종 가운데 대표적인 것으로 보아야 합니다. 즉 사울은 성경에 기록되지 않은 다른 많은 것들도 불순종했기 때문에 그를 심판하셨다고 보는 것이 타당합니다.

우리는 여기에서 사무엘의 훌륭한 인격을 발견할 수 있습니다.

① 사울 왕의 간청을 거절했습니다.

"청하오니 지금 내 죄를 사하고 나와 함께 돌아가서 나로 여호와께 경배하게 하소서"(15:25)

사울은 사무엘에게 자기와 함께 가서 여호와께 제사 드릴 것을 부탁했습니다. 사무엘은 단호히 거절했습니다. 사실 왕의 간청을 거절하기란 무척 어려웠을 것입니다. 그러면 무엇이 그로 하여금 단호한 결정을 하게 만들었습니까? 그것은 왕보다 하나님의 말씀을 더 중요하게 여겼기 때문입니다. 하나님은 사울 왕을 버리셨습니다. 그것이 하나님의 뜻입니다. 사무엘은 하나님의 뜻에 순종하려고 사울 왕의 요구를 거절했습니다. 사무엘은 신본주의자요, 오직 하나님 중심, 오직 말씀 중심의 사람입니다.

사무엘과 사울은 대조적입니다. 사울은 하나님보다 사람을 더 두려워 한 인본주의자였기 때문에 사람들의 환심과 인기를 더 우선시 했습니다. 사무엘이 현직 왕의 요구를 거절한 것은 굉장한 용기를 가진 사람임을 증명합니다. 우리는 사무엘의 용기와 신앙을 본받아야 합니다. 우리가 다른 사람의 부탁을 거절하기란 상당히 어렵습니다. 부탁하는 사람이 명망이 있고 권세가 있을수록 더욱 어렵습니다. 대부분 아부하거나 환심을 사려고 합니다. 하물며 청원자가 모든 권세를 가진 왕이라면 누가 그 부탁을 거절할 수 있겠습니까? 그런데도 사무엘은 거절했습니다.

우리는 여기서 바벨론에 포로로 끌려 갔던 세 청년 사드락과 메삭과 아벳느고의 신앙과 용기를 생각하게 됩니다. 느부갓네살 왕이 큰 금신상을 세우고 거기에 절하지 않으면 풀무불 속에 던진다고 했습니다. 누구의 명령이라고 감히 거부할 수 있겠습니까? 그러나 그들은 당당하게 거부했습니다. 왕이 그들을 불러서 부탁했지만 역시 거절했습니다. 이것은 대단한 용기와 신앙이 없이는 할 수 없는 일입니다. 사무엘도, 세 청년도 그들의 중심은 세상의 왕이나 사람보다도 하나님을 기쁘시게 하는 것을 더 중요하게 생각하고 추구했습니다. 잠시 영화를 누리는 것 보다 영원히 사는 것을 원했습니다.

우리도 선지자 사무엘처럼 사람보다 하나님의 뜻에 더 순종하기를 원하는 아름다운 신앙의 용기와 결단을 본받는 성도가 됩시다.

② 하나님의 명령을 그대로 전했습니다.

하나님의 명령은 좋은 소식이 아닙니다. 나쁜 소식이며 망하는 소식이지만 사무엘은 그대로 전했습니다. 이것이 선지자의 사명입니다. 선지자는 하나님의 말씀을 그대로 대언하는 사람입니다. 오늘날의 설교자들도 마찬가지입니다. 하나님의 말씀을 정확하게 전달해야 합니다.

모압 왕 발락이 발람 선지자에게 이스라엘을 저주해 달라고 사람들을 보냈습니다. 그 전에 하나님께서 그들이 올 것을 미리 말씀하시고 따라가지 말라고 하셨습니다. 그러나 발람은 물질에 눈이 어두워 하나님의 말씀에 불순종했습니다. 저주하려는 입에서 계속 축복이 나왔습니다. 결국 발람은 발락에게 배척당하고 비참하게 죽게 됩니다. 느헤미야 선지자가 훼파된 예루살렘 성벽을 건축할 때 반대자들이 모함을 했습니다. 그때 선지자 스마야가 자신이 하나님의 특별한 계시를 받았다며(6:10) 느헤미야에게 성전 안으로 피하라고 했습니다. 그러나 그것은 모함이었습니다. 성전 안에는 제사장만이 들어가는 곳입니다(민 18:7). 만일 선지자가 이 말을 믿고 성전 안으로 들어갔다면 율법을 어긴 것이 됩니다. 백성들에게 권위가 손상되고 그의 믿음의 행위가 불신 당했을 것입니다. 물론 성벽 공사도 어려워졌을 것입니다. 거짓 선지자 스마야는 공사를 저지하기 위해 산발랏과 도비야에게 뇌물을 받고 거짓 예언을 한 것입니다. 모두가 망하는 짓입니다.

선지자는 하나님의 말씀을 그대로 진실하게 전해야 합니다. 사무엘은 그대로 전했습니다. 나단 선지자도 다윗이 죄를 범했을 때 그의 죄를 바로 지적했고, 세례 요한도 헤롯 왕의 죄를 바로 적적해 주었습니다. 사무엘도 '하나님은 당신을 버렸다'고 사울 왕의 죄를 바로 지적해 주었습니다.

우리도 하나님의 말씀을 받은 대로 전해야 합니다. 사람의 비위나 인기를 의식해서 하나님의 말씀을 그대로 전하지 못한다거나 가르치지 못하고, 또 그 말씀을 바로 받지 못한다면 하나님의 역사가 그곳에 임하지 않습니다.

우리는 오직 말씀을 그대로 받아 전하고, 가르치고, 순종하는 성도가 됩시다.

2) 왕위를 다른 사람에게 준다는 것입니다

"사무엘이 그에게 이르되 여호와께서 오늘 이스라엘 나라를 왕에게서 떼어서 왕보다 나은 왕의 이웃에게 주셨나이다"(15:28)

'왕보다 나은 이웃' 은 하나님의 마음에 합한 자, 곧 다윗을 가리킵니다(13:14; 행 13:22). '주셨나이다' 란 말은 이미 다윗이 왕으로 선택되었음을 시사해 주는 과거 완료형입니다. 이 때는 사무엘 자신도 차기 이스라엘의 왕이 누구인지 아직 모르는 상태에서 하나님의 말씀을 그대로 전하는 것입니다. 사울은 사실상 왕위를 상실했습니다. 그가 아직 왕위에 있고, 차기 왕이 즉위한 것도 아니지만 사실상 왕위는 빼앗겼습니다. 하나님께서 그를 인정하시지 않기 때문입니다. 사실 그는 죽을 때까지 왕위에 있었으나 하나님에게서 이미 떠났습니다. 그는 영적으로 죽었기 때문입니다. 주님이 떠나시면 아무 소용이 없습니다.

"사무엘이 가려고 돌이킬 때에 사울이 그의 겉옷자락을 붙잡으매 찢어진지라"(15:27) 이것은 나라가 다른 사람에게 넘어 간 것을 뜻하는 구절입니다. 사울이 '그의 겉옷자락을 붙잡았다' 는 것은 사무엘에게 극렬히 매달렸다는 것을 알 수 있습니다. 그때 '사무엘의 겉옷이 찢어졌다'는 것은 하나님의 뜻을 보여 주는 하나의 징조입니다. 사울의 왕권이 취소되었다는 것을 암시하는 내용입니다. 사울의 나라가 이제 다른 사람에게로 넘어갔음을 알리는 징조입니다. 솔로몬이 범죄했을 때 하나님의 심판으로 그의 아들 르호보암 때 나라가 둘로 나누어졌습니다. 하나님은 불순종한 자들에게 하나님의 나라를 맡기지 않으십니다.

3) 사무엘이 함께 하지 않는다는 것입니다

"사무엘이 사울에게 이르되 나는 왕과 함께 돌아가지 아니하리니 이는 왕이 여호와의 말씀을 버렸으므로 여호와께서 왕을 버려 이스라엘 왕이 되지 못하게 하셨음이니이다"(15:26)

그런데 15장 31절을 보면, 처음에는 사울과의 동행을 거절하다가 나중에 간청에 못 이겨 사무엘이 따라가는 내용이 나옵니다.

사무엘이 사울을 따라 간 이유는,

① 비록 형식적이긴 하지만 사울은 여전히 왕입니다. 그래서 차기 왕이 등극할 때까지는 사울을 통하여 외적인 정치 질서를 유지해야 할 필요성이 있었기 때문입니다.

② 사울과 함께 가서 아말렉 왕 아각을 죽임으로써 사울이 완수하지 못한 일을 자신이 마저 처리해야 할 필요성을 느꼈기 때문입니다.

그러나 사무엘은 결국 사울을 떠나고 맙니다. "사무엘이 죽는 날까지 사울을 다시 가서 보지 아니하였으니 이는 그가 사울을 위하여 슬퍼함이었고 여호와께서는 사울로 이스라엘 왕 삼으신 것을 후회하셨더라"(15:35) 사무엘은 죽는 날까지 사울을 보지 않았습니다. 이 말은 더 이상 선지자로서 사울에게 권고하지 않았다는 말입니다. 그리고 더 이상 사울을 신정국가의 왕으로 인정하지 않았다는 말입니다. 영적 지도자가 그를 떠났다는 것은 심각한 일입니다. 하나님의 사람이 그의 곁을 떠났습니다. 영의 사람이 그의 주위에는 없다는 것, 자기를 위해 기도해 주던 영의 사람과 이별을 했다는 것은 큰 비극입니다. 이것은 하나님과의 이별이나 마찬가지입니다. 이것이 바로 하나님의 심판입니다. 사무엘은 경건한 선지자로서 하나님의 계시를 직접 받아 전달한 하나님의 종입니다. 그는 이스라엘의 영적 지도자입니다. 그에게 기름을 부어 왕으로 세운 사람이요, 그의 기도의 후원자이자 은인입니다. 그런 그가 사울을 떠났습니다. 이것은 하나님의 심판입니다.

믿음의 사람 다윗 곁에는 나단 선지자가 있었고, 바로 왕 곁에는 하나님의 사람 요셉이 있었고, 느부갓네살 곁에는 다니엘이 있었고, 아닥사스다 왕 곁에는 느헤미야가 있었고, 아하수에로 왕 곁에는 모르드개와 에스더가 있었습니다. 영의 사람이 없으면 비참한 결과를 가져 올 수밖에 없습니다. 압살롬이 반역을 일으켰을 때 그의 곁에는 아히도벨이 있었습니다. 그는 모략가로 다윗을 배반하고 압살롬에게 붙은 사람입니다. 하나님께서 그의 꾀를 어둡게 하시자 그의 뜻이 이루어지지 못함을 알고 자살하고 맙니다. 반면 다윗 곁에는 처음에는 사무엘이 있었고, 나중에는 제사장 사독과 아비아달이 있었습니다. 제사장들이 모두 다윗의 편이었으므로 승리할 수밖에 없었습니다. 육의 사람만 모이면 결국 영의 눈이 어두워져 망하고 맙니다.

우리에게도 경건한 신앙의 사람이 필요합니다. 우리에게도 기도 후원자가 필요하고 영적 지도자가 필요합니다. 우리에게는 경건한 친구가 있습니까? 우리는 어떤 친구와 어떤 교제를 합니까? 영을 추구하는 사람들입니까? 세속적인 사람들입니까? 우리는 영적인 친구들과 교제해야 합니다. 우리를 하나님께로 인도하기를 힘쓰는 친구들과 교제해야 합니다. 하나님의 말씀에 순종하며, 교회를 위해 봉사와 충성을 다하며, 영혼 구원에 관심을 가지며, 자신의 부족함을 이기려고 경건에 힘쓰는 사람을 만나야 합니다.

　우리 모두 오직 주님, 오직 말씀 중심의 삶을 살아가는 성도가 됩시다. 아멘.

³²사무엘이 가로되 너희는 아말렉 사람의 왕 아각을 내게로 이끌어 오라 하였더니 아각이 즐거이 오며 가로되 진실로 사망의 괴로움이 지났도다 하니라 ³³사무엘이 가로되 네 칼이 여인들로 무자케 한 것 같이 여인 중 네 어미가 무자하리라 하고 그가 길갈에서 여호와 앞에서 아각을 찍어 쪼개니라 ³⁴이에 사무엘은 라마로 가고 사울은 사울 기브아 본 집으로 올라가니라 ³⁵사무엘이 죽는 날까지 사울을 다시 가서 보지 아니하였으니 이는 그가 사울을 위하여 슬퍼함이었고 여호와께서는 사울로 이스라엘 왕 삼으신 것을 후회하셨더라

(사무엘상 15:32-35)

25
악인의 비극

미국 화폐에는 "우리는 하나님을 믿는다(In God we trust)"라는 문구가 새겨져 있습니다. 1851년 미국 메릴랜드 주의 한 농부가 재무부에 청원하여 1854년 국회를 통과하게 된 것입니다. 여호수아는 "오직 나와 내 집은 여호와를 섬기겠노라"(수 24:15)고 고백했습니다. 믿음의 사람 사무엘은 오직 하나님을 기쁘시게 하는 일을 위해 살았습니다. 오직 하나님 중심의 삶입니다.

그러나 사울은 하나님의 명령을 거부하여 하나님으로부터 버림을 받았습니다. 그는 아말렉 왕 아각을 죽이라는 하나님의 명령을 어기고 살려주었습니다. 하나님의 사람 사무엘은 사울이 스스로 이 일을

해결할 수 없음을 알고 하나님의 명령을 수행하기 위해 사울과 함께 갔습니다. 악한 왕 아각은 최후를 맞게 됩니다. 사울 왕과 아말렉 왕은 다 악인입니다.

본문에서 우리는 악인의 비극을 살펴보고자 합니다. "사무엘이 가로되 너희는 아말렉 사람의 왕 아각을 내게로 이끌어 오라 하였더니 아각이 즐거이 오며 가로되 진실로 사망의 괴로움이 지났도다 하니라 사무엘이 가로되 네 칼이 여인들로 무자케 한 것 같이 여인 중 네 어미가 무자하리라 하고 그가 길갈에서 여호와 앞에서 아각을 찍어 쪼개니라"(15:32-33)

아각 왕에 대한 심판이 나옵니다.

1. 사울은 그를 살렸으나 사무엘은 죽였습니다

여기에서 차이점은 똑같은 사건에서 똑같은 명령을 받았는데 한 사람은 하나님의 명령에 불순종했고, 다른 한 사람은 순종했다는 점입니다. 한 사람은 인본주의요, 한 사람은 신본주의입니다. 인정과 욕심에 이끌려 하나님의 명령에 불순종한 사울과, 오직 하나님의 명령대로 아각을 처벌한 사무엘입니다. 성경은 하나님의 명령에 순종하는 자가 복되다고 말씀하십니다. 하나님이 보시는 것은 순종입니다. 그래서 사무엘은 하나님의 명령에 순종한 것입니다.

우리는 항상 우선순위를 어디에 둘 것인가에 대해 생각해야 합니다. 때로는 이 문제를 고민해야 하고 결단할 수 있어야 합니다. 그 표준은 하나님의 말씀에 순종하는 것이어야 합니다. 이것이 하나님의 사람으로서의 자세이자 하나님이 기뻐하시는 일입니다. 결국 그것이 잘 하는 것입니다.

2. 아각의 어리석음

"사무엘이 가로되 너희는 아말렉 사람의 왕 아각을 내게로 이끌어 오라 하였더니 아각이 즐거이 오며 가로되 진실로 사망의 괴로움이 지났도다 하니라"(15:32)

'즐거이'의 원래의 뜻은 '부드럽다, 느슨하다'로 '기꺼이, 기쁘게'와 동의어입니다.

아각은 자신이 왕에게서 제사장의 손으로 넘어가면 목숨이 부지되는 것으로 확신한 듯합니다. 자유를 얻을 것으로 기대했던 것입니다. 그래서 그는 '진실로 사망의 괴로움이 지났도다'라고 기뻐했습니다. 이제 노 제사장의 손으로 넘겨지는 것을 보니 군대보다는 긍휼하심이 더 많을 것으로 알고 '이제는 살았다. 죽을 고비를 넘겼다'고 생각한 것입니다. 이것은 뻔뻔한 것입니다. 여기서 악인의 자세가 뻔뻔하다는 것을 알 수 있습니다. 자신이 마땅히 죽을 죄를 짓고도 죄의 대가를 받을 생각을 하지 않습니다. 자신의 잘못을 느끼지도 못하는 뻔뻔함입니다. 이것은 그의 오해요, 착각이요, 실수였습니다.

악인의 특징은 자신의 죄를 잘 잊는 것입니다. 상대방은 괴로워하고 아파하지만 자신은 모르고 있습니다. 그런데 더 중요한 것은 하나님은 실수하시지 않는 사실입니다. 인간은 잘 잊고 착각하며 뻔뻔하게 나타나지만 하나님은 만드시 심판하십니다.

3. 아각의 죽음

사무엘은 그의 죄목을 먼저 말했습니다.

"사무엘이 가로되 네 칼이 여인들로 무자케 한 것 같이 여인 중 네 어미가 무자하리라"(15:33)

이 본문으로 보아 아각 왕은 수많은 전쟁과 약탈에서 매우 잔인하고 포악했음을 알 수 있습니다. 그 중에서 그는 많은 여인들로부터 많은 자식들을 빼앗아 버렸습니다. 그는 전쟁을 일으킨 살인자였습니다. '여인 중 네 어머니가 무자하리라' 고 했습니다. 이제 아각이 지은 죄에 대한 응당한 대가를 받습니다. 즉 '너는 죽어야 된다' 는 말입니다.

우리는 여기서 심은 대로 거두는 원리를 볼 수 있습니다(갈 6장). 많이 심은 자는 많이 거두고 적게 심은 자는 적게 거둡니다. 악을 심으면 악을, 선을 심으면 선을 거둡니다. 썩을 것을 심으면 썩을 것을, 성령을 심으면 성령을 거둡니다. 제2차 세계대전을 일으켰던 전범자들은 모두 응당한 형벌과 죽임을 받았습니다. 하나님은 공의의 하나님이십니다. 예수님도 분명히 말씀하셨습니다. 바리새인들을 향하여 선지자를 죽인 것과 위선에 대한 심판을 경고하셨습니다.

그리고 유대인들이 메시아를 십자가에 못박아 죽인 죄를 그들과 그들의 자손이 받았습니다. 히틀러에게 600만, 스탈린에게 400만 명이 학살을 당했습니다. 전 세계적으로 핍박과 조롱을 받은 것입니다. 지금도 세계 곳곳에서 반 유대인 운동이 일어나고 있습니다.

4. 찍어 쪼개어 죽였습니다

"사무엘이 가로되 네 칼이 여인들로 무자케 한 것 같이 여인 중 네 어미가 무자하리라 하고 그가 길갈에서 여호와 앞에서 아각을 찍어 쪼개니라"(15:33)

'여호와 앞에서'는 '여호와의 제단 앞에서'란 말입니다. 사무엘이 여호와의 제단 앞에서 아각을 처형하는 것은 단순히 보복적인 처형이 아닙니다. 아말렉을 진멸하라는 하나님의 명령에 근거하여 영적·공의적 차원에서 이루어졌음을 보여 주기 위한 것입니다. '찍어 쪼개니라'는 '여러 조각을 내다, 토막 토막을 내다'라는 뜻입니다. 이것을 너무 잔인하다고 생각할 수도 있을 것입니다. 그러나 우리가 기억해야 할 것은 아각 왕이 수많은 사람들을 학살하고 죽였다는 사실을 알아야 합니다. 또한 아말렉은 하나님의 백성인 이스라엘을 수 없이 괴롭히며 파멸시키고자 했던 사실을 간과하면 안됩니다. 그리고 우리 하나님은 죄에 대해서는 철저하고도 단호하게 심판하신다는 것을 보여 주셨습니다.

아각은 죄악의 상징이자 악인의 대표격입니다. 그리고 회개하지 않는 자의 상징입니다. 여기에 대한 하나님의 심판은 단호하십니다. '찍어 쪼갠다'는 것은 죄에 대한 형벌입니다. 우리는 여기서 죄에 대해 어떤 태도를 가져야 할 것인가를 발견할 수 있습니다.

죄는 철저히 쪼개어 사정없이 죽여야 합니다. 아각을 쪼개어 죽인 것은 죄에 대한 철저한 심판입니다. 우리도 죄에 대해 단호해야 합니다. 아멘.

¹여호와께서 사무엘에게 이르시되 내가 이미 사울을 버려 이스라엘 왕이 되지 못하게 하였거늘 네가 그를 위하여 언제까지 슬퍼하겠느냐 너는 기름을 뿔에 채워 가지고 가라 내가 너를 베들레헴 사람 이새에게로 보내리니 이는 내가 그 아들 중에서 한 왕을 예선하였음이니라 ²사무엘이 가로되 내가 어찌 갈 수 있으리이까 사울이 들으면 나를 죽이리이다 여호와께서 가라사대 너는 암송아지를 끌고 가서 말하기를 내가 여호와께 제사를 드리러 왔다 하고 ³이새를 제사에 청하라 내가 너의 행할 일을 가르치니니 내가 네게 알게 하는 자에게 나를 위하여 기름을 부을지니라 ⁴사무엘이 여호와의 말씀대로 행하여 베들레헴에 이르매 성읍 장로들이 떨며 그를 영접하여 가로되 평강을 위하여 오시나이까 ⁵가로되 평강을 위함이니라 내가 여호와께 제사하러 왔으니 스스로 성결케 하고 와서 나와 함께 제사하자 하고 이새와 그 아들들을 성결케 하고 제사에 청하니라

(사무엘상 16:1-5)

26
사무엘의 베들레헴 방문 1

고민을 하되 깊게, 그리고 짧게 하라는 말이 있습니다. 고민을 너무 오래하면 소극적이고 부정적으로 변해 손해를 보고 결국 판단이 흐려지게 됩니다.

성경의 사건들이 비극으로 끝나는 것 같으나 반드시 새로운 소망으로 다시 시작됩니다. 구약의 창세기는 천지 창조의 영광스러움으로 시작되어 위대한 믿음의 사람 요셉의 입관이라는 비극으로 대단원의

막을 내립니다. 그러나 요셉의 유언 속에 해골을 메고 가나안으로 가는 부활의 소망으로 다시 시작됩니다. 신약은 예수 그리스도의 탄생으로 시작되어 요한의 계시록으로 끝납니다. 신천신지 새 하늘과 새 땅으로 끝을 맺습니다.

사무엘은 이스라엘의 초대 왕 사울이 하나님을 배반하여 하나님으로부터 배척을 당한 사실에 너무 슬퍼 밤을 새워가며 사울과 나라를 위하여 울었습니다. 그러나 마냥 슬퍼할 수만은 없었습니다. 그것은 하나님께서 더욱 더 좋은 왕을 준비하셨고 새로운 일을 계획하고 계시기 때문입니다. 그것은 사무엘이 베들레헴을 방문하면서부터 전개됩니다.

1. 하나님의 새로운 계획

"여호와께서 사무엘에게 이르시되 내가 이미 사울을 버려 이스라엘 왕이 되지 못하게 하였거늘 네가 그를 위하여 언제까지 슬퍼하겠느냐 너는 기름을 뿔에 채워 가지고 가라 내가 너를 베들레헴 사람 이새에게로 보내리니 이는 내가 그 아들 중에서 한 왕을 예선하였음이니라" (16:1)

1) 사무엘이 슬퍼했습니다

사무엘은 사울 개인이 하나님 앞에 범죄하여 버림받은 사실뿐만 아니라 이스라엘 나라를 위해서도 슬퍼하고 있습니다. 왕이 잘못 되면 나라는 무정부 상태가 되고 혼란과 어려움이 오게 되므로 낙심하여 슬퍼하는 것입니다. 이때 하나님께서 사무엘을 찾아와 "언제 까지 슬퍼하겠느냐"고 말씀하셨습니다. 이 말씀은 더 이상 사울로 인해 슬퍼하지 말라는 뜻입니다. 그 이유는 하나님께서 이미 사울을 버려 이스라엘의 왕이 되지 못하게 하셨기 때문입니다. 그러므로 이제 사무엘이 사울을 위하여 슬퍼해도 소용이 없는 일입니다. 더 이상 슬퍼한다는 것은 어리석은 일입니다. 하나님께서 이미 그를 버리셨기 때문에 이 일로 더 이상 슬퍼할 필요가 없습니다. 이럴 때는 빨리 잊는 것이 좋습니다. 과거에 너무 집착하는 것은 아무 유익이 안됩니다. 더구나 실패한 과거에 너무 집착하면 안됩니다.

시험에 낙방한 것에 대해 지나치게 집착하여 슬퍼하거나 실망하면 안됩니다. 지난 것은 빨리 잊고 다시 목표를 세워 출발하는 것이 좋습니다. 올해 안 되면 내년도 있고, 이것 아니면 또 저것도 있습니다. 멀리 내다보고 마음을 크게 먹어야 합니다. 사업에 실패할 수도 있습니다. 실패는 빨리 잊고 새로운 결심으로 재도전하는 자세를 가져야 합니다.

사람은 누구나 죄를 지을 수 있습니다. 이때 하나님 앞에 철저히 회개하면 용서를 받습니다. 성경은 말씀합니다. "만일 우리가 우리 죄를 자백하면 저는 미쁘시고 의로우사 우리 죄를 사하시며 모든 불의에서 우리를 깨끗케 하실 것이요"(요일 1:9) 이 말씀을 확신하고 감사함으로 더 이상 죄를 짓지 않도록 힘써야 합니다. 계속 죄의식에 사로 잡혀 있으면 안됩니다. 다윗 왕이 우리야의 아내 밧세바를 빼앗는 죄를 범했을 때 그는 철저히 회개하여 죄 용서함 받은 것을 확신하고 다시 일어섰습니다.

우리도 하나님 앞에서 죄를 회개하면 모든 죄를 깨끗이 용서해 주심을 확실히 믿읍시다. 그리고 더 이상 죄에 사로 잡혀 고민하지 말고 오히려 적극적으로 주의 말씀에 순종하는 일에 힘써야 합니다.

2) 하나님은 새로운 일을 계획하고 계십니다

하나님께서 사무엘에게 더 이상 슬퍼하지 말라고 하신 것은 새로운 일을 계획하시기 때문입니다.

"너는 기름을 뿔에 채워 가지고 가라 내가 너를 베들레헴 사람 이새에게로 보내리니 이는 내가 그 아들 중에서 한 왕을 예선하였음이니라"(16:1)

사무엘이 사울 때문에 계속 슬퍼하고 있을 때 하나님은 이미 새로운 일을 추진하고 계셨습니다. 하나님이 사무엘에게 기름을 뿔에 채워 다윗에게로 가라고 하신 목적은 새로운 왕을 세우기 위해서입니다.

그런데 왜 기름을 병에 채워서 가라 하시지 않고 뿔에 채워서 가라고 하셨습니까? 뿔에 기름을 채우는 것은 주로 그 왕이 정통성을 가지고 세움을 받는다는 뜻이 있습니다. 다윗이 아들 솔로몬에게 왕위를 계승할 때, 제사장 사독과 선지자 나단 등이 솔로몬을 나귀에 태워 기혼으로 가서 제사장 사독이 성막 가운데서 기름 뿔을 취하여 솔로몬에게 부어 왕으로 세웠습니다. 솔로몬은 다윗의 뒤를 이어받은 정통성을 가진 왕이었습니다. 반면 병을 사용하는 것은 그 왕의 비정통성을 암시하는 경우입니다. 사울 왕을 세울 때 사무엘이 기름병을 그의 머리에 부었습니다(10:1). 열왕기하 9장 1-13절에 보면, 선지자 엘리사가 생도 중 하나를 불러서 '기름병을 가지고 길르앗 라못으로 가서 여호사밧의 아들 예후의 머리에 기름을 붓고 왕으로 삼으라' 고 가르쳤습니다. 사울이나 예후는 비정통성을 가진 왕들로서 하나님의 말씀에 불순종한 사람들입니다. 이들은 처음에는 하나님께 순종하는 듯하다가 뒤에는 모두 하나님을 배반하고 불순종하여 결국 실패자들이 되고 맙니다.

정통성은 아주 중요합니다. 국가의 지도자도 정통성이 있어야 권위가 있고 통치력을 발휘할 수 있습니다. 정당한 방법으로 백성들의 선거에 의해서 뽑힌 사람은 정통성이 있습니다. 그러나 쿠데타로 정권을 잡으면 계속 정통성 때문에 시비가 생길 수밖에 없습니다. 부부도 정당하게 결혼하여 법적·윤리적으로 문제가 없으면 정통성이 인정됩니다. 그러나 부정한 방법으로 맺어지면 정통성이 없어 항상 문제의 소지가 남게 됩니다. 주의 종들도 정통성이 있어야 합니다. 신학의 제반 과정을 다 이수하여 목사가 되면 정통성에 논란의 여지가 없습니다. 그러나 사이비는 정통성이 없습니다. 출신이나 과정이 의문 투성이입니다. 직분자도 마찬가지입니다. 정당하게 공동의회를 거쳐 피택이 되고, 소정의 준비 과정을 다 거쳐서 세움 받으면 정통성이 인정됩니다.

하나님은 사무엘에게 이스라엘의 정통성을 가진 왕을 세우기 위해 새로운 사명을 주어 보내십니다. 그 사명은 이새의 아들 중에 한 사람을 왕으로 세우는 일입니다. "내가 그 아들 중에서 한 왕을 예선하였음이니라"(16:1) '예선하였음이니라(ראיתי, 라이티)'는 '보다'라는 의미로 여기서는 '선택하다'는 뜻이 있습니다. 왕은 하나님의 마음에 맞는 사람(삼상 13:14)이 선택되어야 합니다. 사울보다 나은 사울의 이웃(삼상 15:28)이 되어야 합니다. 사울은 사람의 기준으로 백성들에 의해서 선발된 왕입니다(8:5,20; 11:15). 이것을 볼 때 진정한 이스라엘의 신정 왕정체제는 사울의 때가 아니라 다윗의 때에 이룩되었다고 볼 수 있습니다.

하나님은 사울 대신에 그 보다 더욱 더 훌륭한 믿음과 순종의 사람 다윗을 예비해 두셨습니다. 그래서 사무엘에게 언제까지 슬퍼하겠느냐고 말씀하신 것입니다. 더 이상 낙심하지 말라는 말씀입니다. 우리 하나님은 항상 새로운 일을 예비하시고 진행하시는 분입니다. 항상 지금보다 더 좋은 것을 예비하십니다. 우리가 기억할 것은 우리 인생은 실패하나 우리 하나님은 결코 실패하시지 않는다는 사실입니다. 그러므로 우리는 보다 적극적인 믿음을 가질 필요가 있습니다.

하나님은 이스라엘의 위대한 영도자 모세를 이을 후계자로 여호수아를 예비하시고 그에게 가나안 정복이라는 새로운 사명을 주셨습니다. 나오미와 룻이 모압에서 패가망신하여 비참한 모습이 되었으나, 하나님은 베들레헴에 추수를 예비하시고 그들을 위해 유력자 보아스를 준비해 두셨습니다. 하나님은 나오미와 룻을 위해 새로운 길을 예비해 두셨습니다.

남편이 없이 집안 생계를 꾸려 나가는 부인이 사고로 손목을 절단해야 했습니다. 그 부인의 직업은 타이피스트였습니다. 목사님이 어떤 말로 위로할 것인가 생각하며 병실의 문을 열었을 때, 그녀는 환하게 웃는 얼굴로 맞으며 이런 말을 했습니다. "하나님은 하나의 문을 닫으실 때는 다른 새로운 문을 열어주실 것으로 믿습니다. 남편이 죽었을 때 나에게 타이피스트가 되게 하셨습니다. 이제 손목을 잘랐으니 의수로 타입를 치게 하시든지, 아니면 다른 방법으로 하시든지 새로운 길을 열어 주실 줄 믿습니다." 그렇습니다. 하나님은 사울이 실패하자 그 보다 더 훌륭한 믿음의 사람 다윗을 왕으로 준비해 두셨습니다. 그래서 사무엘에게 언제까지 슬퍼하겠느냐고 하신 것입니다.

우리도 어려운 일이나 슬픈 일을 당할 때 너무 실망하거나 낙심하지 맙시다. 우리 하나님은 하나님의 교회와 그의 백성인 우리를 위해 하나의 문이 닫히면 또 다른 새로운 문을 열어 주실 것을 믿고 주님을 더욱 더 의지하는 성도가 됩시다.

3) 하나님의 예언 성취

사무엘이 베들레헴으로 내려가는 것은 하나님의 예언을 성취하는 것입니다. 하나님이 사무엘에게 '베들레헴 사람 이새의 아들 중에서 왕으로 삼게 하겠다' 고 하신 말씀은 하나님의 예언이 성취되는 것을 보여 줍니다. 하나님의 뜻은 유다 지파 중에서 이스라엘의 왕을 삼는 것이었습니다. 이 베들레헴은 유다 지파의 다윗 왕의 고향입니다. 하나님은 사무엘에게 이곳으로 가서 이새의 아들에게 기름을 부어 왕으로 삼으라고 명령하셨습니다. 이것은 하나님의 예언의 성취입니다.

'베들레헴(ביתלהם, 베이트레헴)' 은 '떡 집' 이란 뜻입니다. 이새가 사는 베들레헴은 룻기서로 그 역사를 거슬러 올라갑니다. 모압 여인 룻이 친정으로 가지 않고 시모 나오미와 함께 이스라엘의 베들레헴으로 왔습니다. 그때가 바로 추수기였습니다. 룻은 시어머니를 위해 밭에서 열심히 곡식 이삭을 주웠습니다. 룻의 소문과 효행은 이미 널리 알려졌습니다. 이때 그녀가 찾아 간 곳이 바로 보아스의 밭이었습니다. 보아스가 열심히 일하는 룻을 보았고, 보아스는 그녀에게 선을 베풀어 떡을 먹게 하고, 휴식을 취하게 하고, 더 많은 곡식을 주며, 그녀에게 잘 대하라고 말했습니다. 보아스는 그녀 집안의 기업을 무를 가까운 친척 중에 하나였습니다. 이 사실을 안 나오미는 이것이 하나님의 인도하심인 것을 확신하고, 보아스가 자기 집안의 기업 무를 자임을 룻에게 가르쳐 주었습니다. 그리고 어떻게 할 것을 자세히 일렀습니다. 밤중에 단장을 하고 그의 발치 아래 누웠다가 '당신의 옷자락으로 시녀를 덮으소서'라고 할 말까지 일러주었습니다. 그리고 보아스가 성문에서 더 가까운 근족에게 물어 그가 기업을 무르지 않겠다고 하면 보아스가 무르겠다고 약속했습니다. 그리고 근족에게 다짐을 받은 후 드디어 룻과 결혼하게 됩니다. 보아스는 유다의 후손입니다. 그 사이에 난 아들이 오벳이며, 오벳이 낳은 아들이 바로 이새입니다. 이새는 다윗을 낳았습니다. 다윗은 유다의 후손으로 태어났습니다.

사울 왕은 베냐민 지파 출신입니다. 불순종한 이스라엘이 왕을 요구하자 그들의 요구를 들어 베냐민 지파의 사울을 왕으로 세웠습니다. 그는 정통성이 없는 왕이었습니다. 이제 하나님은 베들레헴의 이새의 아들 가운데서 왕을 세우심으로 왕통은 하나님의 계획대로 유다 지파로 넘어가게 되었습니다. 이 일은 하나님의 계획 가운데 이루어진 것입니다. 왕의 정통성이 자격이 없는 자에게서 자격이 있는 자에게로, 불신앙인에서 신앙인에게로 옮겨지는 것입니다.

우리는 항상 순종의 계보에 있어야 합니다. 인본주의 자리에서 신본주의로 옮겨야 합니다. 사람의 인기와 명예보다 하나님의 영광에 우선을 두어야 합니다. 우리는 불순종의 사람 이스마엘이 아닌 순종의 사람 이삭의 계보에 있어야 합니다. 불신앙의 사람에서 믿음의 사람 야곱의 계보에, 불신 형제가 아닌 믿음의 사람 요셉의 계보에, 불신앙의 반역의 무리인 고라의 자손이 아닌 하나님이 세우신 아론과 모세의 계열에 있어야 합니다. 우리는 다른 신을 섬기지 말고, "나와 내 집은 여호와를 섬기겠노라"고 고백했던 여호수아의 계보에 있어야 합니다. 우리는 세상이 아닌 교회 편에, 세속이 아닌 경건의 편에 있어야 합니다. 마귀가 아닌 예수님 편에, 영의 사람 편에, 그리고 말씀에 있어야 합니다. 우리는 실패해도 하나님은 결코 실패하시지 않았습니다. 그러므로 우리는 실망하거나 너무 슬퍼하면 안됩니다. 우리 하나님은 항상 새로운 일을 계획하시고 인도하십니다. 하나의 문이 닫히면 주님은 또 다른 문을 열어 주십니다.

　우리 하나님은 약속하신 언약을 반드시 성취하시는 주님이십니다. 우리는 믿음의 정통성을 가진 대열에 있어야 하고, 순종과 믿음 편에 있어야 합니다. 진리의 편, 영의 사람 편, 그리고 예수님 편에 있어야 합니다. 아멘.

¹여호와께서 사무엘에게 이르시되 내가 이미 사울을 버려 이스라엘 왕이 되지 못하게 하였거늘 네가 그를 위하여 언제까지 슬퍼하겠느냐 너는 기름을 뿔에 채워 가지고 가라 내가 너를 베들레헴 사람 이새에게로 보내리니 이는 내가 그 아들 중에서 한 왕을 예선하였음이니라 ²사무엘이 가로되 내가 어찌 갈 수 있으리이까 사울이 들으면 나를 죽이리이다 여호와께서 가라사대 너는 암송아지를 끌고 가서 말하기를 내가 여호와께 제사를 드리러 왔다 하고 ³이새를 제사에 청하라 내가 너의 행할 일을 가르치리니 내가 네게 알게 하는 자에게 나를 위하여 기름을 부을지니라 ⁴사무엘이 여호와의 말씀대로 행하여 베들레헴에 이르매 성읍 장로들이 떨며 그를 영접하여 가로되 평강을 위하여 오시나이까 ⁵가로되 평강을 위함이니라 내가 여호와께 제사하러 왔으니 스스로 성결케 하고 와서 나와 함께 제사하자 하고 이새와 그 아들들을 성결케 하고 제사에 청하니라

(사무엘상 16:1-5)

27 사무엘의 베들레헴 방문 2

우리는 실패해도 하나님은 결코 실패하지 않으십니다. 그러므로 우리는 실망하거나 너무 슬퍼하면 안됩니다. 우리 하나님은 항상 새로운 일을 계획하시고 인도하십니다. 하나의 문이 닫히면 주님은 또 다른 문을 열어주십니다. 우리 하나님은 약속하신 언약을 반드시 성취하시는 주님이십니다.

사울이 하나님을 배반하자 하나님은 사무엘을 베들레헴으로 보내셨

습니다. 그곳에 하나님께서 예비하신 다윗이 있기 때문입니다.

2. 하나님의 계획에 대한 인간의 두려움

사무엘은 경건한 사람이지만 하나님의 명령을 받았을 때 주저했습니다.

"사무엘이 가로되 내가 어찌 갈 수 있으리이까 사울이 들으면 나를 죽이리이다 여호와께서 가라사대 너는 암송아지를 끌고 가서 말하기를 내가 여호와께 제사를 드리러 왔다 하고"(16:2)

'사울이 들으면 나를 죽이리이다'라며 사무엘이 주저한 것은, 비록 사울이 하나님으로부터 최종 폐위 선언을 받아 영적 왕권은 상실되었지만, 그래도 아직 정치적·군사적으로 여전히 이스라엘의 공식적인 왕으로 군림하고 있었기 때문입니다. 그러므로 사무엘이 다른 사람에게 기름을 부어 왕으로 세운다면 당연히 역모 행위에 해당됩니다. 사울은 아직 강력한 실권을 가진 왕입니다. 그리고 그의 신앙은 비정상적입니다. 하나님의 명령에 불순종하는 것을 예사로 여기는 왕입니다. 또한 그는 집권욕을 가진 왕입니다. 그렇다면 심각한 일이 일어나지 않는다는 보장이 없습니다. 사무엘 자신이 죽임을 당하거나 추방을 당하는 것은 물론 이새의 가문까지 멸문지화를 당할 수 있기 때문입니다. 그래서 사무엘은 "내가 어찌 갈 수 있으리이까 사울이 들으면 나를 죽이리이다"라고 하나님께 사실대로 아뢴 것입니다. 경건한 하나님의 사람인 사무엘은 순간적으로 당황하여 하나님을 의지하지 못했습니다. 여기에서 우리는 인간의 연약함을 볼 수 있습니다.

엘리야 선지자 역시 능력의 종이었습니다. 갈멜산에서 승리를 거둔 선지자입니다. 그러나 그도 아합 왕과 이세벨이 자기를 죽이려 하자 로뎀나무 아래로 도피하여 엎드려 죽기를 구했습니다. 그의 연약성을 보여 줍니다. 베드로 역시 담대하고 용감한 제자였으나 그도 역시 예수님을 세 번이나 부인하고 도망갔습니다. 경건한 성도라도 연약한 인간이기 때문에 두려움이 있는 것입니다. 그러나 우리는 하나님을 온전히 의지함으로 두려움을 극복해야 합니다. 요셉이 형들에 의해 애굽에 노예로 팔려갔다가, 그곳에서 종살이를 하던 중 누명을 쓰고 감옥에 갇혔습니다. 이 얼마나 비참한 일입니까? 그러나 그는 하나님을 의지함으로 마침내 승리했습니다. 신앙이 없는 그의 형들이 승리자인 것처럼 보였으나 결국 그들은 하나님을 의지한 하나님의 사람 요셉 앞에 엎드릴 수밖에 없었습니다. 하나님을 의지할 때 모든 두려움을 이길 수 있습니다. 예수님의 제자들이 배에서 풍랑을 만났습니다. 예수님은 배 고물에서 주무시고 제자들은 두려워 떨었습니다. 그 때도 주님이 해결해 주셨습니다. 우리에게도 풍랑이 있고 환난과 어려움이 닥칠 수 있습니다. 그때 우리가 할 일은 전적으로 하나님을 의지하는 것입니다.

어떤 사람이 사업을 하다 빚더미에 앉았습니다. 밤낮으로 빚을 갚으려고 일을 했지만 계속 실패만 거듭되었습니다. 그는 무엇이 잘못되었는지 곰곰히 생각하다가 사업의 주인은 자신이 아니라 바로 하나님이심을 깨닫게 되었습니다. 그래서 그는 모든 일을 계획부터 결재까지 주님께 의뢰했습니다. 문제가 생겨도 주님과 의논했습니다. 모든 사업을 전적으로 주께 맡겼습니다. 그리고 미쳤다는 소리를 들으면서도 열심히 전도했습니다. 그는 '이제 더 이상 망할 것이 없다'고 생각했습니다. 그런데 기적이 일어났습니다. 회사가 다시 회복되었습니다. 그 비결은 간단했습니다. 그가 전적으로 하나님을 의지했기 때문입니다. 이것은 아주 쉬운 동시에 무척 어려운 일입니다. 미쳤다는 소리를 들을 정도로 믿어야 합니다.

언약궤를 멘 제사장들이 하나님을 전적으로 믿고 요단강 안으로 들어갔을 때 기적이 일어났습니다. 오직 믿음으로 전적으로 주를 의지할 때 하나님이 역사하십니다.

우리도 두렵고 떨리는 일을 당하거나, 어떤 어려운 일을 만나더라도 오직 주님만을 전적으로 의지하는 성도가 됩시다.

3. 하나님의 인도하심

하나님은 두려워하는 사무엘을 위해 미리 준비하셨습니다.

"너는 암송아지를 끌고 가서 말하기를 내가 여호와께 제사를 드리러 왔다 하고 이새를 제사에 청하라"(16:2-3)

이것은 사울을 속이려는 술수가 아닙니다. 하나님의 지혜로 인도하시는 것입니다. 즉 제사 지내는 법을 가르쳐 주신 것입니다. 여기의 '제사'는 화목제를 말합니다. 제사를 지내는 것은 그 당시에 성행하던 관습이었습니다. 제사장인 사무엘은 순회하면서 제사를 드렸습니다. 그는 어디를 가도 하나님 앞에 백성들과 함께 제사를 드릴 수 있는 제사장 신분이었습니다. 그가 제사를 드리는 것은 지극히 정당하며 또한 자연스러운 일이었습니다. 이것은 전혀 의심을 받을 수 없는 일이었습니다. 이것은 하나님의 지혜요, 하나님의 인도하심입니다.

하나님은 "이새를 제사에 청하라"(16:3)고 하셨습니다. 이 제사는 제사 후에 함께 나누어 먹는 잔치가 동반되는 화목제입니다. 제사장 사무엘이 그 지방의 유지를 청하는 것은 지극히 당연한 일이었으나 사울이 전혀 눈치를 못 채도록 잔치에 초청하는 형식을 취한 것입니다. 이새를 청하는 것은 하나님의 목적, 즉 그의 아들의 머리에 기름을 붓는 일이었습니다. "내가 네게 알게 하는 자에게 나를 위하여 기름을 부을지니라"(16:3) 사울에게 기름을 부어 왕으로 세운 것은 백성들의 요청이 의한 것이지만(8:5,20), 다윗에게 기름을 붓는 것은 하나님과 그의 영광을 위한 것입니다.

우리 하나님은 하나님의 뜻을 이루기 위해 모든 것을 예비해 두시고 인도하십니다. 주님은 그의 말씀대로 순종하려는 종에게 길을 예비해 두시고 인도하십니다. 이스라엘이 출애굽하여 홍해에 도달했을 때, 뒤에서는 애굽의 군사들이 추격해고 백성들은 어찌 할지 몰라 당황하고 있을 때 우리 하나님은 이미 놀라운 계획을 준비해 두셨습니다. 모세를 향하여 '지팡이를 내 밀라' 하시고 모세가 순종하여 지팡이를 내밀 때 홍해가 갈라졌습니다. 이스라엘 백성들이 모두 바다에 난 길로 건넜습니다. 그리고 뒤에서 추격하던 애굽 군사들은 모두 홍해에 수장시키셨습니다. 광야생활 40년 동안에도 하나님은 놀라운 일들을 준비해 두셨습니다. 이스라엘은 전혀 준비가 안 되었지만 하나님은 모든 것을 준비해 두셨습니다. 일용할 양식으로 만나를, 고기로 메추라기를, 우물 대신에 반석에서 생수가 나도록 준비해 두셨습니다. 그리고 신과 옷은 해어지지 않도록 하시고, 낮에는 구름기둥으로, 밤에는 불기둥으로 준비해 두셨습니다. 우리 하나님은 그의 영광을 위하여, 우리에게 일을 맡기실 때도 모든 것을 예비해 두셨으므로 전혀 두려워 할 필요가 없습니다.

오래 전 영국의 한 청년이 미국으로 여행을 하게 되었습니다. 그 때는 증기선을 타고 가던 시대라 무려 닷새나 걸렸습니다. 그런데 이 청년은 가진 돈이 없어 건빵과 치즈를 먹으며 고생 끝에 미국에 도착하게 되었습니다. 청년은 음식 냄새를 맡고는 도저히 참을 수가 없어 식당에 들어가 밥을 얻어먹었습니다. 그리고 미안해서 식대를 지불하려 하자 식당 주인이 말했습니다. "아닙니다. 당신의 뱃삯에는 이미 음식 값이 다 지불되어 있습니다." 이 청년은 마음껏 먹으면서 여행하도록 되었으나 그 사실을 전혀 모르고 며칠을 굶은 것입니다.

천국을 향해 가는 우리에게 주님은 모든 것을 풍성하게 예비해 두셨습니다. 순종하며 나가는 백성들에게 모든 위험을 피하게 하시고, 모든 일용할 양식을 공급해 주시는 주님이심을 믿고 주님만 의지하시길 바랍니다.

4. 사무엘의 순종

"이새를 제사에 청하라 내가 너의 행할 일을 가르치리니 내가 네게 알게 하는 자에게 나를 위하여 기름을 부을지니라"(16:3)

사무엘은 하나님의 명령에 그대로 순종했습니다. 오직 하나님을 의지하고 전적으로 순종했습니다. 처음엔 왕을 의식하여 두려워했지만, 곧 하나님을 의지하고 주의 뜻에 순종했습니다. 이것이 믿음을 가진 성도의 모습입니다. 우리도 순간적으로 의심하거나 연약해질 수 있습니다. 그러나 곧 말씀을 깨닫고 회개하여 전적으로 주님만 의지해야 합니다.

예수님의 제자 가룟 유다와 베드로의 공통점은 모두 범죄했다는 사실입니다. 그러나 베드로는 회개하여 죄를 용서받고 사도로 복직했으나, 가룟 유다는 끝까지 회개하지 않은 결과 비참한 최후를 맞이할 수밖에 없었습니다. 죄를 깨닫고 즉시 주께로 돌아서는 것이 중요합니다.

옛날 헬라의 더베시 알키아스 왕이 큰 연회를 열고 많은 손님을 청했습니다. 대 연주회가 시작되었을 때 어떤 사람이 편지가 든 봉투를 주고 갔습니다. 그런데 왕은 "오늘은 향락의 저녁이니 사무(私務)는 내일 보아야지." 하고 봉투를 뜯어보지도 않았습니다. 조금 후 댄서로 변장한 모반자에 의해 그는 참살되고 말았습니다. 조금 전에 그에게 전해 준 편지는 음모를 알리는 내용이었습니다. 그는 살 수 있는 기회를 놓치고 말았습니다. 성경은 말씀합니다. "너는 내일 일을 자랑하지 말라 하루 동안에 무슨 일이 날는지 네가 알 수 없음이니라"(잠 27:1)

그러므로 우리도 즉시 회개하고 주님만 의지해야 합니다.

5. 장로들의 반응

"성읍 장로들이 떨며 그를 영접하여 가로되 평강을 위하여 오시나이까"(16:4)

사무엘의 갑작스런 방문으로 베들레헴의 장로들이 떨었습니다. 그것은 당시 가장 권위있는 여호와의 선지자인 사무엘이 방문했으니 그를 존경하는 마음에 두려웠던 것입니다. 주의 종이며 영의 사람이기 때문에 공경하는 마음에 두려웠던 것입니다. 어떤 성도는 목사가 지나가면 피합니다. 다른 뜻이 아니라 주의 종이라 두려운 마음에 피하는 것으로 보아야 합니다. 다윗은 자기를 죽이려는 사울 왕에게 선대했습니다. 그것은 하나님께서 기름을 부어 세우신 주의 종이기 때문입니다.

장로들이 두려워 떤 것은, 사무엘은 사사로서 그 직무상 죄를 범한 성읍을 방문하여 재판하기 때문에 그들에게 혹시 잘못을 범한 일이 있는가 하여 두려워 한 것으로 짐작됩니다. 베들레헴 장로들의 "평강을 위하여 오시나이까"라는 말을 공동 번역에서는 "언짢은 일로 오신 것은 아니겠지요?"로 번역했고, Living Bible에서는 "어쩐 일로 오셨는지? 혹 무슨 잘못한 일이라도 있습니까?(why have you come? What's wrong?)"로 번역했습니다.

우리는 주의 종들을 맞을 때 항상 떳떳하고 당당할 수 있어야 합니다. 부끄러운 대화나 경건치 못한 일을 하다가 주의 종을 만난다면 민망할 것입니다. 어떤 성도가 길에서 담배 연기를 내뿜으려는 순간에 목사와 눈이 마주쳤습니다. 말다툼을 하다가 만난다거나, 싸우거나 혹은 경건치 못한 일을 하다가 만난다거나, 주의 종을 피해야만 될 일을 해서도 안됩니다. 기쁨으로 영접해야 합니다. 만나면 반갑고, 서로 기도하고, 은혜를 나누고, 축복을 비는 사이가 교역자와 성도와의 관계입니다. 우리는 어디에서나 주의 종을 떳떳하게 만날 수 있어야 합니다.

그 보다 더 중요한 것은 우리 하나님 아버지는 우리의 모든 것을 다 알고 계신다는 사실입니다. 그러므로 우리의 삶은 '항상 하나님 앞에서(coram deo)'의 생활이 되어야 합니다. 주님은 어디에나 계신다는 신전의식을 가지고 있으면 우리는 누구를 만나도 떳떳할 것입니다. 우리는 주님이 보시기에 항상 아름다운 삶을 살도록 하나님 앞에서 사는 생활을 합시다.

그리고 성결케 해야 합니다. "평강을 위함이니라 내가 여호와께 제사하러 왔으니 스스로 성결케 하고"(16:5) 하나님 앞에 제사하러 나가는 사람은 항상 자신을 성결케 해야 합니다. 몸과 의복이 성결해야 합니다. 하나님과의 영적 교제에 합당하도록 해야 합니다. 그러기 위해 항상 우리는 주의 음성에 귀를 기울여야 합니다.

어미 꿩이 새끼 꿩에게 교육을 시킵니다. "얘들아, 먹이를 먹을 때 입으로는 먹되 내 음성에 귀를 기울여라. 내가 망을 보다가 해치려는 짐승이 나타나면 크게 소리를 지를 테니, 내 소리가 들리면 지체 없이 나무 위로 날아 오너라. 너무 멀리 가면 내 목소리가 들리지 않으니 멀리가지 말거라." 꿩 새끼들은 어미 꿩의 말대로 순종을 했는데, 그 중에 한 마리가 먹는 데 정신을 빼앗겨 멀리 날아갔습니다. 그때 여우가 나타나자 어미 꿩은 소리를 질렀습니다. 다른 꿩들은 어미의 소리를 듣고 나무 위로 날아 올랐습니다. 그러나 어미 곁을 멀리 떠나 있던 새끼 꿩은 여우에게 잡히고 말았습니다.

우리는 항상 하나님의 말씀에서 멀리 떠나지 말고 말씀 가까이에 있어야 합니다. 사무엘처럼 항상 우리의 귀를 열어 하나님의 말씀을 듣고, 그 말씀에 순종해야 합니다.

우리는 어떤 일을 만나도 하나님을 의지하면 모든 두려움을 이길 수 있음을 기억해야 합니다. 하나님은 그의 영광을 위하여 이미 모든 것을 준비해 두시고 순종하는 자들을 인도하십니다. 그러므로 우리는 전적으로 주님만 의지하고 그의 말씀에 귀를 기울여야 합니다. 사무엘처럼 항상 순종하며 하나님 앞에서 성결한 삶을 살아가는 성도가 됩시다. 아멘.

⁶그들이 오매 사무엘이 엘리압을 보고 마음에 이르기를 여호와의 기름 부으실 자가 과연 그 앞에 있도다 하였더니 ⁷여호와께서 사무엘에게 이르시되 그 용모와 신장을 보지 말라 내가 이미 그를 버렸노라 나의 보는 것은 사람과 같지 아니하니 사람은 외모를 보거니와 나 여호와는 중심을 보느니라 ⁸이새가 아비나답을 불러 사무엘의 앞을 지나게 하매 사무엘이 가로되 이도 여호와께서 택하지 아니하셨느니라 ⁹이새가 삼마로 지나게 하매 사무엘이 가로되 이도 여호와께서 택하지 아니하셨느니라 ¹⁰이새가 그 아들 일곱으로 다 사무엘 앞을 지나게 하나 사무엘이 이새에게 이르되 여호와께서 이들을 택하지 아니하셨느니라 하고 ¹¹또 이새에게 이르되 네 아들들이 다 여기 있느냐 이새가 가로되 아직 말째가 남았는데 그가 양을 지키나이다 사무엘이 이새에게 이르되 보내어 그를 데려 오라 그가 여기 오기까지는 우리가 식사 자리에 앉지 아니하겠노라 ¹²이에 보내어 그를 데려 오매 그의 빛이 붉고 눈이 빼어나고 얼굴이 아름답더라 여호와께서 가라사대 이가 그니 일어나 기름을 부으라 ¹³사무엘이 기름 뿔을 취하여 그 형제 중에서 그에게 부었더니 이 날 이후로 다윗이 여호와의 신에게 크게 감동되니라 사무엘이 떠나서 라마로 가니라

(사무엘상 16:6-13)

28
하나님이 보시는 것과 사람이 보는 것 1

하나님은 역사를 주관하십니다. 그리고 그 역사에 수종들 사람을 선택하십니다. 하나님은 일꾼을 필요로 하시는데 일꾼 중에는 좋은 일꾼도 있고 그 반대의 일꾼도 있습니다.

사울은 불성실한 일꾼이었으므로 하나님으로부터 버림을 받았습니다. 그래서 새로운 일꾼을 뽑아야 했습니다. 하나님은 이 일에 사무엘을 수종들게 하셨습니다. 사무엘이 베들레헴에 도착하여 이새를 제사에 초청했습니다. 그리고 그의 아들들을 성결케 하여 참여하게 했습니다. 그리고 그 이새의 아들들 중에서 이스라엘의 차기 왕이 될 사람을 고르는 작업을 시작했습니다. 여기에서 우리는 사람이 보는 것과 하나님이 보시는 것과는 근본적으로 차이가 있음을 알게 됩니다.
어떤 차이가 있습니까?

1. 사람이 보는 것

사람은 외모를 보고 판단합니다.
"그들이 오매 사무엘이 엘리압을 보고 마음에 이르기를 여호와의 기름 부으실 자가 과연 그 앞에 있도다 하였더니"(16:6)
사무엘은 이새의 장남 엘리압을 보고 기름을 부으려고 했습니다. 그가 본 것은 바로 외모였습니다. 이것은 사무엘의 실수입니다. 사무엘은 외모만 보다가 실패한 경험이 있습니다. 바로 이스라엘 사람들이 사울 왕을 선택할 때, 외모를 중시하여 기름을 부어 세웠는데 그가 하나님께 불순종하고 거역하다가 결국은 버림을 받고 말았습니다(9:2; 10:23-24).
그런데 여기서도 외모를 중시하여 또 실수를 할 뻔했습니다. 명색이 하나님의 선지자인 사무엘이 아직도 이 수준에 머물러 있습니다. 이것이 연약한 인생이란 증거입니다. 하나님 앞에 중직을 맡은 지 꽤 되었지만 아직도 세상적인 것에 얽매여 끊지 못하고 있습니다. 이것이 연약한 인생의 참 모습입니다. 아무리 큰 은사를 받은 사람이라도 약점이 있고 실수를 하기 마련입니다. 믿음의 조상 아브라함도 자기 생명을 구하기 위해 아내 사라를 누이라고 거짓말을 해서 큰 망신을 당하는 실수를 범했습니다. 믿음의 사람 다윗 왕도 충신 우리야의 아내를 취하고 우리야를 죽이는 죄를 범했습니다. 주의 제자 베드로도 예수님을 세 번이나 부인했습니다. 그러므로 우리는 자신의 믿음을 자랑한다거나 인격을 과신하면 안됩니다. 또한 자신의 능력을 과대평가해도 안됩니다. 우리는 오직 믿음의 주요 온전케 하시는 이인 주 예수 그리스도를 바라보고, 그분의 도움을 바라며, 전적으로 주님만을 의지해야 합니다.

사무엘이 이새의 장남 엘리압을 보고 여호와의 기름 부을 자로 잘못 알았습니다. '엘리압' 은 '하나님은 아버지이시다' 라는 뜻입니다. 엘리압은 블레셋이 이스라엘을 침공했을 때 사울을 따라 전쟁터에 나간 사람입니다(17:13,28). 하나님은 사무엘에게 그의 잘못을 깨우쳐 주십니다. "여호와께서 사무엘에게 이르시되 그 용모와 신장을 보지 말라 내가 이미 그를 버렸노라 나의 보는 것은 사람과 같지 아니하니 사람은 외모를 보거니와 나 여호와는 중심을 보느니라"(16:7) 사람은 용모와 신장을 봅니다. 용모와 신장은 얼굴 생김새와 풍채를 말합니다. 이것은 겉으로 보이는 모습(appearance)입니다. 사람을 외모로 판단하려는 것은 연약한 인생의 공통점입니다. 사람은 감정대로 보기 쉽고, 그 외모에 이끌려 감정에 따라 행동하기 쉽습니다. 물론 용모와 외모를 무조건 배격하고 무시해야 된다는 말이 아닙니다. 용모와 외모가 단정하고 깨끗해야 합니다. 여기에서 말씀하는 것은 하나님의 나라의 왕으로 선택되어 그 머리에 기름 부음을 받을 자를 외모로 판단해서는 안 된다는 말입니다. 그러한 것이 결코 하나님의 일꾼이 되는 기준이 될 수가 없기 때문입니다.

용모와 외모가 표준이 되면 안됩니다. 성경은 말씀합니다. "그런즉 누구든지 그리스도 안에 있으면 새로운 피조물이라 이전 것은 지나갔으니 보라 새 것이 되었도다"(고후 5:17) 우리 모두는 그리스도 안에서 새로운 피조물이 되었습니다. 그러므로 하나님 앞에서 누구나 쓰임 받을 수 있는 신분이 된 것입니다. 세상 사람들은 학벌, 인물, 재산, 재능, 미모 등을 중시하지만 이것은 다 외적인 것들입니다. 우리 하나님은 외모만 보시지 않습니다.

2. 하나님이 보시는 것

그러면 하나님이 보시는 것은 무엇입니까?

"여호와께서 사무엘에게 이르시되 그 용모와 신장을 보지 말라 내가 이미 그를 버렸노라 나의 보는 것은 사람과 같지 아니하니 사람은 외모를 보거니와 나 여호와는 중심을 보느니라"(16:7)

1) '용모와 신장을 보지 말라' 고 하셨습니다

우리 하나님은 용모를 보시지 않습니다. 만약 하나님께서 용모를 보신다면 배우나 탈렌트, 미남 미녀를 우선적으로 사용하실 것입니다. 그렇다면 인물이 좀 떨어지는 사람들은 다 천대를 받는다는 말이 됩니다. 결코 그렇지 않습니다. 물론 우리는 깨끗하고 단정한 용모를 가져야 합니다. 그러나 우리 하나님은 외모를 중시하지 않습니다. 우리 하나님은 신장을 보시지 않습니다. 만약 키가 크고 장대한 사람만 사용한다면, 세상에는 온통 레슬링 선수나 씨름 선수들처럼 체격이 좋은 사람들만 활개를 치고 다닐 것입니다. 키가 크다고 다 좋은 것은 아닙니다. 키가 작은 사람들 중에 위대한 인물들이 많습니다.

가나안 농군 학교 설립자인 고 김용기 장로님은 키가 작은 분입니다. 그러나 그분은 하나님 앞에서 귀하게 쓰임 받은 분입니다. 그에게는 평생 세 가지 생활신조가 있었습니다. "일생 일념(一生 一念), 일생 일원(一生 一願), 일생 일업(一生 一業)"입니다. 가나안 농군 학교를 설립하여 많은 사람들에게 정신교육을 시켰으며, 이것이 새마을 운동의 시효가 되었습니다. 고 박정희 대통령이 방문하여 큰 감화를 받았습니다. 기자가 "놀러 다니지도 않고, 춤도 추지 않고, 낮잠도 자지 않고, 사냥도 하지 않고, 고스톱도 하지 않고 대체 무슨 재미로 사십니까?" 하고 물었다고 합니다. 장로님이 대답했습니다. "나는 하나님의 말씀대로 일하는 재미로 삽니다." 이것이 바로 우문현답입니다.

2) 하나님이 보시는 것은 사람과 다릅니다

하나님의 판단과 사람의 판단, 하나님의 수준과 사람의 수준, 하나님의 관심과 사람의 관심, 하나님의 기준과 사람의 기준이 다릅니다.

3) 우리 하나님은 중심을 보십니다

여기의 '외모(עַיִן, 아인)'는 '눈'을 가리킵니다. 육신의 눈을 말합니다. '중심(לֵב, 레브)'은 '마음'이란 뜻입니다. 따라서 이 절을 히브리 원어 문법대로 해석하면 "사람은 육신의 눈으로 보거니와 나 여호와는 마음의 눈으로 보느니라"는 뜻이 됩니다. 따라서 사람은 외적 용모에 따라 끌려 다닙니다. 마음은 인간의 모든 생각과 감정의 근본 발원지로 봅니다.

인간은 육신의 눈으로 사람의 외적 용모, 신장, 배경 등을 봅니다. 그러나 하나님은 마음의 눈으로 사람의 내적 겸손, 신앙, 인격, 진실성 등을 감찰하십니다. 우리 하나님은 사람의 중심을 보십니다. 이 말은 우리 하나님은 모든 것을 다 아신다는 뜻입니다. 따라서 하나님 앞에는 모든 것이 다 드러납니다.

성 어거스틴은 이렇게 말했습니다. "아무리 인간성이 복잡하고 심원하다 해도 하나님은 다 아신다. 하나님은 선한 마음속에도 악한 마음이 숨어 있고, 악한 마음속에도 선한 마음이 숨어 있다는 것을 아신다. 그러나 이 양자가 다 하나님 앞에서는 벌거숭이와 같아서 하나님 앞에서는 어느 것도 숨길 수 없다."

성경은 말씀합니다. "대저 주는 마음의 비밀을 아시나이다"(시 44:21), "너희는 사람 앞에서 스스로 옳다하는 자이나 너희 마음을 하나님께서 아시나니 사람 중에 높임을 받는 그것은 하나님 앞에 미움을 받는 것이니라"(눅 16:15) 우리 하나님의 판단 기준은 사람과는 달리 그 중심을 보십니다. 용모나 신장을 보시지 않습니다. 예수님은 제자들을 선택하실 때 갈릴리 어부들을 부르셨습니다. 외적으로 볼 때 그들의 신분은 초라했습니다. 용모나 신장이나 외적 조건을 볼 때 너무도 부족한 자들이었습니다. 어떻게 그런 조건의 사람들이 세계 복음화를 시킬 수 있겠습니까? 어떻게 그들이 영광스런 주의 사도가 되며, 하나님의 교회의 기둥이 될 수 있겠습니까? 그러나 하나님은 그들의 중심을 보시고 선택하셨습니다.

사무엘은 눈에 비치는 외모와 용모만 보고 판단하여 엘리압의 머리에 기름을 부으려고 서둘렀지만, 우리 하나님은 그 중심을 보시고 거절하셨습니다. 사무엘이 장남 엘리압의 외모를 보고 기름을 부으려고 하자, 하나님은 "그 용모와 신장을 보지 말라 내가 이미 그를 버렸노라"(16:7)고 제재하셨습니다. 그러자 이새가 두 번째 아들 아비나답을 불렀습니다. "이새가 아비나답을 불러 사무엘의 앞을 지나게 하매 사무엘이 가로되 이도 여호와께서 택하지 아니하셨느니라"(16:8) 사무엘은 이새의 아들들 중에 누가 하나님에 의해 선택이 되었는지 몰랐습니다. 그래서 이새의 아들들을 차례로 자기 앞으로 지나가게 했습니다. 두 번 째 아들 아미나답이 지나갔습니다. '아비나답'은 '아버지는 훌륭하시다' 란 뜻입니다. 그러나 그도 왕으로 선택받은 사람이 아니었습니다. 사무엘이 이도 여호와께서 택하지 아니하셨다고 말했습니다. 이새는 세 번째 아들 삼마를 불렀습니다. "이새가 삼마로 지나게 하매 사무엘이 가로되 이도 여호와께서 택하지 아니하셨느니라"(16:9) '삼마'는 '황무지' 란 뜻입니다. 사무엘하 13장 3절과 역대상 2장 13절에는 '시므아' 로 되어 있습니다. 하나님은 그도 선택하지 않으셨습니다. 이새는 일곱 아들들을 다 불러서 사무엘 앞을 지나가게 했습니다. 그러나 사무엘은 여호와께서 이들도 선택하지 않으셨다고 했습니다.

우리는 여기서 하나님이 보시는 것과 사람이 보는 것이 다르다는 것을 확인할 수 있습니다. 하나님은 사무엘에게 "나의 판단은 너와 다르다. 나의 생각도 너와 다르다. 내가 보는 것도 너와 다르다. 너는 외모를 보지만 나는 중심을 본다. 외모로 보아서 실패한 경험이 네게 있지 않느냐?"고 말씀하시는 것입니다.

그렇습니다. 사무엘은 사울을 선택할 때 하나님이 원하시지 않는 것을 백성들이 원하여 기름을 부었으나 그의 외모는 모든 사람들보다 뛰어났습니다. 그러나 결국 실패했다는 것을 사무엘은 누구보다도 슬퍼하고 괴로워했습니다. 그래서 사무엘이 이새에게 물었습니다. "이새에게 이르되 네 아들들이 다 여기 있느냐 이새가 가로되 아직 말째가 남았는데 그가 양을 지키나이다 사무엘이 이새에게 이르되 보내어 그를 데려 오라 그가 여기 오기까지는 우리가 식사 자리에 앉지 아니하겠노라"(16:11) 이새가 말째인 여덟 번째 아들이 남아 있다고 하자 사무엘은 그를 데려 오라고 했습니다. 이새의 일곱 아들들은 사람들이 보는 외모로는 합격했으나 중심을 보시는 하나님이 보시기에는 부족했습니다.

우리 하나님은 외모를 보시지 않고 그 중심을 보신다 것을 명심해야 합니다. 성경은 말씀합니다. "형제들아 너희를 부르심을 보라 육체를 따라 지혜 있는 자가 많지 아니하며 능한 자가 많지 아니하며 문벌 좋은 자가 많지 아니하도다 그러나 하나님께서 세상의 미련한 것들을 택하사 지혜 있는 자들을 부끄럽게 하려 하시고 세상의 약한 것들을 택하사 강한 것들을 부끄럽게 하려 하시며 하나님께서 세상의 천한 것들과 멸시 받는 것들과 없는 것들을 택하사 있는 것들을 폐하려 하시나니 이는 아무 육체라도 하나님 앞에서 자랑하지 못하게 하려 하심이라"(고전 1:26-29) 우리 주님도 산상설교에서 말씀하셨습니다. "심령이 가난한 자는 복이 있나니 천국이 저희 것임이요 애통하는 자는 복이 있나니 저희가 위로를 받을 것임이요"(마 5:3-4) 하나님이 중요하게 보시는 것은 그 심령입니다.

우리는 처음보다 나중이 좋아야 합니다. 우리 모두 하나님 앞에서 인정받고 하나님께 쓰임을 받는 자가 되어야 합니다. 우리 하나님은 그 심령과 중심을 보십니다. 그러므로 우리는 항상 사람들 앞에 인정받으려 하거나 바깥으로 드러나는 용모와 신장이나 인기에 연연하지 맙시다. 오직 중심을 보시는 하나님께 인정을 받고 쓰임을 받도록 합시다. 그러기 위해 우리의 심령이 깨끗하고 진실하여 항상 하나님께로 향하는 성도가 됩시다. 하나님은 그 중심을 보십니다. 아멘.

⁶그들이 오매 사무엘이 엘리압을 보고 마음에 이르기를 여호와의 기름 부으실 자가 과연 그 앞에 있도다 하였더니 ⁷여호와께서 사무엘에게 이르시되 그 용모와 신장을 보지 말라 내가 이미 그를 버렸노라 나의 보는 것은 사람과 같지 아니하니 사람은 외모를 보거니와 나 여호와는 중심을 보느니라 ⁸이새가 아비나답을 불러 사무엘의 앞을 지나게 하매 사무엘이 가로되 이도 여호와께서 택하지 아니하셨느니라 ⁹이새가 삼마로 지나게 하매 사무엘이 가로되 이도 여호와께서 택하지 아니하셨느니라 ¹⁰이새가 그 아들 일곱으로 다 사무엘 앞을 지나게 하나 사무엘이 이새에게 이르되 여호와께서 이들을 택하지 아니하셨느니라 하고 ¹¹또 이새에게 이르되 네 아들들이 다 여기 있느냐 이새가 가로되 아직 말째가 남았는데 그가 양을 지키나이다 사무엘이 이새에게 이르되 보내어 그를 데려 오라 그가 여기 오기까지는 우리가 식사 자리에 앉지 아니하겠노라 ¹²이에 보내어 그를 데려오매 그의 빛이 붉고 눈이 빼어나고 얼굴이 아름답더라 여호와께서 가라사대 이가 그니 일어나 기름을 부으라 ¹³사무엘이 기름 뿔을 취하여 그 형제 중에서 그에게 부었더니 이 날 이후로 다윗이 여호와의 신에게 크게 감동되니라 사무엘이 떠나서 라마로 가니라

(사무엘상 16:6-13)

29 하나님이 보시는 것과 사람이 보는 것 2

사람은 외모를 보지만 하나님은 그 중심을 보십니다. 사람은 눈에 드러나는 현상을 보지만 하나님은 그 내적 심령을 보십니다.

하나님을 배반하고 불순종한 사울 왕은 버림을 받았고, 이제 새로운

왕을 세울 사명을 가지고 사무엘이 베들레헴을 방문했습니다. 하나님의 명령에 따라 이새를 제사에 초청했고, 그의 아들들을 정결케 하여 사무엘 앞을 지나가게 했습니다. 사무엘은 이새의 큰 아들 엘리압을 보자 하나님의 기름 부음을 받을 자로 알고 기름을 부으려 했으나 하나님은 그가 아니라고 말씀하셨습니다. 하나님은 사무엘에게 사람은 외모를 보거니와 하나님은 그 중심을 보신다고 하셨습니다.

3. 하나님이 선택하신 다윗

하나님이 택한 사람은 어떤 사람입니까?

1) 그의 신분

"이새에게 이르되 네 아들들이 다 여기 있느냐 이새가 가로되 아직 말째가 남았는데"(16:11)

다윗은 말째입니다. '다윗(דוד, 다위드)'은 '가장 어린, 가장 작은'이란 뜻입니다. 키가 큰 사울 왕과 아주 대조적인 모습입니다. 다윗은 이새의 여덟 째 아들입니다. 말째 아들 다윗은 집안에서도 귀하게 여기지 않은 듯합니다. 다른 일곱 아들은 모두 사무엘 앞을 지나도록 준비를 시켰지만 말째 아들은 들판에 나가서 일을 하고 있었던 것으로 보아 짐작할 수 있습니다. 사무엘이 그를 찾았습니다. "네 아들들이 다 여기 있느냐" 아버지 이새도 말째 다윗을 예사로 보았습니다.

여기에서도 사람은 외모와 순서를 본다는 것을 알 수 있습니다. 장남에게 신경을 많이 쓰는 반면 막내는 무시하기 쉽습니다. 예전에 자녀들이 많을 때는 더 심했습니다. 첫째에게는 새 옷을 입히지만 둘째부터는 물려받습니다. 그러므로 막내는 항상 낡은 것만 입고 남은 것만 가질 수밖에 없었습니다. 그러나 우리 하나님은 한 영혼이라도 귀하게 보십니다. 하나님이 보시는 것은 중심입니다.

특별히 부모들은 자녀들을 편애하거나 무시하면 안됩니다. 자녀들마다 재능과 지능지수가 다릅니다. 조금 모자란다고 무시하면 안됩니다. 하나님께서 그에게 어떤 계획을 가지고 계시는지 우리는 모르기 때문입니다.

헬렌 켈러는 삼중고의 소녀였습니다. 벙어리, 소경, 귀머거리였으나 부모들은 기도하며 온갖 정성을 쏟았습니다. 그 결과 많은 사람들에게 빛과 희망을 비추는 위인으로 성장했습니다. 그러므로 우리는 그 사람의 외모만 보고 판단하면 안됩니다. 우리 하나님의 계획은 다른 곳에 있습니다.

예수님의 제자들은 외모로 볼 때 무시당하던 사람들이었습니다. 그러나 하나님은 그들을 통해 하나님의 복음을 전파하게 하시고 하나님의 놀라운 계획을 이루게 하셨습니다. 요셉은 야곱의 열 한 번째 아들로 형들로부터 미움을 받았습니다. 그러나 하나님은 그를 향한 놀라운 계획을 가지고 계셨습니다. 그가 종으로 팔려가 종살이를 하다가 누명을 쓰고 감옥에 갇혔을 때 아무도 그에게 관심을 보이지 않았습니다. 그러나 하나님은 그를 애굽의 총리로 세우시고 위대한 구원을 이루게 하셨습니다. 광야 서편의 미디안 광야에서 40년 동안 양을 치던 잊혀진 사람 모세를 이스라엘의 지도자로 부르시고, 그를 통해 위대한 구원역사를 진행 하셨습니다. 하나님은 실로의 성막에서 자라던 어린 소년 사무엘을 밤중에 부르시고, 그를 이스라엘의 사사로 세워 하나님의 위대한 일을 하는 종으로 사용하셨습니다. 우리 예수님은 어린 소자 하나도 실족케 하지 말라고 경고하셨습니다.

우리 교회 사라회 할머니들이 할 일이 있습니다. 그것은 자녀들과 자손들을 위해 기도하는 일입니다. 우리 자손들을 향한 하나님의 놀라운 계획을 믿고 늘 기도해야 합니다. 우리 자손들 중에 말씀을 전하는 훌륭한 주의 종들과 장로, 집사, 권사들이 많이 배출되어야 하겠습니다. 그리고 하나님을 공경하는 훌륭한 정치인, 예술가, 기술자, 사업가, 교육자, 그리고 훌륭한 어머니들도 많이 나와야겠습니다. 사라회에서 주관하는 중보 기도회는 매주 토요일 오전에 모여서 기도회와 성경공부를 하고, 주일 1부예배 시간에도 예배를 위한 중보 기도를 합니다. 얼마나 귀한 모임입니까? 우리는 사람을 볼 때 외모만 보고 쉽게 판단하거나 무시하지 맙시다. 우리 하나님은 그 중심을 보십니다.

2) 그의 직업과 자세

"이새에게 이르되 네 아들들이 다 여기 있느냐 이새가 가로되 아직 말째가 남았는데 그가 양을 지키나이다"(16:11)

사무엘의 질문에 이새가 대답했습니다. "아직 말째가 남았는데 그가 양을 지키나이다" 이새는 양을 치는 목자였습니다. 다른 직업에 비해 목자는 그다지 좋은 직업이 아닙니다. 그러나 그것은 상관이 없습니다. 하나님은 직업을 보고 일을 시키시지 않고 그 중심을 보고 선택하시기 때문입니다. 다윗은 양을 치는 일에 충실했습니다. 다른 형제들은 모두 제사에 초청을 받아 왔지만 다윗은 혼자 양을 쳤습니다. 자기의 맡은 일에 최선을 다하여 충성했습니다. 다윗은 아버지의 양을 지키는데 열심을 다했습니다. 우리 하나님은 자기의 맡은 일에 충성하는 자를 선택하시고 사용하십니다. 작은 일에 충성하는 자에게 더 큰 일을 맡기십니다.

모세는 미디안에서 40년 간 목자로 충성할 때 이스라엘의 목자로 세우셨습니다. 요셉은 보디발의 청지기로 감옥에서도 충성을 다하여 애굽의 총리가 되었습니다. 주의 제자들도 그물을 깁으며 어부로서의 사명을 다할 때 사람을 낚는 사도로 부르셨습니다. 마태는 세관에서 자기의 맡은 일에 충성하다가 주의 부르심을 받았고, 사도 엘리사는 밭에서 열심히 일하다가 선지자로 부름받아 엘리야의 후계자가 되었습니다.

하나님은 아무리 세월이 흘러도 자기의 맡은 일에 충성하는 자를 사용하십니다. 그러므로 맡은 일에 충성을 다했던 목동 다윗처럼 우리도 맡은 일에 최선을 다하여 충성합시다. 하나님은 그 중심을 보십니다. 크고 작은 것이 문제가 아닙니다. 그러므로 청소부도 매일 작은 마당만 쓴다고 생각하지 말고, 우리가 살고 있는 지구를 청소한다는 생각으로 최선을 다해야 합니다. 사도 바울 성당의 건축 공사가 진행되고 있을 때 작은 돌 하나 하나를 쌓아 올렸습니다. 저렇게 해서 어느 세월에 집을 짓겠나 했는데 그 작은 돌들이 모여서 큰 담장을 이루고 드디어 건물이 완성되었습니다.

하나님이 찾으시는 일꾼은 다윗처럼 자기의 맡은 일에 최선을 다하는 사람입니다. 우리도 우리에게 주어진 사명에 최선을 다한 후 주님 앞에 설 때 "잘 하였도다 착하고 충성된 종아 네가 작은 일에 충성하였으매 내가 많은 것으로 네게 맡기리니 네 주인의 즐거움에 참예할지어다"(마 25:21)라는 칭찬을 받는 성도가 됩시다.

3) 그의 모습

"이에 보내어 그를 데려 오매 그의 빛이 붉고 눈이 빼어나고 얼굴이 아름답더라 여호와께서 가라사대 이가 그니 일어나 기름을 부으라"(16:12)

'그의 빛이 붉고'는 머리카락의 색깔이 붉다는 뜻입니다. 중동 지방에서는 대부분 검은 색입니다. 붉은 색은 귀한 것으로 아름다움의 한 조건이 되었습니다. 요즈음 멋을 내기 위해 염색하는 것과는 다릅니다. '눈이 빼어나고'에서 '빼어나고'는 '아름답고, 반짝이고'란 뜻입니다. 다윗은 총기어린 아름다운 눈을 가진 소년이었습니다. '얼굴이 아름답더라'는 다윗의 외모뿐 아니라 그의 내면에서 풍기는 아름다움을 뜻합니다. 다윗은 얼굴이 잘 생긴 아름다운 소년이었으나 그보다 그의 중심이 더욱 아름다웠습니다. 하나님은 다윗이 도착하자 사무엘에게 "이가 그니 일어나 기름을 부으라"고 말씀하셨습니다. 하나님이 보시는 사람은 다른 곳에 있었습니다. 외모만 보는 사람들의 생각과 전혀 달랐습니다. 우리가 여기에서 중요하게 볼 것은 사람이 보기에 아름다운 것이 아니라 하나님이 보시기에 아름다워야 한다는 것입니다.

하나님께서 아름답게 보셔야 합니다. 하나님이 아름답게 보시는 사람은 바로 중심이 아름다운 사람입니다. 그 중심이 하나님을 향하여 바로 서 있어 쓰임 받도록 준비된 사람입니다. 그 중심이 언제나 하나님께 순종하도록 되어 있는 사람입니다.

4) 성령의 사람

"사무엘이 기름 뿔을 취하여 그 형제 중에서 그에게 부었더니 이 날

이후로 다윗이 여호와의 신에게 크게 감동되니라"(16:13)

사무엘이 다윗의 머리에 기름을 부었습니다. 이것은 비공식적으로 이새의 가족만 참석한 가운데 은밀하게 행해졌습니다. 그의 형제들이 목격하는 가운데 기름을 부었습니다. 이새의 가족 외에 다른 사람은 없었습니다. 이것은 사무엘이 사울의 보복 등을 우려해서 보안 유지를 위해 엄중한 부탁을 했기 때문으로 볼 수 있습니다.

이날 이후 여호와의 신이 다윗을 크게 감동시켰습니다. 다윗은 성령으로 충만한 사람이 되었습니다. 다윗이 성령의 충만함을 받은 것은 그가 신정국가 이스라엘의 정치적, 도덕적, 영적 지도자가 될 수 있는 역량과 은사를 허락 하셨다는 의미입니다.

하나님께서 다윗에게 성령으로 감동시키신 이유는 크게 두 가지로 볼 수 있습니다.

① 다윗이 왕의 신분에 합당한 도덕성을 소유할 수 있도록 하기 위해서입니다. 왕으로서 그는 도덕적으로 흠이 없는 생활을 해야 합니다. 그러나 그는 여전히 어리고 그 앞에는 많은 어려움이 있었기 때문에 하나님의 성령이 그를 감동시켜 주심으로 깨끗한 삶을 살 수 있었습니다.

② 왕 고유의 직무를 감당할 능력을 소유하도록 하기 위해서입니다. 다윗이 기름 부음을 받을 때의 나이가 15세 가량(Loen Wood), 또는 20세(Keil) 정도로 추정하는 사람도 있습니다. 분명한 것은 그 당시 제사에 참여하는 나이가 만 20세의 성년 남자로 되어 있었기 때문에 다윗이 20세 미만의 소년인 것만은 확실하다고 봅니다. 따라서 다윗이 30세에 이스라엘 왕으로 등극했으므로 그 때까지 최소한 10-15년 간 연단받으며 훈련을 했습니다. 중요한 것은 그가 하나님의 성령의 사

람이 되었다는 것입니다. 이것은 하나님께서 특별히 간섭하셨음을 알 수 있습니다.

하나님의 일꾼은 성령이 충만한 사람이어야 합니다. 즉 성령의 지배를 받는 사람이어야 합니다. 초대교회의 일곱 집사를 선출할 때도 첫 번째 자격 조건이 성령이 충만한 사람이었습니다. 그리고 지혜가 있고 칭찬 받는 사람이었습니다. 하나님의 일은 성령의 역사로 하는 것이지 사람의 지혜나 방법으로 하는 것이 아닙니다. 우리는 항상 기도함으로 성령의 인도함을 받아야 합니다. 교회 봉사나 행사, 중요한 일, 기관 모임, 구역 활동 등 모든 일에 있어 우리 스스로 결정하기 전에 먼저 하나님의 뜻을 물어야 합니다. 그것은 성령의 인도함을 받기 위한 것입니다.

우리는 무슨 일을 하든지 성령의 인도함을 받아야 합니다. 그러기 위해 항상 기도함으로 성령 충만을 받아 순종하는 성도가 됩시다.

5) 왜 하나님은 다윗을 선택하셨습니까

성경은 그 이유를 이렇게 말씀합니다.
① 여호와께서 보시는 중심에 합한 자였고(삼상 16:7)
② 내 마음에 합한 자, 즉 하나님의 마음에 합한 자였고(행 13:22)
③ 하나님의 명령을 지키고, 전심으로 주를 좇으며, 하나님이 보시기에 정직한 일만 행했기 때문입니다(왕상 14:8).

우리 하나님은 중심을 보십니다. 하나님의 마음에 합한 자는 다윗과 같은 사람입니다.

ⓐ 그는 하나님의 명령을 지켜 순종하는 사람입니다. 다윗은 하나님의 계명을 지키고 말씀에 순종했습니다. 하나님은 순종이 제사보

다 낫다고 하셨습니다. 하나님이 보시는 표준은 말씀에 순종하는 것입니다. 하나님은 말씀에 순종하는 자를 선택하시고 사용하십니다.

ⓑ 전심으로 주를 좇는 사람입니다. 다윗은 온전한 마음으로 전인격을 다하여 살았습니다. 전력을 다해 주를 따랐습니다. "이스라엘아 들으라 우리 하나님 여호와는 오직 하나인 여호와시니 너는 마음을 다하고 성품을 다하고 힘을 다하여 네 하나님 여호와를 사랑하라"(신 6:4-5) 이것이 전심전력입니다. 하나님은 전심전력을 다하는 사람을 선택하시고 사용하십니다.

ⓒ 하나님이 보시기에 정직한 사람입니다. 사람은 정직해야 합니다. 하나님은 거짓말을 미워하십니다. 우리는 하나님과 사람 앞에서 정직한 사람이 되어야 합니다. 정직한 사람은 부정부패를 멀리합니다. 일을 공정하고 지혜롭게 처리합니다. 혼란스럽지도 않고 깨끗하고 질서 있게 처리합니다. 하나님은 정직한 사람을 사용하십니다.

우리도 다윗처럼 하나님의 마음에 합당한 성도가 됩시다.

4. 사무엘의 사명 완수

우리는 여기서 사무엘의 자세를 배워야 합니다. 사무엘은 다윗이 올 때까지 식사를 하지 않았습니다.

"이새에게 이르되 네 아들들이 다 여기 있느냐 이새가 가로되 아직 말째가 남았는데 그가 양을 지키나이다 사무엘이 이새에게 이르되 보내어 그를 데려 오라 그가 여기 오기까지는 우리가 식사 자리에 앉지

아니하겠노라"(16:11)

여기에서 우리는 하나님의 사람 사무엘의 모습을 볼 수 있습니다.

1) 그는 끝까지 사명을 완수하며 충성했습니다

사무엘의 일은 왕을 세우는 일입니다. 그 일을 이루기까지 그는 식사를 할 수 없었습니다. 식사하는 것 보다 사명이 더 중요했기 때문입니다. 먹는 것 보다 하나님의 일이 더 중요합니다.

2) 하나님의 일이 더 중요했습니다

사무엘은 식사하는 일보다 하나님의 일을 더 중요하게 여겼습니다. 사무엘은 사명감에 충실한 종이었습니다. 하나님의 일을 최우선으로 생각했습니다. 이것이 직분자의 자세입니다. 우리가 주의 일을 할 때, 자기의 할 일 다 한 후에 시간이 남으면 하겠다는 것은 직분자의 자세가 아닙니다. 직분자에게는 무엇보다 주의 일이 우선되어야 합니다. 때로는 굶주려 가면서도 해야 합니다. 주님의 교회를 위해서라면 손해를 보면서도 하고 피곤해도 해야 합니다. 주님은 말씀하셨습니다. "너희는 먼저 그의 나라와 그의 의를 구하라 그리하면 이 모든 것을 너희에게 더하시리다"(마 6:33) 최우선적인 것은 주의 일입니다. 그런데 주님은 그에 대해 보상을 약속하셨습니다. '이 모든 것을 더하시리라' 하셨습니다. '이 모든 것'은 영적인 축복과 물질적인 축복을 다 포함합니다. 우리는 이 두 가지 복을 다 받아야 합니다.

주님은 사명에 충성한 자에게 생명의 면류관을 주십니다. 성경은 말씀합니다. "네가 죽도록 충성하라 그리하면 내가 생명의 면류관을 네게 주리라"(계 2:10)

우리는 다윗처럼 하나님의 마음에 합한 자가 되어야 합니다. 하나님의 명령에 순종하는 사람이 되고, 전심으로 주님을 좇는 일꾼이 되고, 하나님이 보시기에 정직한 사람이 되고, 그리고 끝까지 사명을 완수하는 충성스런 종이 됩시다. 아멘.

¹⁴여호와의 신이 사울에게서 떠나고 여호와의 부리신 악신이 그를 번뇌케 한지라 ¹⁵사울의 신하들이 그에게 이르되 보소서 하나님의 부리신 악신이 왕을 번뇌케 하온즉 ¹⁶원컨대 우리 주는 주의 앞에 모시는 신하에게 명하여 수금 잘 탈 줄 아는 사람을 구하게 하소서 하나님의 부리신 악신이 왕에게 이를 때에 그가 손으로 타면 왕이 나으시리이다 ¹⁷사울이 신하에게 이르되 나를 위하여 잘 타는 사람을 구하여 내게로 데려 오라 ¹⁸소년 중 한 사람이 대답하여 가로되 내가 베들레헴 사람 이새의 아들을 본즉 탈 줄을 알고 호기와 무용과 구변이 있는 준수한 자라 여호와께서 그와 함께 계시더이다 ¹⁹사울이 이에 사자를 이새에게 보내어 이르되 양치는 네 아들 다윗을 내게로 보내라 하매 ²⁰이새가 떡과 한 가죽부대의 포도주와 염소 새끼를 나귀에 실리고 그 아들 다윗의 손으로 사울에게 보내니 ²¹다윗이 사울에게 이르러 그 앞에 모셔 서매 사울이 그를 크게 사랑하여 자기의 병기 든 자를 삼고 ²²이새에게 사람을 보내어 이르되 청컨대 다윗으로 내 앞에 모셔 서게 하라 그가 내게 은총을 얻었느니라 하니라 ²³하나님의 부리신 악신이 사울에게 이를 때에 다윗이 수금을 취하여 손으로 탄즉 사울이 상쾌하여 낫고 악신은 그에게서 떠나더라

(사무엘상 16:14-23)

30
악신에 사로잡힌 사울

세상에서 가장 불행한 사람은 어떤 사람입니까? 사람의 가치 표준에 따라 다를 수도 있습니다. 돈이 없어서 불행하다고 생각하는 사람도 많습니다. 그러나 돈 때문에 불행하게 되는 사람도 많다는 것을 기

억해야 합니다. 병든 사람은 자기가 가장 불행하다고 생각하기 쉽습니다. 그러나 그 병으로 인해 오히려 은혜를 받아 하나님께 가까이 나아가는 경우도 많습니다. 세상의 권세를 잡은 사람을 부러워 할 필요도 없습니다. 그 권세 때문에 불행을 당하는 사람도 많기 때문입니다.

그러면 신앙인의 입장에서 볼 때는 어떤 사람이 가장 불행한 사람입니까? 하나님의 영이 떠난 사람입니다. 즉 악신에 사로잡힌 사람입니다. 오늘 본문에 나오는 사울 왕이 바로 가장 불행한 사람입니다. 악신은 타락한 천사, 즉 사단입니다. 사단은 인류가 창조된 이후 인간을 시험하고 타락시키기 위해 끊임없이 노력하며 활동합니다.

1. 사울이 악신에 잡힌 원인이 무엇입니까

하나님의 영이 떠났기 때문입니다.

"여호와의 신이 사울에게서 떠나고 여호와의 부리신 악신이 그를 번뇌케 한지라"(16:14)

'여호와의 부리신 악신'이란 말은 사단도 여호와의 허락 아래에서 활동하고 있음을 의미합니다. 아무리 악령들이 날뛰어도 하나님이 허락하신 범위 안에서만 활동한다는 것을 우리는 기억해야 합니다.

그러면 왜 하나님의 영이 떠났습니까? 그것은 사울의 불순종으로 인한 하나님의 심판이었습니다. 여호와의 신, 즉 성령이 사울에게 임한 것은 그가 신정국가인 이스라엘의 왕직을 잘 수행하도록 하기 위해서입니다. 그러나 그가 하나님의 명령에 불순종함으로 하나님으로부터 버림받아 이스라엘의 왕직에서 축출되었기 때문에 하나님의 영이 떠난 것입니다. 그가 하나님의 말씀에 순종할 때는 하나님의 신이 그를 도왔습니다. 그 때는 전쟁에서 승리하는 용감한 장수였습니다. 여호와의 신이 그와 함께 할 때는 대 승리했으나 그가 불순종할 때는 선한 영을 거두어 가셨습니다. 성령님이 떠나시면 모든 좋은 것들이 다 떠납니다. 하나님의 영이 떠나시면 우리에게서 좋은 것들은 다 사라지고 맙니다.

압살롬이 아버지 다윗을 대항하여 반란을 일으켰습니다. 그 행동은 하나님을 대적하는 것이었습니다. 하나님이 사랑하시는 하나님의 신실한 종, 여호와의 영이 함께 하는 다윗을 하나님이 세우셨기 때문입니다. 불순종할 때 하나님의 영이 그들을 떠나셨습니다. 결국 그들은 어리석은 꾀에 넘어져 패하고 말았습니다. 모사인 아히도벨이 좋은 모략을 제시했습니다. 그것은 지금 당장 기습 작전을 펼치면 다윗을 죽이고 왕권을 장악할 수 있다는 내용이었습니다. 그러나 다윗의 신복인 후새가 그의 계략은 좋지 않다며 다른 계략을 제시했습니다. 그것은 천천히 전열을 가다듬어 정면 대결로 일시에 물리치자는 내용이었습니다. 이로 인해 다윗에게 시간을 벌 수 있는 기회를 제공하는 셈이 되었습니다. 그러자 하나님의 영이 떠난 압살롬이 자기에게 불리한 계략을 선택하게 됩니다. 그 동안 다윗은 전열을 가다듬었고 용사들은 전의에 불탔으며, 하나님의 신이 다윗과 함께 함으로 압살롬의 군대를 쉽게 물리칠 수 있었고, 압살롬은 무참하게 살해되고 맙니다. 불순종하면 여호와의 신이 떠납니다. 여호와의 신이 떠나면 결국 모든 것이 다 떠나고 맙니다.

아나니아와 삽비라는 은혜 받은 성도로 열심히 특심인 사람들이었습니다. 그러나 그들이 불순종할 때 여호와의 영이 떠났습니다. 그들은 재산을 팔아 반은 감춰두고 반을 가져와 바치면서 전부를 바쳤다고 사도에게 거짓말을 했습니다. 이것은 성령을 속이는 행위입니다. 그들은 물질의 욕심 때문에 거짓말을 하면서도 온 교회 안에서 명예를 얻고자 탐했던 것입니다. 결국 부부는 성령을 속인 죄로 그 자리에서 죽임을 당하는 심판을 받았습니다. 불순종하면 여호와의 영이 떠납니다.

우리는 결코 불순종하지 말고, 항상 주의 말씀에 순종하여 여호와의 신이 늘 우리와 함께 하는 믿음의 성도가 됩시다.

2. 악신이 찾아 온 결과

"여호와의 신이 사울에게서 떠나고 여호와의 부리신 악신이 그를 번뇌케 한지라"(16:14)

사울이 번뇌했습니다. '여호와의 부리신 악신'은 '여호와께로부터 온 악신' 입니다. '악신(רוּחַ־רָעָה, 루아흐 라아)'은 하나님의 영과는 대조가 됩니다. 하나님의 영은 도덕적 · 영적생활을 고양시키는 하나님의 거룩한 영입니다. 그러나 악신은 인간의 영과 정신을 억누르고 파괴하는 사악한 영입니다. 이 악신이 사울에게 들어가 번뇌케 했습니다. '번뇌케 한다(בעת, 바아트)'는 '두렵게 하다, 놀라게 하다'는 뜻입니다. 극심한 정신적 고통, 혹은 정신병적 우울증이나 착란 현상을 가리킵니다.

카알(Keil)은 이 악신이 사울에게로 들어가서 내적 사기 저하로 점차 우울증이 생기고, 정신 이상으로 마음의 평화를 파괴하여 미친 광

증으로 상승했다고 주석했습니다. 요세푸스(Josephus)는 "그는 마치 목이 졸린 사람처럼 질식할 듯한 모습과 경련으로 인해 완전히 귀신들린 사람의 몰골이 되었다"고 주석했습니다. 불순종의 형벌은 성령이 떠나고 악신이 찾아 와서 그를 번뇌케 하는 것이었습니다. 성령이 떠나면 슬프게 되며 악령의 제물이 됩니다. 하나님의 은혜가 없으면 악령이 지배하게 됩니다.

가롯 유다는 은 삼십에 예수님을 배반하고 넘겨 주었습니다. 그는 고통과 번뇌 가운데 있다가 결국 자살하고 말았습니다. 헤롯 왕은 동생의 아내를 빼앗아 아내로 삼고 폭정을 행할 때 세례 요한의 책망을 들은 후 고민하며 번뇌했습니다. 물론 그 결과는 비참하게 끝났습니다. 유다 총독 빌라도는 무고한 예수님을 군중들의 비위를 맞추기 위해 십자가에 달도록 허락했습니다. 나중에 그는 총리직에서 쫓겨나게 되고 고민하며 번뇌하다가 역시 자살로 생을 마쳤습니다.

그러나 성령을 받은 사람은 다릅니다. 성경은 말씀합니다. "술 취하지 말라 이는 방탕한 것이니 오직 성령의 충만을 받으라 시와 찬미와 신령한 노래들로 서로 화답하며 너희의 마음으로 주께 노래하며 찬송하며 범사에 우리 주 예수 그리스도의 이름으로 항상 아버지 하나님께 감사하며 그리스도를 경외함으로 피차 복종하라"(엡 5:18-21)

사라회에서 주관하는 중보 기도회는 매주 토요일 오전에 모여서 기도회와 성경공부를 하고, 주일 1부 예배 시간에도 예배를 위해 기도회를 가집니다. 이것을 기억하여 위로하며 대접하는 분들이 있어 감사합니다.

우리는 주의 말씀에 늘 순종하는 삶을 통해서 성령이 충만한 성도, 여호와께 찬송하는 성도, 항상 감사하는 성도, 항상 여호와께 복종하는 성도가 됩시다.

3. 어떻게 악신을 쫓아낼 수 있습니까

해결은 성령의 사람만이 할 수 있습니다. 사울의 신하들이 보다 못해 건의했습니다.

"사울의 신하들이 그에게 이르되 보소서 하나님의 부리신 악신이 왕을 번뇌케 하온즉 원컨대 우리 주는 주의 앞에 모시는 신하에게 명하여 수금 잘 탈 줄 아는 사람을 구하게 하소서 하나님의 부리신 악신이 왕에게 이를 때에 그가 손으로 타면 왕이 나으시리이다"(16:15-16)

이 말은 사울 왕에게 악신이 임한 것은 하나님이 그를 폐위시켰기 때문임을 알고 있다는 뜻입니다. 수금을 타서 악신을 쫓는 것은 고대사회에서 흔히 사용되던 것으로 음악을 통한 심리적 치료요법이 어느 정도 통했음을 보여 줍니다. 그러나 사울에게 악신이 온 것은 근본적으로 영적인 문제이므로 음악은 순간적인 임시 방편에 불과합니다. 그러나 사울에게는 이것이 시급한 문제였기 때문에 사울이 직접 명령을 내린 것입니다. "사울이 신하에게 이르되 나를 위하여 잘 타는 사람을 구하여 내게로 데려 오라"(16:17) 그래서 사람을 찾았는데 그가 바로 이새의 아들 다윗이었습니다. "소년 중 한 사람이 대답하여 가로되 내가 베들레헴 사람 이새의 아들을 본즉 탈 줄을 알고 호기와 무용과 구변이 있는 준수한 자라 여호와께서 그와 함께 계시더이다"(16:18)

아주 아이러니컬한 사건입니다. 하나님은 불순종한 사울을 버리고 이미 새로운 왕을 기름 부어 지정하셨는데 그가 바로 다윗입니다. 차기 이스라엘의 왕이 될 다윗이 폐위된 사울의 악신을 쫓아내기 위해서 궁중의 부름을 받게 되었습니다. 악신에 사로잡힌 자를 구해 줄 사람은 성령의 사람입니다. 사울을 고통에서 해방시켜 줄 사람은 바로 다윗이었습니다. 다윗은 어떤 사람입니까? 성경은 말씀합니다. "소년 중 한 사람이 대답하여 가로되 내가 베들레헴 사람 이새의 아들을 본즉 탈 줄을 알고 호기와 무용과 구변이 있는 준수한 자라 여호와께서 그와 함께 계시더이다"(16:18)

1) 인품

'호기와 무용과 구변이 있는 준수한 자'였습니다. '호기'는 '능력 있는 용사(a mighty valiant man)'를 말합니다. 다윗은 자기 양을 해치려는 사자나 곰 등을 쳐죽이는 능력 있는 용사였습니다. '무용'은 '전사(a man of war)', 즉 '용감한 용사'란 뜻입니다. '구변이 있다'는 것은 '매사에 분별력이 있고(prudent in matters), 말에 신중하며 현명하게 하는(prudent speech)'이란 뜻입니다. '준수한'이란 '잘 생긴 미남자(a finelooking man, a man of good presence)', 특히 '여성적으로 아름답게 생긴 자(a comely person)'를 가리킵니다. 다윗은 외적으로도 호감이 갈 수 있는 인격자였습니다.

2) 그 비결은 하나님께서 그와 함께 하셨기 때문입니다

다윗은 여호와께서 함께 하는 자였습니다.
"여호와께서 그와 함께 계시더이다"(16:18)
다윗은 사무엘을 통하여 기름 부음을 받은 후 하나님의 성령이 늘 그와 함께 하셨습니다. 사명을 받은 후에 하나님의 영이 늘 그와 함께 하셨습니다. 주를 위해 준비된 그와 함께 하셨습니다. 하나님이 그와 함께 하신 증거가 그의 행적 속에 타나났습니다. 그는 내적으로는 겸손하고 성실하고 진실했으며, 외적으로는 사자나 곰 등을 맨손으로 물리치는 호기와 무용을 가진 자였습니다. 다윗은 여호와께서 함께 하는 자였습니다. 여호와께서 함께 하는 사람이 악신을 물리칠 수 있습니다.

우리가 가장 소망해야 할 것은 '하나님이 우리와 함께 하시는 것'이어야 합니다. 세상에서 가장 귀한 것은 주님이 우리와 함께 하시는 것입니다. 주님은 다윗과 함께 하셨습니다. 하나님이 함께 하는 그는 건강하고 아름답고, 성령의 인도함을 받는 사람이었습니다. 우리에게 가장 중요한 것은 하나님이 함께 하시는 것입니다.

헬라 신화에 술의 신 디오니소스가 친한 미다스 왕에게 무엇이든지 소원을 말하면 들어주겠다고 했습니다. 미다스 왕은 "만지는 것은 무엇이든지 전부 황금으로 되게 해 달라"고 했습니다. 그 소원을 이루어 주었습니다. 정원의 바위를 만졌더니 황금으로 변했습니다. 강아지를 만지거나 공작새를 만져도 황금으로 변했습니다. 너무 기뻐 이 소식을 왕비에게 알리고자 달려갔습니다. "여보, 우리는 세상에서 가장 큰 부자가 되었소." 하며 왕비를 끌어안자 왕비가 금으로 변했습니다. 상심이 되어 물을 마시려고 잔을 잡자 잔이 금으로 변했고, 음식을 먹으려고 치즈와 빵을 잡자 역시 금으로 변했습니다. 미다스는 덜컥 겁이 났습니다. 그때 외동 딸이 달려왔습니다. "오, 내 사랑하는 딸아!" 하고 안자 금으로 변했습니다. 요즈음 뛰어난 기술자나 장인들을 일컬어 '미다스의 손, 마이다스의 손'이라 부르는 유래가 여기서 나왔습니다. 욕심이 많은 왕은 황금이 싫으니 전부 원래대로 복귀시켜 달라고 디오니소스 신에게 눈물로 하소연했습니다. 이 세상에서 가장 소중한 것은 황금이 아닙니다. 돈이 행복의 전부가 될 수 없습니다.

사울 왕이 왕의 자리에 있어서 행복했던 것이 아닙니다. 그가 불순종하자 하나님의 신이 떠나고 악신이 찾아왔습니다. 불순종할 때는 악신의 지배를 받게 됩니다. 악신에 잡힌 사울을 성령의 사람 다윗이 고쳐주었습니다. 다윗은 하나님, 즉 여호와의 신이 함께 하는 자였습니다. 주님께 순종하는 자에게 하나님의 신이 함께 하십니다. 주님 앞에 사명을 받은 자에게, 주를 위해 준비된 자에게 하나님의 신이 함께 하십니다.

이 세상에서 가장 행복한 사람은 하나님의 신이 함께 하는 사람입니다. 가장 성공적인 삶은 하나님이 함께 하는 삶입니다. 이런 사람의 목표는 오직 하나님을 존귀케 하는 것입니다. "나의 간절한 기대와 소망을 따라 아무 일에든지 부끄럽지 아니하고 오직 전과 같이 이제도 온전히 담대하여 살든지 죽든지 내 몸에서 그리스도가 존귀히 되게 하려 하나니"(빌 1:20) '살든지 죽든지 그리스만을 존귀케' 하는 사람입니다. "그런즉 너희가 먹든지 마시든지 무엇을 하든지 다 하나님의 영광을 위하여 하라"(고전 10:31) '무엇을 하든지 하나님의 영광을 위하여' 하는 사람입니다.

우리 모두 다윗처럼 하나님께 순종함으로 하나님이 함께 하는 성도, 하나님의 영이 함께 하는 믿음의 성도가 됩시다. 아멘.

¹⁴여호와의 신이 사울에게서 떠나고 여호와의 부리신 악신이 그를 번뇌케 한
지라 ¹⁵사울의 신하들이 그에게 이르되 보소서 하나님의 부리신 악신이 왕을
번뇌케 하온즉 ¹⁶원컨대 우리 주는 주의 앞에 모시는 신하에게 명하여 수금
잘 탈 줄 아는 사람을 구하게 하소서 하나님의 부리신 악신이 왕에게 이를
때에 그가 손으로 타면 왕이 나으시리이다 ¹⁷사울이 신하에게 이르되 나를
위하여 잘 타는 사람을 구하여 내게로 데려 오라 ¹⁸소년 중 한 사람이 대답
하여 가로되 내가 베들레헴 사람 이새의 아들을 본즉 탈 줄을 알고 호기와
무용과 구변이 있는 준수한 자라 여호와께서 그와 함께 계시더이다 ¹⁹사울이
이에 사자를 이새에게 보내어 이르되 양치는 네 아들 다윗을 내게로 보내라
하매 ²⁰이새가 떡과 한 가죽부대의 포도주와 염소 새끼를 나귀에 실리고 그
아들 다윗의 손으로 사울에게 보내니 ²¹다윗이 사울에게 이르러 그 앞에 모
셔 서매 사울이 그를 크게 사랑하여 자기의 병기 든 자를 삼고 ²²이새에게
사람을 보내어 이르되 청컨대 다윗으로 내 앞에 모셔 서게 하라 그가 내게
은총을 얻었느니라 하니라 ²³하나님의 부리신 악신이 사울에게 이를 때에 다
윗이 수금을 취하여 손으로 탄즉 사울이 상쾌하여 낫고 악신은 그에게서 떠
나더라

(사무엘상 16:14-23)

31
성령의 사람 다윗

세상에서 가장 불행한 사람은 사울처럼 악령에 사로잡힌 사람입니
다. 그는 하나님께 불순종함으로 왕의 자리에서 쫓겨났고, 결과 그에
게는 악령이 찾아 와서 번뇌케 했습니다. 그 이유는 성령이 그를 떠났

기 때문입니다. 이를 해결한 이는 하나님의 영이 함께 한 사람 다윗이 었습니다.

1. 다윗의 인품은 호기와 무용과 구변이 있는 자였습니다

"소년 중 한 사람이 대답하여 가로되 내가 베들레헴 사람 이새의 아들을 본즉 탈 줄을 알고 호기와 무용과 구변이 있는 준수한 자라 여호와께서 그와 함께 계시더이다"(16:18)

2. 그리고 그는 하나님이 함께 한 자였습니다

"소년 중 한 사람이 대답하여 가로되 내가 베들레헴 사람 이새의 아들을 본즉 탈 줄을 알고 호기와 무용과 구변이 있는 준수한 자라 여호와께서 그와 함께 계시더이다"(16:18)

3. 그는 수금을 탈 줄 아는 자였습니다

"원컨대 우리 주는 주의 앞에 모시는 신하에게 명하여 수금 잘 탈 줄 아는 사람을 구하게 하소서 하나님의 부리신 악신이 왕에게 이를 때에 그가 손으로 타면 왕이 나으시리이다"(16:16), "하나님의 부리신 악신이 사울에게 이를 때에 다윗이 수금을 취하여 손으로 탄즉 사울이

상쾌하여 낫고 악신은 그에게서 떠나더라"(16:23)

'수금(כנור, 킨노르)'이란 악기는 음량을 크게 하기 위한 소리 통, 곧 본체에서 뻗은 두 개의 가지가 달린 현악기입니다. 이 두 개의 가지 사이를 가로지른 막대기와 본체의 끝에 있는 동일한 길이의 현들이 여러 개 연결되어 있습니다.

다윗이 수금을 탈 때에 사울을 사로잡고 있던 악신이 물러갔습니다. 이것은 다윗이 감동을 받은 그 감화를 수금으로 표현했기 때문입니다. 그 당시에는 예언자들이 성령의 감동을 받고자 할 때에 수금을 연주한 적이 있었습니다. 모압이 이스라엘을 배반하자 이스라엘과 유다, 그리고 에돔 왕이 연합군을 이루어서 모압을 침공한 사실이 있습니다. 도중에 광야에서 물이 떨어졌을 때 왕들이 선지자 엘리사를 찾아가서 물었습니다. 그때 엘리사가 거문고 타는 자를 불러오라고 하자 왕들이 불러왔습니다. 거문고 타는 자가 음악을 연주할 때 하나님의 말씀이 엘리사에게 임했습니다. 엘리사의 말대로 개천을 팠을 때 개천에서 물이 흘러 넘쳤습니다. 그리고 그 전쟁에서 대승을 거두었습니다.

음악은 아주 중요한 역할을 합니다. 음악은 영혼을 진정시키는 힘이 있습니다. 음악은 인간의 정서를 위해 봉헌하도록 하나님께서 주신 선물입니다. 그런데 현대 음악의 특징은 시끄럽고, 관능적이고, 어지럽게 하고 죄악으로 이끕니다. 또한 어떤 내용인지, 무슨 뜻인지 알아듣지 못하는 것들이 많습니다. 이것은 악령의 역사입니다. 인간의 마음을 혼란시키고 결국 어지럽게 하여 죄악으로 이끌어 가는 마귀의 작전입니다.

성령에 사로잡힌 음악은 영혼을 진정시킵니다. 그리고 마음을 감동시키고, 깨우침을 주고, 엄숙하게 하고, 감격하게 합니다. 바하의 마태수난곡과 천지창조는 성령의 감동을 받아서 작곡한 영혼을 울리는 음악입니다.

찬송은 성령으로 충만한 성도의 영혼의 음악이요, 천국 백성의 음악입니다. 천국은 가장 완벽한 나라이며 완벽한 윤리와 조화를 이루는 곳입니다. 그러면 천국의 음악은 어떤 것이겠습니까? 천국은 찬송으로 충만할 것입니다. 천국의 음악은 가장 완벽한 조화를 이룰 것입니다. 여러 가지 재능과 다양한 성품을 가진 피조물들이 서로 완전하게 조화를 이룰 것입니다. 어떠한 불협화음도 없이 완벽한 조화를 이루는 아름다운 삶을 누리게 될 것입니다. 요한 계시록은 천국의 음악을 묘사하고 있습니다.

예배에 있어서 음악은 아주 중요합니다. 찬송을 통해 하나님께 영광을 돌리고 성도들이 은혜를 받습니다. 찬송은 우리의 심령이 주님을 향하게 합니다. 찬송은 성령 받은 성도의 음악입니다. 귀신은 찬송할 수 없고 하지도 않습니다. 찬송하는 생활은 우리를 성령으로 충만케 만듭니다. 찬송은 우리에게 기쁨과 평안과 감사를 줍니다. 또한 시련을 이길 수 있는 담대한 믿음과 능력을 줍니다. 우리의 마음을 아름답게 만들어 줍니다.

우리의 생활 속에서 찬송을 얼마나 부르고 있습니까? 우리의 가정에 찬송이 계속되고 있습니까? 찬송이 충만한 가정은 기쁨과 평안이 있고, 그리고 감사가 넘칩니다. 우리가 예배 전에 찬송을 부르면 마음의 문이 열려 사모하는 심령으로 예배를 드리게 됩니다. 반면 예배시간에 임박하게 도착해서 예배드리는 사람과는 차이가 있습니다. 그런가 하면 예배를 시작한 후에 오는 것이 습관화 된 성도들도 있습니다.

이것은 우리의 마음 자세의 문제입니다.

비행기를 타러 갈 때는 국제선은 최소한 2시간 전, 국내선은 30분 전에 도착합니다. 겨우 출발시간에 맞추어 아슬아슬하게 오는 사람은 아주 드뭅니다. 기차 시간도 거의 지각하는 사람이 없습니다. 기차는 기다리지 않고 시간이 되면 떠나기 때문입니다. 극장으로 영화관람을 가는 사람들은 예매를 하고도 일찍 도착하여 줄을 서서 기다립니다.

그런데 만 왕의 왕이신 하나님께 예배드리는 우리의 자세는 어떻습니까? 우리는 예배를 위해 우리의 정성과 주님을 향한 사랑으로 충만해야 합니다. 하나님은 어떤 사람을 기뻐하십니까? 하나님께 온전한 예배를 드리는 사람은 어떤 사람입니까? 많은 은혜를 받아 성령으로 충만한 사람은 어떤 사람입니까? 우리는 찬송의 사람이 되어야 합니다.

성령의 사람 다윗은 수금을 타고 연주할 때 악신이 물러갔습니다. 악신에 사로잡힌 사울이 진정되고 안정을 찾았습니다. 찬송의 위력은 대단합니다.

어떤 부부가 싸움을 했는데 화해가 안 되었습니다. 부부 싸움으로 마음이 완악해지자 신앙도 사라졌습니다. 술을 마시고 싸우기도 하고, 가출도 하고, 자살한다며 수면제까지 먹다가 결국 별거하기에 이르렀습니다. 그런데 남편이 생각을 달리 하게 되었습니다. 우리 가정에 생긴 불화를 청산할 길은 우리 힘으로는 불가능하니 이제 하나님께 맡기고 찬송을 하자고 제의했습니다. 그 때부터 부부가 찬송을 부르기 시작했습니다. 그러자 아내를 사랑하는 마음과 용서하는 마음이 들어 집으로 돌아가려고 마음먹고 아내에게 편지를 썼습니다. 그런데 아내도 똑같은 시간에 똑같은 마음으로 편지를 쓰게 되었습니다. 결국 그 부부는 화해를 했고 잘 살게 되었습니다. 이것은 찬송의 능력입니다. 찬송은 사람의 마음을 바르게 변화시키는 능력이 있습니다.

어느 장로님 댁에 딸이 결혼할 사람을 데려왔는데 인물이 좀 떨어졌습니다. 그러자 장모가 별로 탐탁지 않게 여겼습니다. 이것을 눈치 챈 사위 될 사람이 "어머니, 제가 찬송을 한 곡 하겠습니다." 하고 불렀습니다. 이 찬송에 장모의 마음이 눈 녹듯 녹았습니다. 지금도 주 안에서 행복하게 열심히 찬송하며 살아갑니다. 찬송은 사람을 감동시킵니다.

우리도 성령으로 충만한 사람이 되어 찬송으로 하나님께 영광을 돌리며, 찬송으로 능력 있는 삶을 살아가는 성도가 됩시다.

4. 하나님께서 다윗을 준비시키셨습니다

"사울이 이에 사자를 이새에게 보내어 이르되 양치는 네 아들 다윗을 내게로 보내라 하매"(16:19)

사울 왕이 명령했습니다. "이새가 떡과 한 가죽부대의 포도주와 염소 새끼를 나귀에 실리고 그 아들 다윗의 손으로 사울에게 보내니"(16:20) 떡과 포도주, 염소 새끼와 같은 예물을 보내는 것은 그 당시 고대 사회에서는 왕에 대한 예의와 경의를 표하는 인사입니다(9:7-8). 그리고 감사의 표시(창 18:5), 또는 상대방을 진정시키는 데 사용되었습니다(25:18).

1) 다윗이 사울의 신하가 되었습니다

"다윗이 사울에게 이르러 그 앞에 모셔 서매 사울이 그를 크게 사랑

하여 자기의 병기 든 자를 삼고"(16:21)

'그 앞에 모셔 서매'라는 것은 봉사자로서 사울을 위해 일하게 된 것, 즉 사울의 신하가 되었다는 말입니다. 다윗은 자기의 사명, 즉 수금을 타서 사울의 마음을 위로하며 악신을 쫓는 일로 왕을 돕게 된 것을 기쁘게 생각하고 열심히 봉사하게 되었습니다. 그래서 사울은 그를 사랑했기 때문에 전적으로 신뢰하게 되어 병기 든 자로 삼았습니다. 다윗은 병기든 자로 삼은 첫째 이유는 다윗을 신뢰했고, 다음은 다윗의 무예를 인정했기 때문인 것으로 볼 수 있습니다. 주인의 칼이나 창, 그리고 방패를 드는 사람은 일종의 부관으로서 주인으로부터 가장 신임을 받는 정예 중에서 임명이 되었습니다.

"이새에게 사람을 보내어 이르되 청컨대 다윗으로 내 앞에 모셔 서게 하라 그가 내게 은총을 얻었느니라 하니라"(16:22) 사울은 다윗의 아버지 이새에게 사람을 보내어 자신이 다윗을 사랑하고 신임하여 자기 곁에 두겠다는 뜻을 전했습니다. 사울이 처음에는 다윗을 크게 사랑했습니다. "하나님의 부리신 악신이 사울에게 이를 때에 다윗이 수금을 취하여 손으로 탄즉 사울이 상쾌하여 낫고 악신은 그에게서 떠나더라"(16:23) 다윗이 사울의 사랑과 신임을 받을 수 있었던 원인은 수금을 연주하여 악신을 쫓아 주었기 때문입니다.

2) 다윗이 궁중법도를 배웠습니다

우리는 여기에서 하나님의 치밀하신 계획을 발견할 수 있습니다. 하나님은 다윗이 수금을 타는 것, 즉 음악을 통해 궁중에 출입하게 하셨습니다. 이것은 장차 왕이 될 다윗이 미리 궁중 법도에 익숙하게 하기 위해서입니다. 다윗은 시골 베들레헴의 목동으로 하나님께서 주신 지성을 가졌습니다. 그는 영리하고 총명하고 용감했습니다. 그리고 다윗은 감성을 가졌습니다. 그의 마음은 정서가 풍부하여 악상이 떠올랐습니다. 그래서 수금으로 여호와를 찬양하는 신성을 가졌습니다. 그러나 그는 이스라엘의 왕으로 지목을 받았습니다. 하나님께서 그에게 궁중법도를 훈련받는 과정을 통해서 연단하셨습니다. 다윗이 궁중에 들어가게 된 것은 다윗을 훌륭한 주의 종으로 세우기 위해 준비시키려는 하나님의 섭리였습니다.

우리 하나님은 주의 사역자들을 연단시킴으로 준비시키십니다. 엘리야는 그릿 시냇가에서 사렙다 과부를 통해, 그리고 갈멜산에서 연단받았습니다. 엘리사는 소를 부리고 농사를 하며 연단받았습니다. 사무엘은 어린 시절부터 성막에서 배우며 자랐습니다. 제자들도 3년 동안 예수님을 따라다니며 배웠습니다.

3) 다윗은 사울에게 충성을 다했습니다

"다윗이 사울에게 이르러 그 앞에 모셔 서매 사울이 그를 크게 사랑하여 자기의 병기 든 자를 삼고"(16:21)

다윗은 자기의 직무에 충성을 다했습니다. 사울과 나라에 충성했습니다.

① 나라가 위기에 빠졌을 때 그는 생명을 걸고 적군을 물리쳤습니다. 골리앗이 쳐들어 왔을 때 사울이 곤경에 빠졌습니다. 그때 다윗이 나가서 물리쳤습니다.

② 악신으로 고생하는 사울에게 수금을 연주하여 고쳐주었습니다.

③ 다윗을 천부장으로 삼았습니다. "그러므로 사울이 그로 자기를 떠나게 하고 천부장을 삼으매 그가 백성 앞에 출입하며"(18:13) 다윗

은 지혜롭게 다스렸습니다. 그는 왕과 나라에 충성을 다해 백성들의 칭송이 높았습니다.

④ 다윗을 사위로 삼으려는 사울의 뜻에 순종했습니다. 그러나 사울은 약속을 어기고 큰딸 메랍을 다른 사람에게 시집을 보냈습니다. 그리고 미갈이 다윗을 사랑하는 것을 알고 다윗을 사위로 삼게 됩니다. "사울이 다윗에게 이르되 내 맏딸 메랍을 네게 아내로 주리니 오직 너는 나를 위하여 용맹을 내어 여호와의 싸움을 싸우라 하니 이는 그가 생각하기를 내 손을 그에게 대지 말고 블레셋 사람의 손으로 그에게 대게 하리라 함이라"(18:17)

⑤ 수금을 연주하여 그를 위해 봉사할 때 창을 던져 죽이려 하자 도피했습니다. "다윗이 손으로 수금을 탈 때에 사울이 단창으로 다윗을 벽에 박으려 하였으나 그는 사울의 앞을 피하고 사울의 창은 벽에 박힌지라 다윗이 그 밤에 도피하매"(19:9-10)

⑥ 미갈의 집에 군사를 보내어 다윗을 죽이려 하자 미갈의 도움으로 도피했습니다.

우리가 여기서 눈여겨 볼 중요한 것은 다윗은 자기를 죽이려는 사울 왕에게 충성을 다했다는 것입니다. 이것은 쉬운 일이 아닙니다. 아주 어려운 일입니다. 자기를 미워하며 시기하고 질투하여 죽이려는 왕에게 충성을 다했습니다. 다윗은 자기의 사명을 다한 책임감 있는 사람입니다. 그리고 자기가 왕이 될 것을 알면서도 사울 왕에게 순종을 다했습니다. 그 왕의 자리가 자기가 앉을 자리임을 알았지만 아직 때가 되지 않았기 때문입니다. 뱃속의 태아는 10개월을 기다려야 됩니다. 봄에 뿌린 씨앗은 여름이 지나고 가을이 되어야 열매를 맺습니다.

모든 것은 준비과정을 거쳐야 합니다. 왕은 최고의 지도자입니다.

섬기는 훈련을 해야 합니다. 아무나 왕이 되고 지도자가 되는 것이 아닙니다. 하나님은 연단과 훈련을 잘 받아 준비된 자를 일꾼으로 사용하십니다. 다윗은 하나님의 연단과 겸손한 훈련을 통해 준비했습니다. 모세도 80년을 준비했습니다. 바울도 많은 시련과 연단을 받았습니다. 우리도 주께서 주신 사명에 충성을 다합시다. 섬기는 훈련과 낮아지는 훈련을 합시다.

태평양의 어느 섬나라에서 군인 한 명이 예수를 믿었습니다. 그가 예수를 믿기 전에 자신의 포악했던 생활을 회개하고 변화되었습니다. 그가 어느 날 축호전도를 나갔는데 집 주인이 질그릇으로 머리를 때려 질그릇이 산산조각이 났습니다. 집에 와서 생각하니 머리도 아프고 마음까지 상하게 되자 화가 치밀었습니다. 그 나라는 여자들은 질그릇으로 얻어맞지만 남자는 맞지 않는 것이 상례였기 때문에 큰 수치로 여겨졌습니다. 몇 번이나 벽에 걸린 칼을 들고 복수하려고 생각했지만, '의를 위하여 핍박을 받은 자는 복이 있나니'라는 성경 말씀을 생각하며 꾹 참았습니다. 말씀으로 평안을 찾은 뒤, 부엌에서 가장 좋은 그릇을 들고 다시 찾아갔습니다. 주인은 싸우러 온 줄 알고 무기를 들고 나왔는데 군인이 웃으면서 말했습니다. "당신의 질그릇이 내 머리를 때리다가 깨어졌으니 내가 변상하겠습니다. 이것 받으십시오. 성경에 '핍박을 받은 자는 복이 있나니 천국이 저희 것'이라고 했습니다. 당신이 나를 질그릇으로 때려서 내가 그것 때문에 복을 받고, 하나님 앞에서 상을 받게 되었으니 감사합니다. 그 사람은 크게 감동을 받아 회개했고, 이어 온 동네가 복음화가 되었다고 합니다.

다윗은 성령으로 충만한 사람이었습니다. 자기의 맡은 일에 최선을 다하여 충성하며 섬기는 사람이었습니다. 하나님은 훈련된 자, 충성하는 자를 사용하십니다.

　우리도 다윗처럼 성령의 인도함을 받아 찬송을 생활화하여 찬송의 능력을 받읍시다. 그리고 겸손히 낮아져 섬기고, 충성함으로써 주 예수의 복음을 땅 끝까지 전하는 성도가 됩시다. 아멘.

사무엘상 강해설교 2
하나님이 원하시는 제사

■
초판 1쇄 인쇄 / 2008년 5월 10일
초판 1쇄 발행 / 2008년 5월 15일

■
지은이 / 배 굉 호
펴낸이 / 김 수 관
펴낸곳 / 도서출판 영문
122-070 서울시 은평구 역촌동 10-82
☎ (02) 357-8585
FAX • (02) 382-4411
E-mail • kskym49@yahoo.co.kr

■
출판등록번호 / 제 03-01016호
출판등록일 / 1997. 7. 24

파본은 교환해 드립니다.
본 출판물은 저작권법으로 보호 받는
저작물이므로 출판사나 저자의 허락없이
무단 전재나 무단 복제를 할 수 없습니다.

정가 10,000원
ISBN 978-89-8487-241-7
Printed in Korea